Inhalt

Vorwort

Das Großkampfschiff beherrscht nicht mehr die Weltmeere. Sein Ende kam im Zweiten Weltkrieg, als 1940 zuerst in Tarent und dann 1941 in Pearl Harbor die Überlegenheit des vom Flugzeugträger gestarteten Flugzeuges über das Schlachtschiff überzeugend demonstriert wurde. Die Ära des Linienschiffes, des Schlachtschiffes war vorüber, und obwohl die Amerikaner und die Japaner im Seekrieg im Pazifik prächtige Schlachtschiffe einsetzten, gab es nie ein Seegefecht der Art, für das sie gebaut waren. In allen großen Schlachten war der Flugzeugträger die entscheidende Waffe. Obwohl bei der Marine der Vereinigten Staaten noch immer ein oder zwei Schlachtschiffe im Dienst stehen und sie gelegentlich als Artillerieschiffe gegen Artilleriestellungen und Truppenkonzentrationen an Land eingesetzt wurden, ist die Geschichte des Großkampfschiffes abgeschlossen.

Während seiner langen Herrschaft vom 16. bis zur Mitte des 20. Jahrhunderts war es die stärkste einzelne Kriegswaffe der Welt. Strategisch bestimmte es den Ausgang von Kriegen, und es bestimmte die Taktik der Seeschlachten. Es schützte oder vernichtete Häfen und Hafeneinrichtungen und verhinderte die Konzentration von Truppen an bestimmten Punkten am Ufer. Wo das größte Kriegsschiff stand, herrschte Frieden oder Krieg, und es wurden Gebiete bewacht oder erobert. Obwohl im Zweiten Weltkrieg der Flugzeugträger zum vorherrschenden Schiffstyp wurde, war der entscheidende Faktor nicht das Schiff selbst, sondern das Flugzeug, das es trug. Heute, da auch der Flugzeugträger selbst aufgrund seiner Verwundbarkeit im modernen Krieg vom Aussterben bedroht ist, hat die Ära des Großkampfschiffes ihren Platz in der Geschichte eingenommen. Es ist ein ebenso farbiger und großartiger wie erregender Platz, denn diese Schiffe waren nicht nur eindrucksvoll, sondern sie waren auch oft schöne Objekte. Seit ihren frühesten Tagen waren sie Motive für Maler (und später für Fotografen), wie überragende Beispiele der Architektur an Land. Das Atom-U-Boot, das heute nicht nur die See, sondern auch die Städte der Welt beherrscht, sieht genauso funktionell aus wie eine Zigarrenkiste. Außerdem leidet es unter dem entsetzlichen Nachteil, daß seine Stärke nur durch einen Einsatz gezeigt werden kann, der einen Holocaust auslöst. Das Großkampfschiff konnte allein durch sein Auftreten, wenn es für andere Schiffe ebenso wie vor Städten und Küsten sichtbar war, die Menschen daran erinnern, wer die Macht ausübte, ohne es beweisen zu müssen, und dabei konnte man Macht in Verbindung mit Schönheit sehen. Anders als beim Aufblitzen eines Flugzeuges am Himmel oder dem zufällig erblickten Walrücken eines U-Bootes war es die beabsichtigte Darbietung dieser beiden in einem Bild enthaltenen, sehr verschiedenen Qualitäten, die die Botschaft übermittelte.

Den Ausdruck Großkampfschiff finden wir erstmals im 15. Jahrhundert, als »great ships, carracks, ships, barges and ballingers« (große Schiffe, Karacken, Schiffe, Schaluppen und Balinger) in der Flotte Heinrichs V. von England aufgeführt werden. Er bedeutete zu jener Zeit wenig mehr als ein großes Frachtschiff, das an Bug und Heck mit »Kastellen« für den Kampf ausgerüstet war und während der anglo-französischen Kriege Soldaten, Pferde und Nachschub über den Ärmelkanal befördern sollte. Wenn es zu einem Seegefecht kam, kämpften Enterkommandos, die die Kastelle als Angriffs- und Verteidigungspunkte verwendeten. Beim Nahkampf von Schiff zu Schiff wurden Bogenschützen eingesetzt. Hohe Seetüchtigkeit – die Fähigkeit, Wind und Wetter zu widerstehen, und die Transportkapazität für Proviant und Kriegsmaterial für einen längeren Zeitraum – war noch nicht erforderlich. Das Erscheinen der Kanone auf See war es, das die Seegefechte verwandelte, genauso wie die Belagerungskanone schon den Landkrieg verändert hatte. Burgen und die Befestigung der Städte wurden dadurch überflüssig. Die schiffsgestützte Artillerie wurde zuerst im Mittelmeer an Bord der geruderten Galeere, dann auf der besegelten und geruderten Galeasse und später auf der Galeone eingesetzt. Die Einführung der Kanone auf dem reinen Segelschiff führte auf den Ozeanen der Welt zu einem Wandel für immer.

Es ist nicht mein Ziel, noch eine weitere Geschichte der Schlachtschiffe vorzulegen, sondern die Entwicklung dieser prachtvollen Kampfschiffe von Anfang an über die Jahrhunderte zu verfolgen, ein oder zwei Schiffe aus jeder Zeit auszuwählen und ihren Kampfeinsatz zu veranschaulichen. Die einzelnen Schiffe sind oft nicht mehr als Repräsentanten ihrer Typen – die in ihrer Zeit alle ähnlich waren –, aber die Schlachten, mit denen sie assoziiert sind, haben oft ganze Epochen der Geschichte eröffnet. Sehr wenige, so wie die *Victory* und heute die *Mary Rose*, sind erhalten geblieben, die meisten jedoch sind mit den Männern, die auf ihnen segelten und kämpften, vergangen. Während sie in ihrer Zeit wegen der Werte hoch angesehen waren, die sie vertraten, sind sie heute in Aufzeichnungen und Geschichten und vor allem auf Gemälden und Zeichnungen erhalten, auf denen sie in dem Glanz zu sehen sind, der ihnen einst eigen war.

1. Ferner Kanonendonner

Es war im September 1538, als eine Flotte von über 100 Galeeren des türkischen Sultans Suleiman I. plündernd an der Südküste Kretas entlangfuhr und junge Männer für den Dienst auf den Ruderbänken aushob. Der Sultan und die Republik Venedig lagen im Krieg, und alle venezianischen Gebiete – so auch Kreta – waren deshalb Angriffen ausgesetzt. Da Venedig eine Seemacht war, hatte der Sultan kurz zuvor seine Marine ausgebaut, bis er mehr Schiffe hatte als jede andere Macht im Mittelmeerraum. Sie standen unter dem Kommando seines Hochadmirals Cheir-ed-Din, der bei den Europäern als Barbarossa bekannt war, als der größte mediterrane Seemann seiner Zeit galt und zu einem der unsterblichen Namen in der langen Seekriegsgeschichte dieses Meeres geworden ist. Sein Ziel bei diesem Vorstoß von Konstantinopel nach Süden durch die Ägäis war nicht nur, Galeerensklaven auszuheben und Tribut von den früheren venezianischen Gebieten einzutreiben, sondern auch die Seemacht der christlichen Königreiche zu brechen und damit dem Heer seines Herrn einen Seeweg nach Europa zu sichern. Italien war das Hauptziel, und während die Türken sich im Jahr zuvor auf See als siegreich erwiesen hatten, war es ihnen nicht gelungen, bei Brindisi Truppen zu landen. Barbarossa wußte, daß sich eine Allianz der christlichen Mächte im Norden der Adria mit dem Ziel sammelte, die neue türkische Marine ein für alle Male zu vernichten.

Das Kriegsschiff im Mittelmeer war zu dieser Zeit noch die Galeere mit Riemenantrieb, die jahrhundertelang diese gezeitenlosen und – in den Sommermonaten – oft windstillen Gewässer beherrscht hatte. Die Angriffsmethode der Galeere, die seit den Tagen der Griechen und Römer ihre Form nur wenig verändert hatte, war der Einsatz ihres langen Rammsporns, um den Feind zu beschädigen und dann Enterkommandos an Bord gehen zu lassen. Die bedeutendste Änderung der vorausgegangenen Jahre war die Einführung der Kanone auf Schiffen, und da Galeeren leicht gebaut werden mußten, konnten nur kleine Kanonen für den Seekrieg umgerüstet werden. Sie wurden auf verstärkten Plattformen am Bug angebracht, aber die Hauptarbeit leistete noch immer der Rammsporn. Ähnlich leichte Kanonen konnten am Heck montiert werden, während noch leichtere an den Seiten angebracht wurden. Zu dieser Zeit hatten fast alle Schiffe schon das in der Mittschiffslinie wirksame Heckruder statt des seitlichen Steuerpaddels oder des antiken Paddels (aber das Seitenruder war noch bis zum Jahre 1500 zu sehen).

Der große Unterschied zwischen den Schiffen des Mittelmeeres und ihren nordeuropäischen Gegenstücken war die grundlegende Methode des Rumpfbaus. Im Mittelmeer waren die Schiffe schon in der Antike in Karweelbauweise gebaut worden, das heißt, jede Außenhautplanke wurde stumpf an die darüber- und die darunterliegende angefügt. Im Norden war im Gegensatz dazu die Klinkerbauweise allgemein üblich, bei der die Außenhautplanken einander dachziegelartig überlappten und mit Nieten oder Nägeln befestigt waren (das deutsche Wort »karweel« geht auf die Karavelle zurück, ein schnelles, leichtes Schiff spanischen und portugiesischen Ursprungs, wodurch sich die südliche Herkunft des Wortes bestätigt). Neben der Tatsache, daß die Karweelbauweise stärker war, bot sie den Schiffbauern einen weiteren Vorteil, als das Zeitalter der Kanone anbrach – das Schiff hatte eine glatte Außenfläche. Bei einem Klinkerboot war es wegen der überlappenden Außenplanken schwierig, Geschützpforten herauszuschneiden und vor allem auch dichte Deckel einzupassen. Deshalb sind die Schiffe des Nordens in dieser Übergangszeit oft von Klinker auf Karweel umgebaut worden, um die neuartigen Geschützpforten aufzunehmen. Die Venezianer, die einen umfangreichen Handel mit den Ländern Nordeuropas trieben, hatten seit langem beobachtet, daß die Galeere des Mittelmeers in den windigen und Gezeiten unterliegenden Gewässern des Nordens völlig ungeeignet war. Ihre leichte Bauweise, das niedrige Freibord und die offenen Riemenluken machten sie gefährlich unsicher.

Da sie die Riemen nicht aufgeben wollten, die im Mittelmeer so wichtig waren, aber die Notwendigkeit von Segeln in den nördlichen Gewässern erkannten, war ihre Antwort ein Kompromiß: die Galeasse, eine Galeone mit Besegelung und Riemenantrieb. Venezianische Galeassen dieses Typs fuhren regelmäßig nach England, wo ihre Größe und Bauweise von den einheimischen Schiffbauern natürlich bemerkt wurden. (Die illustrierte Schriftrolle von Anthony Anthony über Schiffe der Marine Heinrichs VIII. im Jahre 1545 zeigt englische Galeassen, die eindeutig nach venezianischen Prinzipien gebaut sind.) Gleichzeitig begannen die Venezianer, die an ihre nördlichen Handelsrouten dachten, gefolgt von den Genuesern und anderen, mit reinen Segelschiffen zu experimentieren – obwohl diese wie alle Segelschiffe jener Zeit immer eine Anzahl von langen Rudern an Bord hatten, um sie im Hafen mit Menschenkraft zu manövrieren oder ihnen in einer Flaute weiterzuhelfen. Dieser Schiffstyp war als Karacke bekannt: ein großes, vollgetakeltes Schiff und das ursprüngliche »Großkampfschiff« – wie es im Norden bekannt wurde.

Während Barbarossa plündernd an der Südküste Kretas entlangstreifte, erhielt er die Nachricht, daß die vereinigten Flotten Venedigs, Genuas und des Papstes unter dem Oberkommando Andrea Dorias, des Admirals von Kaiser Karl V., auf See waren. Die schnelle Galeote, die ihm diese Meldung brachte, informierte ihn, daß die Flotte mit südlichem Kurs auf die Ionischen Inseln gesichtet worden war. Dieser Teil des venezianischen Reiches, der schon im Jahr zuvor von Barbarossa bedroht worden war, war durch dessen neuesten Vorstoß offensichtlich gefährdet, und dem Admiral des Sultans war klar, daß seine Herausforderung zur Schlacht – so wie er es immer beabsichtigt hatte – von den christlichen Mächten angenommen wurde.

Die Schlacht bei Prevesa, die folgen sollte, war ein Triumph für Barbarossa, während Andrea Doria sich nie von der Schande seiner Niederlage erholen sollte. Diese Schlacht ist auch heute noch von Interesse, weil sie das erste beurkundete Gefecht ist, bei dem die Stärke der Kanonen und die Stärke des reinen Segelschiffes zeigten, daß die Tage der Galeere gezählt waren. Sie ließ die ganze Zukunft der Seemacht in Europa für die kommenden Jahrhunderte vorausahnen.

Prevesa war ein türkisches Dorf am Eingang des engen Kanals, der an der Westküste Griechenlands nördlich des Golfes von Patras und etwas nördlich der Insel Levkas in den Golf von Arta führt. Auf der Südseite des Kanals, Prevesa gegenüber, liegt die Landzunge von Aktion, die in früherer Zeit besser als Actium bekannt war, wo Antonius und Kleopatra im Jahre 31 v. Chr. von Oktavian entscheidend geschlagen wurden. Während Barbarossa auf die lange Reise über die spätsommerliche See nach Norden ging, sammelten sich die alliierten Flotten langsam. In dieser Zeit der Riemen und des Lateinersegels (das bei leichtem Wind eingesetzt wurde) war es einer der schwierigsten Teile eines solchen Unternehmens, alle Schiffe zu einer Zeit am selben Ort zu versammeln. Nachrichtenverbindungen waren praktisch nicht existent, wenn die Schiffe ihre Heimathäfen verlassen hatten, und bis sich die alliierte Flotte schließlich in der Straße von Korfu versammelt hatte, war es Mitte September. Aber bevor die Schiffe nach Süden fuhren, um nach der Flotte des Sultans zu sehen, warteten sie noch auf eine Verstärkung, weitere 50 große Segelschiffe oder Galeonen, deren Feuerkraft, so wurde angenommen, den Spieß umdrehen und die türkische Seeüberlegenheit ein für alle Male brechen würde.

Wie sich bei dieser Gelegenheit erweisen sollte, konnten gemischte Flotten von geruderten Galeeren und Segelschiffen niemals gut zusammenwirken. Das Wetter, das für die einen geeignet war, paßte den anderen nicht, während die lange Verzögerung durch das Warten auf die von den Flauten des Mittelmeers aufgehaltenen Segelschiffe dazu führte, daß die Flotte unter Andrea Doria dem Admiral des Sultans einen entscheidenden Vorteil ermöglichte, indem er seine Schiffe durch die Straße von Prevesa und in den Golf von Arta führen konnte. Nachdem er einmal hier war, konnte er aus der Sicherheit des Ankerplatzes und im Schutz der türkischen Kanonen in Prevesa selbst Ausfälle machen und den Feind aufreiben, wie und wann er wollte. Erst am 25. September hatte sich die ganze alliierte Flotte bei Korfu gesammelt, und Andrea Doria, der einen günstigen Nordwind ausnutzen konnte, gelang es, seine schwierig zu manövrierende Kombination von Segel- und Ruderschiffen gemeinsam nach Süden zu bringen, um Prevesa zu blockieren. Zahlenmäßig übertraf er den Feind bei weitem, und mit der zusätzlichen Feuerkraft der Galeonen hatte er mehr Kanonen als die gesamte türkische Flotte.

Es ist ein kurioses Faktum der Geschichte, daß das Schiff mit schweren Kanonen zuerst in einem Gefecht gegen Truppen an Land eingesetzt wurde. So war es auch bei dem wahrscheinlich letzten Einsatz eines Schlachtschiffes in der zweiten Hälfte des 20. Jahrhunderts. Als im Jahre 1984 die USS *New Jersey*, ein Schlachtschiff des Zweiten Weltkrieges, mit ihren schweren Geschützen das Feuer auf Truppen und Artilleriestellungen bei Beirut eröffnete, wiederholte sie das Gefecht, das zum ersten Mal bei Prevesa eröffnet worden war – den Einsatz massiver Feuerkraft von See aus gegen feindliche Truppen in sonst unangreifbaren Stellungen. Denn im Jahre 1538 entsandten die Türken – die befürchteten, daß die Prevesa blockierende Flotte Truppen landen und das relativ schwache Fort nehmen könnte, wodurch die türkische Flotte im Golf von Arta in der Falle säße – Soldaten nach Prevesa, die entlang der Küste Stellung bezogen. Ihr Einsatz war vernünftig, insbesondere weil Andrea Doria von einigen seiner Offiziere gedrängt wurde, genau das zu tun, was die Türken von ihnen erwartet hatten.

Der Grund, warum es Doria nicht tat, war, daß er in der dritten Septemberwoche mit der Bürde einer großen gemischten Flotte zu Recht befürchtete, daß seine Schiffe dann vor einer in Lee liegenden Küste gefangen wären, die vom Feind gehalten wurde. Wenn das geschah, wäre er gezwungen, fortzusegeln und die gelandeten Männer aufzugeben. Wie Doria aus lebenslanger Erfahrung gut wußte, kann das Mittelmeer von Mitte September an stürmisch werden. Auch Barbarossa wußte es, und es war einer der Gründe dafür, daß er mit seinen Galeeren in den geschützten Golf einlief. Ein in diesem Seegebiet immer möglicher nördlicher Sturm konnte Dorias Schiffe auf die Nordküste der Insel Levkas zutreiben, während ihn ein westlicher Wind nach Prevesa selbst treiben würde. Dann brauchte er nichts weiter zu tun, als auf die Feuerkraft seiner Flotte zurückzugreifen. Dies hatte Barbarossa befürchtet, als er seine Kommandeure gedrängt hatte, die Truppen nicht in die Reichweite der alliierten Flotte gelangen zu lassen. Er selbst war nie auf das Kanonenfeuer von Galeonen gestoßen, aber er hatte wahrscheinlich davon gehört. Doch die anderen, die darum bemüht waren, Prevesa zu schützen, und nur das Feuer kannten, das die Kanonen der Galeeren aufbieten konnten, hatten ihn überstimmt.

Ihre Truppen bezahlten jetzt den Preis. Sobald die türkischen Janitscharen entlang der Küste Stellung bezogen hatten, eröffneten die vor der Küste liegenden Schiffe das Feuer, und es kam zu einem Massaker. Wie wir sehen werden, hatten einige dieser Galeonen an jeder Seite 28 Kanonen. Sie waren auf festen Lafetten montiert und konnten nicht geschwenkt werden, sondern nur in eine Richtung feuern. Aber da die Soldaten an der Küste ein festes Ziel boten und keine Kanonen hatten, um das Feuer zu erwidern, liefen selbst die Janitscharen, die tapfersten der Tapferen unter den Truppen des Ottomanischen Reiches, davon und ließen viele Tote zurück. Das mit Batterien von Kanonen bewaffnete Großkampfschiff hatte einen seiner ersten beurkundeten Erfolge errungen.

In dem sich anschließenden Seegefecht, als Andrea Doria seine Flotte von der gefährlichen Küste bei Prevesa zurückzog und Kurs auf die offene See nahm und ihm Barbarossas Galeeren auf den Fersen folgte, lag der Sieg bei den Türken. Die Genialität Barbarossas überlistete Andrea Doria, der durch die Versuche behindert war, mit seiner unbeholfenen gemischten Flotte zu manövrieren. Nur ein Ereignis des laufenden Gefechtes interessiert uns. Es betraf eine venezianische Galeone und ließ erneut den Verlauf der kommenden Dinge vorausahnen: den Triumph des stark gebauten, schwer bewaffneten Schiffes.

Dieses Schiff unter dem Kommando eines der fähigsten venezianischen Seeleute jener Zeit, des Alessandro Condalmeiro, blieb zurück, als Andrea Doria seine Flotte in das Gebiet südlich der Insel Levkas zurückzog, wo er hoffte, Barbarossa zur Schlacht gegenüberzutreten. Dieses Flaggschiff des venezianischen Kontingents war schwer gebaut, schwer bewaffnet und unter Wasser mit Blech verkleidet – was es in dem leichten Wind, der zu dieser Zeit blies, sehr langsam machte. Als es schließlich in die Windstille vor der steilen Westküste von Levkas kam, lag es bald manövrierunfähig auf dem Kurs von Barbarossas Flotte, als diese die Nordspitze der Insel rundete, um Andrea Dorias alliierte Flotte nach Süden zu verfolgen.

Die türkischen Galeeren fuhren in Gefechtsordnung. Barbarossas Flaggschiff lief in der Mitte einer großen Linie, die wie ein Krummsäbel leicht gebogen war. Seine beiden fähigsten Stellvertreter fuhren am Steuerbordflügel und am Backbordflügel. In dem Augenblick, in dem Condalmeiro sie am Kap gesichtet hatte, hatte er ein Ruderboot mit der Bitte um Verstärkung an seinen Admiral gesandt. Er bat um Galeeren, die ihm in dem unmittelbar bevorstehenden Gefecht helfen sollten. Es war klar, daß der Feind dieses große Schiff nicht einfach ignorieren konnte, das herausfordernd auf seiner Vormarschlinie lag. Barbarossa löste das Problem, indem er einzelne Geschwader gegen das Schiff einsetzte, die jeweils in Wellen angriffen, sich zurückzogen, ihre Waffen neu luden und dann wiederkehrten. Es war die normale Methode, wenn Galeeren ein großes stationäres Objekt angriffen wie ein Ziel am Ufer. Kleine Gruppen von vier in Dwarslinie laufenden Schiffen, »Quadrillen«, die vorstießen, und sich wieder zurückzogen, konnten fast ein Dauerfeuer schießen. Wenn wir annehmen, daß die türkischen Schiffe jener Zeit fast identisch mit den europäischen waren (wie sie es in der Tat gewöhnlich waren), hätten sie fünf Kanonen auf Plattformen auf dem Vorschiff gehabt. Die Hauptkanone war eine »Serpentine«, die eine 48-Pfundoder 50-Pfund Kugel verschoß. Auf jeder Seite hatte sie einen 24-Pfünder, und zwischen diesen und der Schiffswand waren für den Nahkampf nach Backbord und Steuerbord weisende 12-Pfünder montiert, die seitwärts schießen konnten. Die die Hauptbewaffnung darstellenden drei vorderen Kanonen konnten weder in der Höhe gerichtet noch seitlich geschwenkt werden, und es war vom Seegang abhängig, ob sie den Feind zwischen Wind und Wasser trafen oder nicht. Tatsächlich hing alles vom Urteilsvermögen und der Entscheidung des Kanoniers über den genauen Augenblick des Zündens ab.

Condalmeiro, der in voller Rüstung auf dem hohen Achterdeck seines Schiffes auffällig dastand, erwartete den Angriff der Galeere. Er war wie für ein Gefecht an Land gekleidet, da sich zu jener Zeit ein Seegefecht schnell in eine Kaperung verwandeln konnte. Außerdem waren bei allen Nationen die meisten Kommandeure auf See – so wie in der Antike auch – Heereskommandeure. Die Seekriegstaktik (vor allem im Kampf der Galeeren) war fast identisch mit den Bewegungen, die für Truppen an Land üblich waren, und mit der Ausnahme weniger »Seeleute« (besonders für den Umgang mit Segeln und Tauen ausgebildet und oft ursprünglich Fischer), war jeder Mann an Bord in erster Linie Soldat. Als das Segel die Riemen verdrängte und die Artillerie immer wichtiger wurde, führte eine ganz neue Schule des taktischen Denkens und der praktischen Ausbildung zur Entwicklung des kämpfenden Matrosen. Condalmeiro war natürlich wie alle Venezianer seiner Zeit mit der See vertraut, und er beherrschte auch den Einsatz von Kanonen an Bord. Die meisten seiner Kanonen – und sein Schiff kann neben Handfeuerwaffen bis zu 56 Kanonen gehabt haben – waren wahrscheinlich lange Serpentinen oder 24-Pfünder, die eine gewaltige Breitseite darstellten. Da er die Taktik der Galeere kannte, wird er gewußt haben, daß er um keinen Preis zulassen durfte, daß sie ihn mit den Spornen rammten und die Schiffe sich ineinander verkeilten, so daß ihre Kämpfer an Bord stürmen konnten. Die hohen Seiten der Galeone hätten dies schwieriger gemacht, als es im Kampf einer Galeere gegen eine Galeere gewesen wäre, und es ist ohnehin wahrscheinlich, daß Enternetze über die eng nebeneinanderliegenden Spieren gehängt waren, die normalerweise Sonnensegel trugen.

Die erste Welle der angreifenden Galeeren feuerte auch als erste, und ein glücklicher Schuß dieser Salve traf den Großmast des Venezianers und ließ ihn in einem Gewirr von Segeltuch, Spieren und Leinen über Bord krachen. Ermutigt durch den Anblick des Feindes, der nicht mehr manövrieren konnte, lief die Galeere zum Rammen heran. Von der Galeone war das Feuer nicht erwidert worden, denn Condalmeiros disziplinierte Besatzung wartete, bis es keinen Zweifel mehr geben konnte, daß ihre Breitseite treffen würde. Als die erste Welle der Galeeren auf Nahkampfweite heran war, feuerte das bisher ruhig daliegende Schiff und spie Flammen von seinem Deck und aus seinen dunklen Stückpforten. In diesem einen Augenblick änderte sich die Seekriegsführung für immer. Die Zeit, in der hohe Manövrierfähigkeit, das Rammen und Anbordstürmen in Seeschlachten entscheidend gewesen waren, war vorbei. Die neue Marine, deren Schiffe so viele Kanonen wie eine Festung an Land aufnehmen konnten, stand am Beginn von vier Jahrhunderten, in denen sie das Glück der Nationen auf See bestimmen würde – drei Jahrhunderte unter Segeln und eines unter Dampf. Condalmeiros Galeone hatte in dem einzigen Teilerfolg einer Seeschlacht, die sonst von den Türken überlegen gewonnen wurde, das Ende von mehr als 2000 Jahren signalisiert, in denen das schlanke, von Menschen getriebene Kriegsschiff, die Galeere, geherrscht hatte. Die von dem Schock der Breitseite demoralisierten Überlebenden der ersten Welle zogen sich zurück. Eine Galeere wurde auf der Stelle versenkt, mehrere waren manövrierunfähig, und die See um das venezianische Schiff wurde von fallenden Masten und schreienden Männern, von zerschmetterten Riemen und den gefesselten Galeerensklaven aufgewühlt, die hilflos auf ihren Bänken kämpften, um sich zu befreien.

Als Barbarossa neue Wellen von Galeeren gegen Condalmeiros Schiff vorschickte, setzte dieser seine Kanonen mit sorgfältiger Überlegung ein. Es wurde kein Schuß vergeudet, sondern gewartet, bis eine Galeere stoppte oder zu wenden begann – und dann wurde in dem Augenblick gefeuert, in dem die Kanoniere ein praktisch unbewegliches Ziel hatten. Das stark gebaute Schiff konnte den Schüssen der Galeeren trotzen, die ihrerseits einer gutgezielten Kanonenkugel nicht standhielten. Das Verhalten von Andrea Doria während der ganzen Schlacht, und daß er es unterließ, Condalmeiro Hilfe zu senden, interessiert hier nicht. Das anschließende laufende Gefecht, zu dem die Schlacht bei Prevesa wurde, von den Türken zu Recht als bedeutender Sieg gefeiert, kündigte den langsamen Niedergang Venedigs an. Barbarossa, der dem Sultan Suleiman bereits die Herrschaft über das östliche Mittelmeer erkämpft hatte, hatte ihm jetzt auch die Beherrschung des westlichen Beckens gesichert.

Dorias Ruf litt schlimmen Schaden, aber zu seiner Entschuldigung muß gesagt werden, daß er keine Erfahrung in der Führung einer gemischten Flotte hatte. Niemand hatte zu jener Zeit diese Erfahrung, und tatsächlich zeigte sich bei Prevesa, daß gemischte Flotten aus Galeeren und Segelschiffen von niemandem erfolgreich geführt werden konnten. Es ist bezeichnend, daß in der berühmten Schlacht von Lepanto im Jahre 1571 – der letzten Seeschlacht, in der beide Seiten mit riemengetriebenen Schiffen kämpften – das reine Segelschiff völlig fehlte. Einige Jahre zuvor, als eine alliierte Flotte Malta entsetzen wollte, das damals von den Türken belagert wurde, beschloß man auf Anraten einiger Seeleute, die bei Prevesa gekämpft hatten, nicht mit einer gemischten Flotte anzugreifen, sondern nur Galeeren zu entsenden. Die Lektion von Prevesa war gelernt worden. Von niemandem vergessen wurde auch das Gefecht von Condalmeiros einzelner venezianischer Galeone, die von Galeeren umgeben war. Ihr Widerstand war während des ganzen Tages so hitzig gewesen, daß Barbarossa gezwungen war, seine angreifenden Geschwader noch vor Sonnenuntergang zurückzuziehen. Es gelang Condalmeiro, trotz des Verlustes seines Großmastes über Nacht mit einem günstigen Wind nordwärts zu segeln und nach Venedig zurückzugelangen – der einzige Kapitän und die einzige Besatzung der alliierten europäischen Mächte, die sich in dem Gefecht ausgezeichnet hatten.

Wenn es bemerkenswert ist, daß bei Lepanto keine Segelschiffe zu den Flotten gehörten, so ist es auch wert anzumerken, daß ein großer Teil des den Türken zugefügten Schadens durch einen *Galeazza* genannten Schiffstyp bewirkt wurde. Diese Galeassen, die von Don Juan de Austria vor die Hauptkampflinie geworfen wurden, brachen den Angriffsverband der Türken auf und trugen so beträchtlich zu dem folgenden Sieg bei. Sie waren in der Tat »das Großkampfschiff« ihrer Zeit im Mittelmeer, und da einige von ihnen (mit Änderungen für den Norden) für die neue Marine König Heinrichs VIII. gebaut wurden und sie auch in der spanischen Armada von 1588 auftraten, ist ihre Gesamtkonstruktion für diese Geschichte von Bedeutung. Sie waren Mischtypen aus der Galeere und der Galeone, die das Beste beider Welten bieten sollten, aber – wie es oft bei solchen Kreuzungen der Fall ist – sie boten keines von beiden. Sie waren jedoch in der Lage, schwere Bewaffnung aufzunehmen, und ihre Wirkung bei Lepanto trug wesentlich dazu bei, daß Don Juan den Sieg errang.

Die Schlacht von Lepanto, die in einer Zeit, in der die ottomanische Macht überall unbesiegbar erschien, für die Europäer von großer Bedeutung war, wurde natürlich von vielen zeitgenössischen Künstlern gemalt. Die Galeassen ziehen wegen ihres auffälligen Gewichtes und ihrer Kampfkraft sofort die Aufmerksamkeit auf sich. Sie sind Dreimaster und haben Fock-, Groß- und Besanmast, die alle mit Lateinersegeln getakelt sind. Wie bei den Galeeren bestehen die großen Spieren, die für das Tragen der Segel erforderlich sind, aus zwei separaten Stücken, die in der Mitte, wo die Spiere am Mast anliegt, miteinander verbunden sind. Einige von ihnen haben auch einen kleinen, einem Bugspriet ähnelnden Fockmast, der sich über den großen Rammsporn neigt. An diesem kleinen Mast ist ein Rahsegel gehißt, das der Artemone der Antike und dem Sprietsegel späterer nordischer Fahrzeuge ähnelt. Bilder von der Schlacht bei Lepanto und ein Fresko im Escorial, das eine einige Jahre spätere Schlacht vor den Azoren darstellt, zeigen dieses letzte der großen Schiffe eines ausschließlich mediterranen Konstruktionstyps, während Anthony Anthonys Schriftrolle es in einer für die nordischen Gewässer leicht veränderten Form zeigt.

Während in den kommenden Jahrzehnten das harte Leben der Seeleute auf den Segelschiffen die Aufmerksamkeit vieler Chronisten erregte und sogar (wie im Fall von »Jack Nastyface« von Nelsons Marine) Matrosen anregte, ihre Autobiographien zu schreiben, ist die

Erinnerung an den »Galeerensklaven« seit langem verblaßt, obwohl der Ausdruck noch gebraucht wird. Wie dieses Leben war (und jahrhundertelang konnte ihm auf dem Mittelmeer jeder Seereisende zum Opfer fallen), ist von dem Franzosen Jean Marteille de Bergerac beschrieben worden:

»Die Galeerensklaven sind zu sechst an eine Ducht gekettet. Diese ist vier Fuß breit und mit einem mit Wolle vollgestopften Sacktuch bedeckt, über das Schafshäute gelegt sind, die bis zum Deck hinunterreichen. Der für die Galeerensklaven zuständige Offizier steht achtern beim Kapitän, von dem er seine Befehle erhält. Es sind auch zwei Unteroffiziere da, einer mitschiffs und einer am Bug. Sie sind beide mit Peitschen bewaffnet, mit denen sie die nackten Körper der Sklaven schlagen. Wenn der Kapitän den Befehl zum Rudern gibt, gibt der Offizier das Signal mit einer Sklavenpfeife, die an einer Schnur um seinen Nacken hängt. Das Signal wird von den Unteroffizieren wiederholt, und ganz kurz darauf schlagen alle 50 Riemen wie einer ins Wasser. Stellen Sie sich sechs an eine Ducht gekettete Männer vor, nackt wie sie geboren wurden, einen Fuß an der Fußleiste, den anderen angehoben und gegen die Ducht vor ihnen gedrückt, die in ihren Händen einen enorm schweren Riemen halten und ihre Körper nach hinten stemmen, während ihre Arme ausgestreckt sind, um den Riemenschaft von den Rücken der vor ihnen Sitzenden wegzuhalten… Manchmal rudern die Galeerensklaven zehn, zwölf und sogar 20 Stunden an einem Stück, ohne die geringste Ruhe oder Pause. Bei diesen Gelegenheiten geht der Offizier umher und steckt in Wein getränkte Brotstücke in die Münder der elenden Ruderer, damit sie nicht ohnmächtig werden. Dann ruft der Kapitän den Offizieren zu, die Schläge zu verdoppeln, und wenn einer der Sklaven erschöpft über seinem Riemen zusammenbricht (was häufig vorkommt), wird er gepeitscht, bis er tot zu sein scheint, und dann ohne jede Zeremonie über Bord geworfen…«

Bevor wir die Entwicklung des Großkampfschiffes im Mittelmeer verlassen und zu dessen Weiterentwicklung in nördlichen Ländern übergehen (deren Marinehistoriker oft dazu neigen, seine Ursprungsheimat zu ignorieren), ist es interessant zu sehen, welche Größe und Pracht die großen Schiffe des Mittelmeers im 16. Jahrhundert erreicht hatte. In seinem Werk über den Johanniterorden *History of the Order of St. John* beschreibt J. Taafe das Flaggschiff des Ordens (von mehreren zeitgenössischen Autoren als »die große Karacke von Rhodos«

bezeichnet), welches wahrscheinlich das größte Kriegsschiff seiner Zeit war:

»(Es) hatte acht Decks oder Böden, und soviel Raum für Vorräte, daß es sechs Monate auf See bleiben konnte, ohne auch nur einmal für irgendeine Art Proviant, nicht einmal für Wasser, Land zu berühren, denn es hatte einen monströsen Vorrat an Wasser für diese ganze Zeit, das frischeste und klarste. Auch aß die Besatzung keinen Schiffszwieback, sondern ausgezeichnetes Weißbrot, das jeden Tag gebacken wurde. Das Korn wurde von einer Vielzahl von Handmühlen gemahlen, und der Backofen war so geräumig, daß er 2000 große Laibe auf einmal buk. Das Schiff besaß mehrere Verkleidungen aus Metall, von denen zwei unter Wasser aus Blei mit Bronzeschrauben bestanden (die das Blei nicht so zerfressen wie Eisenschrauben), und es war mit solcher vollendeten Kunst gebaut, daß es niemals sinken konnte, noch konnte es menschliche Kraft versenken. (Eine übereilte Anmerkung, die es in jedem Jahrhundert gab!) Prächtige Räume, eine Waffenkammer für 500 Mann, aber über die Menge der Kanonen aller Art braucht man nichts zu sagen, außer daß 50 von ihnen außergewöhnliche Abmessungen hatten. Aber was alles krönte, war, daß das enorme Schiff von unvergleichlicher Geschwindigkeit und Beweglichkeit war und daß sich seine Segel erstaunlich führen ließen, daß es wenig Mühe erforderte, die Segel zu reffen oder zu wenden und alle nautischen Manöver auszuführen. Ganz zu schweigen von den Kämpfern, zählten doch die reinen Seeleute 300 (Mann). Desgleichen auch zwei Galeeren mit je 15 Duchten, eine Galeere im Schlepp hinter dem Heck, und die andere an Bord gezogen, nicht zu erwähnen verschiedene Boote von diversen Größen, die auch an Bord gezogen waren, und wahrhaft (waren) ihre Seiten von solcher Stärke, daß, obwohl sie oft im Gefecht getroffen und von vielen Kanonenkugeln gelöchert wurden, nicht eine von ihnen jemals durch sie hindurchging.«

Selbst wenn man eine gewisse Übertreibung berücksichtigt, war dieses Schlachtschiff des Johanniterordens (das vermutlich sein Leben in der neuen Heimat des Ordens, Malta, beendete) etwas, mit dem es lange Zeit kein nördliches Land aufnehmen konnte. Es war ohne Zweifel ein Segelschiff, und seine Galeeren dienten nur dazu, es durch sommerliche Flauten zu schleppen oder es in einer geeigneten Richtung zu bewegen, um neuen Wind zu finden. Bedauerlicherweise haben wir keine Aufzeichnungen über seine Abmessungen, obwohl diese große Karacke vermutlich die *Santa Maria* war, auf der der Großmeister des

Ordens 1553 Rhodos verließ, nachdem die Insel von den Türken erobert worden war. Von diesem Schiff wird berichtet, daß es einmal in einem Sturm bei Malta vom Blitz getroffen wurde, wobei neun Besatzungsmitglieder getötet wurden und das Schwert des Großmeisters zu Asche verbrannte, obwohl er selbst unverletzt blieb.

Eine venezianische Handschrift von 1550 gibt die Abmessungen einer großen besegelten Galeone mit 41,1 Metern über alles, 30,50 Metern Wasserlinie und zehn Metern Gesamtbreite an. Ohne Zweifel war die große Karacke von Rhodos noch größer, aber dies waren vielleicht die Abmessungen der venezianischen Galeone, mit der Alessandro Condalmeiro in der Schlacht von Prevesa erfolgreich die Galeeren Barbarossas abwehrte und damit einen Schiffstyp einführte, der die Zukunft beherrschen sollte. Das ungefähre Verhältnis von 4:3:1 sollte noch lange im Schiffbau verwendet werden. Nachdem sich der Typ als seetüchtig und manövrierfähig in windigen, den Gezeiten unterliegenden Gewässern und den großen Ozeanen der Welt erwiesen hatte, sollte er für lange Zeit im Prinzip unverändert bleiben. Dies beruhte nicht nur auf dem Konservatismus der Schiffbauer und Seeleute (obwohl dieser eine Rolle spielte), sondern auch auf der maximal möglichen Größe des Segeltuches und der Menschenkraft. Änderungen sollten vor allem durch die Entwicklung der Waffentechnik bewirkt werden.

2. Der König und seine neue Marine

Bis zur Einführung der Kanone auf Schiffen hatte sich der Seekrieg in den nördlichen Gewässern fast genauso abgespielt wie im Mittelmeer. Da er kaum mehr war als Überfälle von einer Küste zur anderen oder piratenartige Vorstöße in den Ärmelkanal, war die Galeere mit einem Rahsegel hier genauso geeignet wie im Süden. Das Rahsegel im Gegensatz zum Lateinersegel des Mittelmeerraumes war ein Unterscheidungsmerkmal, ein anderes war die Klinkerbauweise der Boote gegenüber der Karweelbauweise. Mit solchen Booten, die den im 14. und 15. Jahrhundert gebrauchten durchaus ähnlich waren, hatten die Wikinger ihre langen Streifzüge und ihre Eroberungen in England und an anderen Orten durchgeführt, während Wilhelm der Eroberer seine erfolgreiche Invasion Englands von der Normandie aus ebenfalls in offenen Booten mit Segel- und Riemenantrieb ausgeführt hatte. Das *Drachenschiff*, das mit Ruderern besetzt war, die zugleich Krieger waren und den Kampf mit einen Pfeilhagel als Vorspiel zur Kaperung eröffneten (statt wie im Süden zu rammen), war das Kriegsschiff des Nordens gewesen – das die nordischen Invasoren an jede erreichbare Küste und sogar in die von der Galeere beherrschten Gewässer jenseits Gibraltar brachte. Der Handelsverkehr des Nordens war jedoch mit zumeist zweimastigen Rundschiffen oder Koggen durchgeführt worden, und aus diesen Schiffen sollte sich das schwer bewaffnete Großkampfschiff der Zukunft entwickeln, auf das aber auch die Konstruktion des neuen Kriegsschiffs des Mittelmeers Einfluß hatte.

Heinrich VII., der 1485 den Thron bestieg, sicherte sich durch Bau oder Kauf eine Anzahl von »Königsschiffen« die Grundlage, auf der sein Sohn eine Marine aufbauen sollte. Der Vater war jedoch nur an einem Krieg auf dem Kontinent beteiligt. Er verspürte keinen Wunsch nach Verwicklungen im Ausland, und als der praktische Geschäftsmann, der er war, setzte er seine Schiffe fast ausschließlich für den Handel und den Warentransport ein und vercharterte sie zu diesen Zwecken sogar an private Bürger. Diese Schiffe waren Drei- oder Viermaster, und der achtere vierte Mast wurde *Bonaventure* genannt und trug stets ein Lateinersegel. Lateinersegel wurden oft am Besanmast, seltener am Großmast, gesetzt, aber am Fockmast wurde stets ein Rahsegel gehißt. Mit Zinnen versehene Kastelle bildeten einen Teil des Bugs und des Hecks und ließen die Back und das erhöhte

Achterdeck der Zukunft vorausahnen. Die kleinen Kanonen jener Zeit dienten vor allem zur Verteidigung. Bogen- und Armbrustschützen waren die Bewaffnung, wenn das Schiff im Nahkampf stand. Solche Schiffe können (wenn man das unseemännische Auge der Silber- und Goldschmiede berücksichtigt) in einigen der kunstvoll gearbeiteten Segelschiffmodelle oder »Nefs« wiedererkannt werden, die auf dem Kontinent und in England hergestellt wurden. (Ein schönes Beispiel ist das in Frankreich hergestellte »Burghley Nef« im Victoria and Albert Museum in London, das gegen Ende des 15. Jahrhunderts entstand.)

Heinrich VIII. hatte eine ganz andere Ansicht über Königsschiffe als sein Vater. Obwohl ein Mann der Renaissance, war er dennoch in mancher Hinsicht rückständiger als sein ruhiger, fleißiger und kaufmännisch denkender Vorgänger. Als er 1509 den Thron bestieg, hatte er im Prinzip zwei Alternativen für die Königsschiffe. Die eine bestand darin, die geerbte Flotte einzusetzen, um sein persönliches Einkommen zu erhöhen und sich gleichzeitig auf die finanzielle Seite der Angelegenheit und auf die Wahrung des Rechts in seinem noch jungen Königreich zu konzentrieren. Die zweite Alternative – und diejenige, die er wählte – war, die europäische Konzeption des kriegerischen Monarchen zu übernehmen und England als vorherrschende europäische Macht zu etablieren.

Während sein Vater sich an den Gedanken geklammert hatte, daß Kriegsschiffe eine Extravaganz waren, die von einem vorsichtigen Monarchen – genauso wie der Krieg selbst – gemieden werden mußte, und daß die Schiffe, die ein König haben mußte, soweit wie möglich für den friedvollen Handel eingesetzt werden sollten, sah Heinrich VIII. sie als für einen König notwendig an. In seiner Rivalität mit Franz I. von Frankreich verwickelte er England, so wie es frühere Könige getan hatten, in den verworrenen Irrgarten der Politik und einen fast endlosen Krieg in Europa. Die Wiederaufnahme der Feindseligkeiten mit Frankreich führte dazu, daß eine Verstärkung der Königsschiffe ein Erfordernis und nicht mehr ein Luxus waren. Die beiden Hauptschiffe, die Heinrich VIII. erbte, waren die *Regent* und die *Sovereign*, die beide für den Handel vorgesehen, aber mit Vorder- und Achterkastellen ausgerüstet waren und leichte Kanonen zur Verteidigung hatten. In seinem ersten Krieg gegen Frankreich folgte er dem Vorbild des Mittelmeers und setzte Karacken und andere Segelschiffe ein – Handelsschiffe, die für den Krieg umgerüstet und hauptsächlich mit kleinen, gegen Personen gerichteten Hinterladern ausgerüstet waren.

So war auch eines der ersten auf seine Bestellung hin gebauten Schiffe im Jahre 1513 die *Great Galley* von 700 Tonnen, die mit 120 Riemen gerudert wurde und 200 Kanonen verschiedener Größe hatte. (Die Tonnage wurde nach der Zahl der Weinfässer gemessen, die der Frachtraum aufnehmen konnte.) In jener Zeit hatte ein großes Handelsschiff 400 bis 500 Tonnen, und wenn wir dann erfahren, daß eines der ersten wirklichen Kriegsschiffe, die für Heinrich VIII. gebaut wurden, 10 000 Tonnen hatte, ist es möglich, seine Bedeutung zu verstehen. Die *Henry Grace à Dieu* oder *Great Harry*, wie man sie allgemein nannte, entstand 1514. Sie war ein Viermaster und ursprünglich wahrscheinlich in Klinkerbauweise (zumindest unterhalb der Wasserlinie) gebaut, denn sie wurde 1540 vollkommen umgerüstet, um brauchbare Geschützpforten in der Bordwand zu erhalten.

Ursprünglich war sie mit 184 Kanonen ausgerüstet, von denen die meisten natürlich leichte Waffen aus Messingguß und gegen Personen gerichtet waren, aber es ist bemerkenswert, daß sich nach ihrem Umbau die Anzahl der Kanonen stark verringerte, weil deren Größe und Gewicht inzwischen erhöht worden waren. Die *»grete yron gonnes of oone sort that come owt of fflaunders«* (großen Eisenkanonen einer Sorte, die aus Flandern kommen) waren die Vorläufer der Waffen, die über Jahrhunderte den Seekrieg beherrschen sollten. Auf der Abbildung aus dem Jahre 1545 durch Anthony Anthony hat die *Great Harry* das flache Spiegelheck (das ebenfalls Kanonen trägt), das man bei den zeitgenössischen Galeonen sieht, aber das größere und wenig seetüchtige Vorderkastell ähnelt dem der Karacken. Sie ist ein Viermaster mit Bramstengen an den vorderen drei und einer Stenge an dem achteren, *Bonaventure* genannten Mast. Die Verworrenheit des laufenden und stehenden Guts erscheint dem modernen Seemann wie ein Alptraum, aber man muß versuchen, sich an einen Menschenschlag zu erinnern, der schon in der Knabenzeit mit Segelschiffen und der ganzen Welt des schweren Segeltuchs und Tauwerks aufwuchs.

Ein Vincent Volpe zugeschriebenes zeitgenössisches Gemälde im Hampton Court Palace zeigt die Abreise Heinrichs VIII. aus Dover zu seinem Treffen mit Franz I. von Frankreich im Jahre 1520. Das Bild ist ein Werk der Phantasie, denn der König überquerte den Kanal mit einem Geschwader relativ kleiner Schiffe, aber der Künstler war bemüht, Heinrich als den großen seefahrenden Monarchen, den Schöpfer der »Schlachtschiffmarine« Englands darzustellen, und hat ihn deshalb mit den größten und eindrucksvollsten Schiffen seiner Flotte abgebildet. Es ist bemerkenswert, daß die *Great Harry* hier einen Bugspriet mit einem Sprietsegel hat, und ebenso bemerkenswert sind die aus den Geschützpforten hervorstehenden Kanonen. Nach dem Umbau hatte sie später zwei volle Batteriedecks unterhalb des Mitteldecks.

Ein Vorgänger der *Great Harry* war ein Schiff, das heute viel berühmter ist, die *Mary Rose*. Das nach der Schwester des Königs benannte Schiff war das erste Schlachtschiff, das in seiner Regierungszeit gebaut wurde. Sie wurde 1509 auf Kiel gelegt, war kleiner als die *Great Harry* und wurde auf »die Tonnage von 600 Tonnen« berechnet. Im Jahre 1536 wurde sie vollkommen umgebaut. Auch dieses Schiff ist auf der Schriftrolle Anthonys im umgebauten Zustand abgebildet. Es trägt noch die großen Vorder- und Achterkastelle. Das Achterkastell ist gut in die Konstruktion des Rumpfes eingepaßt, aber das Vorderkastell ragt in übertriebener Weise über den Bug hinaus.

Niemand, der die Augen eines Seemanns hat, kann diese frühen Schlachtschiffe betrachten, ohne daran zu denken, welche Hölle sie in einem starken Dwarswind oder bei Wind von vorn sein mußten. Der Luftwiderstand (insbesondere des Vorderkastells) muß sie fast unsteuerbar gemacht haben. Es trifft zu, daß sie nur für relativ begrenzte Einsätze vor der englischen Küste oder im Ärmelkanal konstruiert waren, aber man muß nicht auf den großen Ozeanen der Welt segeln, um starke Winde und eine gefährliche See zu erleben, und die grauen Wasser des Ärmelkanals mit ihren Gezeiten (und den schroffen Klippen auf beiden Seiten) gehören zu den gefährlichsten Seegebieten der Welt. Es ist deshalb kaum überraschend, daß bis zur Regierungszeit Königin Elisabeths I. die englischen Schiffbauer die Größe und den Überhang des Vorderkastells bedeutend verringert hatten, so daß ihre Schiffe mehr den spanischen und portugiesischen Galeonen ähnelten, die seit langem den Atlantik befuhren. Von britischen Marinehistorikern, die darum bemüht sind, die Leistungen Heinrichs VIII. zu preisen, wird oft die Tatsache ignoriert, daß er sich auf die mittelalterliche Ambition konzentrierte, England zu einer europäischen Macht zu machen, und deshalb die Neue Welt vernachlässigte, die Spanien und Portugal bereits erschlossen hatten. Darum war es für seine Nachfolger schwierig, in diese Gebiete vorzudringen. Auf der anderen Seite veranlaßten ihn seine kontinentalen Ambitionen, in Portsmouth das Fundament eines großen Marinestützpunktes zu legen, um eine Marine zu schaffen, die unübertroffen war.

Eine von der ersten *Mary Rose* vor ihrem Umbau entnommene Inventarliste zeigt, daß sie im Jahre 1514 sieben schwere Messingkanonen und 34 schwere Eisenkanonen hatte sowie 37 leichte Kanonen, zumeist aus Eisen, was eine Gesamtzahl von 78 ergibt. Eine spätere

Inventarliste des Jahres 1545, also nach dem Umbau, zeigt, daß es nun 91 waren, 38 schwere und 53 leichte. Sie waren auf dem ganzen Rumpf an beiden Seiten und am Heck in Reihen verteilt, während man annehmen kann, daß bei dem ursprünglichen Bau des Schiffes eine begrenzte Anzahl schwerer Kanonen am Mitteldeck und die Mehrzahl der leichten Kanonen auf den Kastellen untergebracht war. Wie die *Great Harry* war sie ein Viermaster mit Mastkörben unter den Stengen, aber sie hatte keine Bramstengen. Wie bei dem größeren Schiff haben die Rahnocken des Groß- und des Fockmastes scharfe Haken (die wie Sicheln in die Takelage eines Feindes schneiden konnten), und vom Ende ihres langen Bugspriets hängt ein kleiner Anker herab. Die oberen Decks sind zum großen Teil mit Netzen zur Abwehr von Enterern bedeckt, und die gestreiften Kanonen sollen eindeutig Eisen andeuten, während die glatten glänzenden Kanonen aus Bronzeguß waren. Durch den Umbau war ihre Tonnage auf 700 Tonnen gestiegen, und danach waren mehr Kanoniere an Bord. In einem Gefecht gegen die Franzosen im Jahre 1513 hatte ihre Besatzung aus 120 Seeleuten, 251 Soldaten, 20 Kanonieren, zwei Lotsen, fünf Trompetern und 36 Munitionsträgern bestanden. Dieses Mißverhältnis zwischen Soldaten, Seeleuten und Kanonieren sollte sich während des nächsten Jahrhunderts verändern, als die Seeleute und Kanoniere immer wichtiger wurden.

Die Kanonen, die diese neuen großen Schiffe auszeichneten und die bei ihren Nachfolgern der einzige Zweck der Existenz des Schiffes waren, wurden noch durch viele Bogenschützen verstärkt (wie die *Mary Rose* gezeigt hat) sowie mit bewaffneten Soldaten und Offizieren in Rüstung, die in althergebrachter Art entern sollten. (Die normale Sollstärke der *Mary Rose* betrug 415 Mann, aber bei ihrem letzten Gefecht vor Portsmouth hatte sie nach dem Bruder des Vizeadmirals Carew, der mit ihr unterging, nicht weniger als 700 Mann an Bord.) Viele dieser Kanonen sind jetzt zusammen mit anderen Gegenständen aus ihrem Wrack geborgen worden. Daher wissen wir heute viel mehr über diese Waffen und ihren Einsatz auf einem alten Schlachtschiff als vorher.

Die Kanonen jener Zeit erfreuten sich einer Vielfalt von Namen, die eine eigene finstere Poesie darstellen. Zu den Messingwaffen, die aus einer Legierung von etwa 100 Teilen Kupfer mit zehn Teilen Zink und acht Teilen Zinn bestanden, gehörten Kanonen, Halbkanonen, Schlangen (Culverine), halbe Schlangen, Saker und Falken. Sie waren teurer und kosteten etwa das Dreifache der Eisenkanonen. Zu diesen gehörten Pfortenstücke, Schleudern, Halbschleudern, Schrotbüchsen und Handfeuerwaffen. Die Rohre (engl. *barrels*) der »aufgebauten«

Eisenkanonen (das Wort »barrel« geht auf die Tatsache zurück, daß sie so hergestellt wurden wie ein hölzernes Faß, ebenfalls »barrel«) wurden ursprünglich aus Längen von geschmiedetem Eisen hergestellt, die um einen runden Holzkern gelegt wurden. Dann wurden rotglühende Eisenbänder oder Ringe darübergezogen, die nach der Abkühlung das innere Rohr fest umschlossen. Dann wurden weitere Eisenbänder zur Verstärkung aufgezogen, der innere Holzkern wurde herausgebrannt, und das »Stück« war fertig. Am vorgesehenen Ende wurde eine enganliegende Kammer am Verschluß angepaßt und verkeilt. Wie eine moderne Patronenhülse hielt diese Kammer die Ladung und das Geschoß – eine Eisen- oder Steinkugel. Für jede Kanone wurden zwei oder mehr Kammern hergestellt, so daß nach dem Schuß die nächste Kammer schnell geladen und verkeilt werden konnte. Diese frühen Eisenkanonen waren Hinterlader und ähnelten in etwa modernen Kanonen. Die schweren Bronzekanonen waren in einem Stück gegossene Vorderlader. Mit ihnen gab es nicht die Probleme, die man mit den Hinterladern hatte.

Die Gefahren der frühen Hinterlader in Verbindung mit der Tatsache, daß sie nur eine ziemlich schwache Ladung aufnehmen konnten, führten dazu, daß die gegossenen Bronzekanonen, die von vorn geladen wurden und damit nicht das Problem von Gasdruckverlusten aufwiesen, zur Hauptbewaffnung der nächsten Jahrhunderte werden sollten. Trotz des lästigen Vorderladens sollten gegossene Kanonen aus Bronze oder Eisen den Seekrieg bis zum 19. Jahrhundert beherrschen, als das Problem, den Verschlußblock fest mit dem Lauf zu verbinden, schließlich gelöst wurde. Die gegen Personen eingesetzten Waffen mit Schrotladungen, wie sie auf der *Mary Rose* gefunden wurden, waren ebenfalls Vorderlader.

Der Einsatz der Waffen während der Frühzeit der ersten Schlachtschiffe lief wie folgt ab: Zuerst eröffneten die Kanonen aus Bronzeguß mit ihrer größeren Reichweite das Feuer, dann die »aufgebauten« Eisenkanonen, dann die Bogenschützen, wenn sich das Schiff näherte, und schließlich gegen Personen gerichtete Feuerwaffen wie Musketen. Wenn die Schiffe mit Enterhaken aneinander befestigt waren, wandelte sich das Seegefecht zu einer Landschlacht. In dieser letzten Phase gab es keine Gnade außer für jene, die durch ihre Rüstung als Adlige erkannt wurden und ein Lösegeld wert waren. Die Geschlagenen gingen über Bord, damit sie nicht in der Lage waren, das Schiff wieder zurückzuerobern.

Die Feuergeschwindigkeit wird gering gewesen sein, wobei die Hinterlader natürlich schneller als die Vorderlader schossen. Hauptziel dieses Verschießens von Eisen- und Steinkugeln war es, die Kastelle des Feindes zu zerschmettern – genauso wie es bei einem Landgefecht geschah, bevor die Infanterie stürmte. Die größten Geschütze, die Bronzekanonen, wurden auf ziemlich kunstvoll gearbeitete Lafetten gesetzt, und die Räder waren sogar verschieden groß, um die Wölbung des Decks auszugleichen, während die Kanonen aus Schmiedeeisen auf einfachere Lafetten gezurrt waren. Im letzten Stadium der Annäherung an den Feind war es noch immer den Bogenschützen überlassen, die Decks freizuschießen – und der englische Bogenschütze war ein gefürchtetes Mitglied der Schiffsbesatzung. Die Handfeuerwaffen sollten bald seinen Platz einnehmen, aber noch war der 1,80 Meter lange Bogen aus Eibenholz mit Pfeilen aus Pappelholz (mit »Dolchspitzen« versehen, die die Panzerung durchstießen), der von Männern »gebogen« wurde, die diese Fertigkeit seit ihrer Jugend ausübten, eine ebenso tödliche Waffe. Die auf dem Kontinent bevorzugte Armbrust war ebenfalls eine leistungsfähige Waffe, aber ihr Problem war die langsame Schußfolge. In der Zeit, in der der Armbrustschütze einen Bolzen nachgeladen hatte, konnte der englische Bogenschütze drei oder sogar vier Pfeile verschießen.

In ihrem langen Kriegsdienst, der 1512 begann, hatte die *Mary Rose* in einer Reihe erfolgreicher Gefechte gekämpft und sich nicht nur durch ihre Kampfkraft, sondern auch durch ihre Segeleigenschaften ausgezeichnet. Deshalb ist es schade, daß wir uns nur an ihren letzten Einsatz in der Schlacht vor Portsmouth erinnern, in der sie sank, nicht durch feindliches Kanonenfeuer, sondern durch die Unfähigkeit ihrer Besatzung und durch Pech. Und dennoch, wenn man die Versenkung der *Mary Rose* berücksichtigt, ist dies eine Schlacht, die es wert ist, untersucht zu werden, da sie in vielerlei Hinsicht die damalige Seekriegstaktik veranschaulicht.

Es war das Jahr 1545. Die Franzosen bereiteten sich auf eine Invasion Englands vor. Jahrhundertelang hatte es keine vergleichbaren Anstrengungen gegeben, und es sollte sich bis 1588, als die spanische Armada kam, nichts Vergleichbares ereignen. Alexander McKee schrieb in seinem Buch *King Henry VIII's Mary Rose:* »... es ist ein Rätsel, warum man sich an die spanische Armada erinnert und die französische Armada vergessen hat.«

Die Antwort auf diese Frage liegt wahrscheinlich in der Tatsache, daß während der Regierungszeit von Elisabeth die Renaissance in England voll erblüht war und die Ereignisse von vielen Gebildeten aufgezeichnet wurden. Bei der Schlacht vor Portsmouth fehlten noch die Berichterstatter, die Protokollführer für das Genie und die Poeten.

Die wenigen Berichte – jener des französischen Kavallerieoffiziers Martin du Bellay und der von John Hooker in seiner Biographie von Sir Peter Carew (des jüngeren Bruders des unglückseligen Vizeadmirals, der mit der *Mary Rose* unterging – sind kaum von dem Format der Berichte über die spätere Armada, die uns erhalten blieben.

Die französische Invasion von 1545 (sie glückte, da starke Kräfte in Schlachtordnung landen konnten, was den Spaniern nicht gelang) wurde im wesentlichen von Heinrich VIII. im vorausgegangenen Jahr provoziert, als er die englischen Besitzungen in Frankreich vergrößerte, indem er nach Calais auch Boulogne eroberte und mit diesen beiden Dover gegenüberliegenden Häfen die völlige Kontrolle über den Ärmelkanal erhielt. Dies konnte Franz I. natürlich nicht tolerieren, und die unmittelbaren Beweise dafür, daß Heinrich die Häfen als Stützpunkte für die Kaperung französischer Handelsschiffe im Ärmelkanal nutzte, trugen zu seiner Entschlossenheit bei, seinen alten Feind anzugreifen. Franz I. kam die Tatsache zu Hilfe, daß Schottland gegenüber Heinrich zunehmend feindselig war, seit er Edinburgh erobert hatte, während Kaiser Karl V., der fast den halben Kontinent beherrschte, zwar Heinrich gegenüber nicht feindselig eingestellt, gewiß aber auch nicht bereit war, ihn in irgendeiner Weise zu unterstützen. Der Kaiser war Katholik, Franz I. war Katholik, und von Heinrich, der mit Rom gebrochen hatte, war bekannt, daß er die Lutheraner auf dem Kontinent unterstützte.

Die Pläne des französischen Königs waren einfach: Er beabsichtigte, in Schottland Truppen zu landen, um Heinrichs Feinde im Norden zu unterstützen (was ihm aber nicht gelang), und ein umfangreiches Landungsunternehmen im Südosten Englands auszuführen, um das Herz von Heinrichs Königreich zu bedrohen. Als Heinrich sich dem Ende seines Lebens näherte, hatte er mit seinen Kämpfen auf dem Kontinent die Finanzen seines Königreiches zerrüttet. Allein seine Ausgaben für die Marine waren für jene Zeit ungeheuer – und jetzt hatte er noch die zusätzlichen Kosten zu tragen, die das eroberte Boulogne als englische Garnison im feindlichen französischen Gebiet verursachte. Die Lage vor dem Invasionsversuch, der zur Schlacht von Portsmouth führte, wurde zu jener Zeit von dem Bischof von Winchester zusammengefaßt: »Wir haben Krieg mit Frankreich und Schottland, wir haben Feindschaft mit dem Bischof von Rom, wir haben keine gesicherte Freundschaft mit dem Kaiser...«

Die französische Armada, die in der Seine-Mündung versammelt war, vermittelt ein Bild von dieser Zeit des Übergangs, besonders wenn man berücksichtigt, daß sie für eine Invasion und nicht nur für ein größeres Seegefecht vorgesehen war. Sie bestand aus 150 »großen« Segelschiffen, von denen wir aber bedauerlicherweise keine Abmessungen kennen. Wir wissen auch nicht, wie viele einfache Handelsschiffe darunter waren und wie viele gut bewaffnete Karakken des neuen Kriegsschiffstyps. Bei der Armada befanden sich 60 *Flouins*, ein Schiffstyp, der einer Schaluppe ähnelte und von J. Nicot (1606) mit den Worten »fährt mit Riemen oder Segeln wie eine Galeere« beschrieben wurde. Er hatte aber ein höheres Freibord als eine Galeere und verdrängte gewöhnlich 40 bis 50 Tonnen. Vermutlich sollten diese Schiffe Soldaten und Pferde transportieren. Außerdem war ein Kontingent von 25 Galeeren aus dem Mittelmeer eingetroffen, Elitekampfschiffe unter dem Admiral der Galeeren von Rhodos, Leone Strozzi, einem der berühmtesten Galeerenkommandeure seiner Zeit. Da es Hochsommer war (die Schiffe waren in der zweiten Juliwoche auslaufbereit), konnte man von diesen Galeeren erwarten, daß sie die Vorteile ihrer Manövrierfähigkeit und die Feuerkraft ihrer Bugkanonen ebenso wie ihre Geschwindigkeit bei der Kanalüberquerung voll ausspielen konnten, die schließlich nur 100 Meilen lang war. Das Unternehmen sollte fast wie ein Gefecht im Mittelmeer verlaufen. Die Tatsache, daß es auf die Feuerkraft neuer englischer Schlachtschiffe unter Segeln treffen würde, wurde dadurch ausgeglichen, daß der Angriff nur erfolgen sollte, wenn die Bedingungen günstig waren.

Heinrich, der genau wußte, was die Seeherrschaft bedeutete, war nicht bereit, seinem Feind zu erlauben, sich in aller Ruhe zu sammeln und in einem ihm günstigen Augenblick seinen Angriff vorzutragen. Er entsandte Sir Thomas Seymour mit einem starken Geschwader, um das Gros der französischen Flotte, falls möglich, mit Brandern zu vernichten. (Die Historiker schreiben manchmal so, als ob Drakes Einsatz von Brandern im Jahre 1588 eine brillante Neuheit gewesen wäre. Tatsächlich wurden sie lange Zeit vor Drake verwendet.) Schweres Wetter im Kanal hielt Seymour davon ab, den Franzosen in ihren sicheren Häfen Schaden zuzufügen, denn seine eigenen Schiffe litten schwer unter der stürmischen See. Noch war die neue Art der Kampfschiffe nicht in der Lage, bei jedem Wetter auf See zu bleiben, und die hohen Kastelle müssen sie fast manövrierunfähig gemacht haben. Seymour kehrte nach Schottland zurück, ohne seinen Auftrag ausgeführt zu haben. Die Seeleute und die Schiffbauer gingen daran, die erlittenen Schäden zu reparieren.

Mitte Juli befanden sich etwa 100 Schiffe in Portsmouth (oder auf dem Weg von Westengland), darunter die *Great Harry* und die *Mary*

Rose. Etwa 60 Kriegsschiffe mit insgesamt 12 000 Mann Besatzung waren gegen 235 französische Kriegsschiffe verschiedener Größe mit 30 000 Mann angetreten. Auf den ersten Blick sieht die Zahl der Invasionstruppen unangemessen hoch aus, aber man muß bedenken, daß die Engländer viel mehr Truppen an Land zur Verfügung hatten. Heinrichs neue Küstenverteidigung war voll besetzt. Sein Hauptziel bei einem Angriff der Franzosen war es, eine Defensivschlacht vor Portsmouth zu schlagen, den Feind seine Kräfte verausgaben zu lassen und dessen Flotte – wenn möglich – schweren Schaden zuzufügen. Die Franzosen hatten gerade durch einen Brand ihr Flaggschiff *Carraquon* verloren, das den Ruf hatte, das schönste Kriegsschiff der Welt zu sein, und das mit 100 Bronzekanonen bewaffnet war, während die nächstgrößere Karacke, die ihren Platz als Flaggschiff eingenommen hatte, auf Grund gelaufen und beschädigt worden war.

Am 17. Juli erschien eine Vorhut von vier französischen Galeeren unter Baron de la Garde vor St. Helens. Es war ein ruhiger Tag mit blauem Himmel, ideal für ein Galeerengefecht. 14 englische Schiffe liefen bei ablandiger Brise sofort aus Portsmouth »mit einer so großen Schnelligkeit und in einer so guten Schlachtordnung (aus)«, schrieb du Bellay, »daß man gesagt haben würde, daß sie sich beherzt stellen und unsere ganze Flotte angreifen würden«. Der französische Admiral warf den Rest seiner Galeeren als Unterstützung nach vorn, und es entwickelte sich ein planloses Gefecht über große Entfernung, da die Galeeren nicht gewillt waren, den schweren Kanonen der englischen Karacken zu nahe zu kommen. Diese wollten ihrerseits den beweglichen Galeeren nicht erlauben, sie mit ihren Heckgeschützen anzugreifen. (Es war ein Gefecht, wie man es in späteren Kriegen erleben sollte, nämlich zwischen den Zerstörern der Sicherung der einen Flotte und den schweren Schiffen der anderen.) Das Gefecht endete bei Sonnenuntergang, und die Engländer zogen sich in den Schutz der Kanonen von Portsmouth auf der einen Seite und die Untiefen vor Gosport auf der anderen Seite zurück, wo sie durch die Geschütze der Forts gedeckt waren. Die Franzosen ankerten für die Nacht auf der Reede vor St. Helens. Obwohl der Stich von Cowdray die Gefechte dieser Tage nicht authentisch wiedergibt, ist die *Great Harry* eindeutig zu sehen, wie sie über große Distanz das Feuer auf vier Galeeren eröffnet – wie es auch am ersten Tag geschah.

Der Gefechtsplan des französischen Admirals d'Annibault für den folgenden Tag sah vor, seine Galeeren einzusetzen, um die Engländer zu provozieren und auf die offene See zu locken, damit er sie mit seiner Übermacht überwältigen konnte. Das ruhige Sommerwetter, das jetzt herrschte, war ideal für die Galeeren – aber ebenso für die Schaluppen Heinrichs VIII., die sich als Überraschung für die Franzosen erweisen sollten, weil sie keine schnellen »zerstörerartigen« Schiffe bei der englischen Marine erwarteten. Während Heinrich seine ganze Zuversicht auf die großen Schiffe konzentrierte, hatte er dennoch für einen Tag wie diesen eine ganze Flotte neuer leichter Schiffe bauen lassen. Wir wissen heute noch, wie sie aussahen, denn mehr als ein Schiff dieses Typs ist auf der Schriftrolle von Anthony abgebildet. Diese »Rammschaluppen«, wie du Bellay sie nennt, unterschieden sich von der Galeere dadurch, daß sie Dreimaster mit Rahsegeln an Fock- und Großmast und einem Lateinersegel am Besanmast waren. (Eine Galeere der Flotte Heinrichs VIII., die ebenfalls von Anthony Anthony gezeichnet wurde, hat demgegenüber fast dasselbe Profil wie eine französische Galeere dieser Zeit und ebenfalls nur einen Mast mit einem großen Lateinersegel.) Heinrichs Schaluppen hatten 16 Riemen an der Seite und ähnelten mehr den französischen *Flouins* als irgendeinem anderen Schiff. Es ist klar, daß sie nützlicher waren als die französischen Galeeren, wenn der Wind auch nur ein wenig blies, aber sie waren wahrscheinlich in der Flaute nicht so beweglich, weil dann alles von den Ruderern abhing. Sie hatten ziemlich lange Achterkastelle und höher gebaute Vorderkastelle als eine Galeere und ragten insgesamt höher aus dem Wasser. Es scheint, daß sie für die Gezeitenbedingungen im Solent konstruiert waren.

D'Annibault stellte seine Flotte in drei Abteilungen in Dwarslinie auf, die aus jeweils 36 Segelschiffen bestanden. Die Galeeren bildeten die Vorhut. Ihr Befehl war, sich den Engländern zu nähern und sie durch genaues Feuer ihrer schweren 30-Pfünder-Bugkanonen zu provozieren, so daß die Engländer ihnen nachsetzen und vom Land weg auf die offene See kommen würden, wo das Gewicht der französischen Armada zählen würde. Die Pläne der Engländer waren natürlich genau entgegengesetzt: sich nicht hinauslocken zu lassen, sondern den Feind näher und näher ans Ufer zu locken, wo die Untiefen neben den Forts vielleicht ihren Tribut fordern würden.

Anfangs begünstigte das Glück die Franzosen, wie du Bellay berichtet: »... mit Hilfe der See, die ruhig war, ohne Wind oder starke Störmung, konnten unsere Galeeren nach freiem Willen zum Nachteil des Feindes gesteuert und manövriert werden. Er, der sich wegen des fehlenden Windes nicht bewegen konnte, lag offen der Vernichtungskraft unserer Kanonen ausgesetzt, die seinen Schiffen mehr Schaden zufügen konnten als er uns, um so mehr, als die englischen Schiffe höher und massiger und leichter zu treffen waren, während unsere Galeeren durch den Einsatz ihrer Riemen manövrieren konnten, so daß sie nicht selbst getroffen wurden und sich, falls nötig, zurückziehen konnten.«

Etwa eine Stunde lang trugen die in der mediterranen Taktik gegen Forts und stationäre Ziele ausgebildeten Galeeren ihre Quadrillenangriffe vor. Sie verursachten offenbar einigen Schaden an der *Great Harry*, aber es wird nichts davon berichtet, daß die *Mary Rose* oder irgendein anderes der Großkampfschiffe der Engländer getroffen wurde. Die Totenflaute und der langsame Tidenhub erlaubten eine brillante Vorführung der Kampffähigkeit der Galeere, aber es zeigte sich auch, daß das schwere Holz der großen Schiffe Treffern standhalten konnte, die Galeeren vernichtet hätten. Daß kein Schuß des englischen Feuers gegen die Galeeren Erfolg hatte, muß der Unbeweglichkeit zugeschrieben werden, der Unfähigkeit des Großkampfschiffes (die es bis zum Ende seiner Tage belasten sollte), eine schwere Breitseite abzufeuern, ohne dem Feind die Seite zu zeigen. Und es war auch auf die noch begrenzten Mittel, die Kanonen wirksam zu richten, zurückzuführen. Dann begann schließlich die Ebbe einzusetzen, und mit ihr kam eine ablandige Brise auf.

Die Rufe der Bootsmänner erschollen entlang der vorderen Linie der großen Schiffe, und die Segel füllten sich, so daß Lord Lisles Schiffe Fahrt aufnahmen. Sie hatten still gelegen, die französischen Angriffe ertragen und zurückgeschossen, wann immer sich die Möglichkeit bot (so daß natürlich ihre Geschützpforten offen waren). Jetzt begannen sie Fahrt aufzunehmen und liefen mit der günstigen Tide und ständig zunehmender Geschwindigkeit aus. Die Galeeren hatten ihre Angriffe mit solcher Zuversicht vorgetragen, daß sie jetzt in einer ungünstigen Situation gefangen waren. Wegen ihrer großen Länge brauchten sie lange zum Wenden, und während sie wendeten, war es unvermeidbar, daß sie dem Feind ihre wehrlose Seite zeigten. Als sie versuchten zu entkommen, fuhren die großen Kampfschiffe mit ihrem unbarmherzig hohen Bug schnell auf sie zu. Abgesehen von ihrer leichten Bauweise, die bedeutete, daß selbst der Streifstoß eines großen Schiffes sie zerschmettern oder kentern lassen würde, war ihre Antriebskraft dahin, wenn erst einmal ihre Riemen gebrochen waren. Genauso brillant geführt wie während des ersten Teils der Schlacht, gelang es dennoch allen Galeeren, zu entkommen. Als sie der Masse der englischen Großkampfschiffe erst einmal ihre Hecks zeigten, konnten sie sich Zeit nehmen und sich mit leichtem Schlag ihrer Riemen zurückziehen, um den Feind hinter sich herzulocken.

Während dieser frühen Zeit der zweiten Gefechtsphase stieß der *Mary Rose* der fatale Unfall zu. Sie sank, wie heute allgemein bekannt ist, nicht durch das Kanonenfeuer der Franzosen, sondern durch die Unfähigkeit ihrer Besatzung in Verbindung mit der Tatsache, daß sie mit Soldaten und Gerät hoffnungslos überladen war. Wie bei den anderen großen Schiffen standen ihre Geschützpforten alle offen, und die untere Reihe lag wegen des erhöhten Tiefgangs viel tiefer als vorgesehen. Es ist auch möglich (obwohl man es nie erfahren wird), daß einige oder viele ihrer Kanonen nicht befestigt waren. Sir Gawen Carew, der Onkel des Vizeadmirals an Bord der *Mary Rose*, sah, daß sie schon in Schwierigkeiten war, als sie Segel setzte und sich langsam dem Feind und der offenen See zuwandte. Die *Mary Rose* krängte auf gefährliche Weise, und der Kapitän des Schiffes von Sir Gawen antwortete auf seine Frage, was mit ihr los sei, lakonisch, daß, wenn sie so weiter fuhr, »sie wahrscheinlich kentern würde«. Als Sir Gawen mit seinem Schiff, der 600 Tonnen großen *Matthew Gonson*, an der sich abquälenden *Mary Rose* vorbeiglitt, rief er hinüber zu Sir George Carew und fragte, was los sei, worauf sein Neffe antwortete: »Ich habe die Art von Buben, die ich nicht beherrschen kann.«

Es ist eindeutig, daß das Schiff wegen irgendeines schweren Fehlers beim Setzen der Segel stark zu krängen begann. Wie der Botschafter von Kaiser Karl V. schrieb, der einen Überlebenden zitierte: »Als sie mit dem Wind hinüberkrängte, trat das Wasser durch die unterste Reihe der Geschützpforten ein, die nach dem Schießen offengelassen worden waren.«

Der Verlust dieses großen Schiffes beeinflußte jedoch nicht den Ausgang des Tages. Die sich zurückziehenden Galeeren sahen sich plötzlich selbst bedroht. Aus der englischen Flotte brachen unerwartet die Schaluppen-Flottillen hervor – besetzt mit Männern, die mit jeder Einzelheit des Ärmelkanals, den Gezeiten und der Küste vertraut waren und die schnell ruderten. Die Galeeren, die ihre »weichen« und unbewaffneten Hecks zeigten, nahmen Kurs auf die französische Flotte, wohin sie die Engländer zu locken hofften, und kamen jetzt unter das Feuer der Bugkanonen dieser neuen Bedrohung.

Wie du Bellay schrieb: »Einige von ihnen folgten in der Kiellinie unserer Galeeren mit einer unglaublichen Geschwindigkeit und belegten sie schwer mit ihrer Artillerie, gegen die die Galeeren keine Verteidigung hatten, da sie keine Artillerie am Heck besaßen. Sie konnten auch nicht wenden, um sich ihren Verfolgern entgegenzustellen, denn das hätte es der feindlichen Flotte ermöglicht, sie unter vollen Segeln niederzurennen und umzuschlagen. Aber der Prior von Capua, Peter Strozzi, der diese Schande nicht länger ertragen konnte und sich auf die Beweglichkeit seiner Galeeren verließ, begann, sich dem führenden englischen Schiff entgegenzudrehen, das den anderen voraus war und mit seinem Bug fast das Heck einer unserer Galeeren berührte. Aber das englische Schiff, das kürzer war, wendete schneller und steuerte zurück auf die englischen Kriegsschiffe.«

Damit war die Jagd beendet. Die sich zurückziehenden Franzosen versuchten noch, das Gros der englischen Flotte auf das offene Wasser hinauszulocken, indem sie Truppen auf der Isle of Wight landeten. D'Annibault hatte gehört, daß König Heinrich selbst an der Küste war (er befand sich in seinem neu gebauten Schloß bei Southsea, als die *Mary Rose* sank), und hoffte, daß die Anwesenheit des Monarchen die Engländer veranlassen würde, hinauszukommen und zu versuchen, diese Invasion seines Königreiches aufzuhalten. Lisle ließ sich jedoch nicht verlocken: Er und Heinrich hatten die ganze Strategie im Detail besprochen, bevor die Schlacht begonnen hatte, und der König, der in allen Kriegsangelegenheiten äußerst bewandert war, hatte einen unumstößlichen Befehl gegeben: Die Franzosen sollten, wenn möglich, in die gefährlichen Untiefen und Strömungen der Küste und unter seine neuen Küstenkanonen gelockt werden, aber seine eigenen Schiffe durften sich nicht in Versuchung bringen lassen, die weit größere französische Flotte anzugreifen.

Wie sich herausstellte, endete das Gefecht an der Küste für die Franzosen katastrophal, und die Schlacht von Portsmouth war vorüber. Die Engländer hatten den Verlust der *Mary Rose* und die Franzosen den Verlust von Admiral d'Annibaults Flaggschiff erlitten – aber keines von beiden durch Gefechtseinwirkung. Die Franzosen hatten einige Männer an Bord der Galeeren durch englisches Feuer verloren, und es ist möglich, daß auch die Engländer einige Verluste an Bord der *Great Harry* erlitten, als sie nach dem Untergang der *Mary Rose* ungeschützt in das Feuer der Galeeren geriet.

In dieser Übergangsperiode zwischen der bewaffneten Karacke und dem speziell für seine Aufgabe gebauten Großkampfschiff des Nordens ist von besonderem Interesse die Rolle, die die Galeeren und die Schaluppen spielten, indem sie einen Verteidigungsring um die Schlachtschiffe bildeten. Tatsächlich waren sie Vorboten der leichten Kreuzer und der Zerstörer zukünftiger Kriege. Was sich bei diesem langanhaltenden Gefecht gezeigt hat – einer Schlacht, die von den Engländern entschieden wurde, weil sie verhinderten, daß die Franzosen Portsmouth nahmen oder mehr bewirkten als einige örtliche Zerstörungen mit blutigen Verlusten auf beiden Seiten –, war die extreme Verwundbarkeit des Großkampfschiffes.

Es bestehen kaum Zweifel, daß das Großkampfschiff, das Heinrich wie kein anderer gefördert hatte, nun in seinen Augen zu einem Gegenstand des Argwohns wurde. Obwohl alle Anstrengungen unternommen wurden, um die *Mary Rose* vom Meeresboden zu heben (wo sie aber bis 1982 liegen sollte), befahl er Lord Lisle, ein neues Geschwader leichter Schiffe mit Riemenantrieb zu bilden. Er war Zeuge der meisterhaften Manövrierfähigkeit der Galeeren und der Leichtigkeit gewesen, mit der sie seine schweren Schiffe bei Sommerwetter angreifen konnten (Kriege wurden noch ausschließlich in den Sommermonaten ausgetragen), und er war entschlossen, »einige seiner Schiffe zu Galeeren umzuwandeln, um den anderen Gesellschaft zu leisten, die französischen Galeeren zu verfolgen...« Die Schaluppen, die die französischen Galeeren bei Portsmouth überrascht hatten, waren auf ihre Weise gut, aber nicht geeignet, um die Flotte weit genug auf den Ärmelkanal und in die Irische See zu verfolgen. Es scheint, daß Heinrich nach der Schlacht von Portsmouth eine duale Marine aufbauen wollte. An erster Stelle stand noch immer das schwer bewaffnete Segelschiff, aber hinzu kam ein Verband von Schiffen mit Riemenantrieb – Galeassen und Pinassen –, die die großen Schiffe begleiten sollten: so wie zu Nelsons Zeit die Linie der Schlachtschiffe ihre Fregatten hatte.

Dennoch ist der Beitrag Heinrichs VIII. zur Entwicklung des Großkampfschiffes hervorragend. Er war der erste Herrscher, der erkannte, daß die Zukunft auf See dem schwer bewaffneten Segelschiff gehörte. M. Oppenheim hat in seinem Werk *History of the Administration of the Royal Navy* zu Recht über ihn geschrieben: »Beinahe 38 Jahre lang brachte fast jedes Jahr irgendeinen Fortschritt im Schiffbau oder in der Verwaltung, irgendeinen Plan, der darauf abzielte, die Marine zu einem leistungsfähigen Instrument zu machen. Was die Zahlen anging, so machte er sie zur mächtigsten Marine der Welt, wobei er den begrenzten Radius im Auge behielt, innerhalb dessen sie kämpfen sollte. Er revolutionierte ihre Bewaffnung und verbesserte ihre Kampf- und Segeleigenschaften, er selbst erfand oder baute einen Typ, ...der für den Ärmelkanal und die Irische See... geeignet war. Vorschriften für das Manövrieren von Flotten und die Disziplin ihrer Besatzungen waren ihm zu verdanken. Er schaffte den mittelalterlichen Offizier der Krone ab und organisierte eine Verwaltung, die in einer ausgeweiteten Form so breit angelegt war, daß sie noch heute besteht.«

All dies trifft zu und ebenfalls, daß noch mehr als seine Ausgaben für Kriegsschiffe, die dazu führten, daß das englische Kampfschiff vorherrschend wurde, Heinrichs Hauptbeitrag für die Marine in seiner Reform der Verwaltung bestand. Auch die Franzosen bauten sehr schöne Schiffe dieses neuen, mit Kanonen ausgerüsteten Typs, und die Spanier und die Portugiesen ebenfalls, aber diese Länder lagen in der Organisation ihrer Marinen zurück. Diese Tatsache trug mehr als alles andere dazu bei, daß die Engländer die Oberhand über jene spätere und viel bekanntere Armada gewannen, als die Zeit gekommen war.

3. Der große Konflikt

Eine zweite *Mary Rose* sollte gegen die große Armada von 1588 kämpfen, aber bis dahin hatte sich das Erscheinungsbild der Kriegsschiffe beträchtlich geändert. Tatsächlich hatte sich in den dazwischenliegenden Jahren die Konstruktion und die allgemeine Anordnung von Kampfschiffen an einem Punkt stabilisiert, an dem sich außer in Einzelheiten, der Größe und der Bewaffnung in den nächsten 300 Jahren wenig ändern sollte. Zu den vielen Gründen hierfür gehörte die Erforschung des Atlantiks und der anderen Ozeane, die bisher ein fast ausschließliches Reservat Portugals und Spaniens gewesen waren, nun aber allmählich für die Seeleute anderer Nationen offen wurden, insbesondere für die englischen. Was die Portugiesen vor langer Zeit mit ihren relativ kleinen, schnellen, hochseetüchtigen Karavellen gemeistert hatten, sollte seine Auswirkungen auf alle Schiffbauer haben. Die hohen Vorder- und Achterkastelle des Mittelalters, die starken Winden und langen Seereisen nicht gewachsen waren, wurden durch kleine Achterdecks (für die Unterkunft und den Komfort der Offiziere) und noch kleinere und niedrigere am Vorschiff ersetzt – die die legendären Backs der späteren Seefahrer wurden.

Wie Björn Landström in seinem Standardwerk *Das Schiff* über das 16. Jahrhundert sagt: »Innerhalb von rund 100 Jahren machte damals das Segelschiff eine tiefgreifendere Entwicklung durch als in 5000 Jahren seiner Geschichte zuvor, ja mehr, als in den folgenden 400 Jahren kommen sollte. Das einmastige Schiff vom Beginn des 15. Jahrhunderts hatte sich Schritt für Schritt, doch schnell zum zwei- und dreimastigen entwickelt, hatte Sprietsegel und Toppsegel bekommen, wurde mit einem vierten Mast ausgerüstet und später auch mit Bramrahen. Was danach geschehen sollte, war in Wirklichkeit nur Politur und Vollendung.«

Mit der Ausnahme weniger Schiffbauer, die uns einige Zeichnungen der von ihnen konstruierten und gebauten Schiffe mit Details hinterlassen haben, besitzen wir keine Aufzeichnungen von vielen der früheren Schiffe aus dieser Zeit des Übergangs von der mittelalterlichen Karacke zur kämpfenden Galeone des elisabethanischen Zeitalters. Zum Glück haben wir aus dieser späteren Periode mehrere Zeichnungen in einer Handschrift in der Pepysian Library, die klar Einzelheiten der Konstruktion und der Bauweise zeigen. Sie werden durch andere zeitgenössische Gemälde der Zeit der Armada ebenso bestätigt wie durch eine Zeichnung eines elisabethanischen Kriegsschiffes in der Bodleian Library. Die Konstruktionszeichnungen, die vielleicht von dem bekannten Schiffbaumeister Matthew Baker 1586 stammen, zeigen Galeonen der elisabethanischen Zeit, die, obwohl sie eindeutig mit früheren Schiffen wie der *Mary Rose* verwandt sind, doch mehr den großen Segelkriegsschiffen ähneln, die alle späteren Jahrhunderte kennenlernen sollten. Die bedeutendste Veränderung ist die Verkleinerung des Vorderkastells, das eindeutig nicht mehr wie ein »Kastell« verwendet wurde, aus dem Land- und Seeschlachten geführt werden, während selbst das Achterkastell, das zwar noch wie eine Verteidigungsfläche wirkt, in der Höhe über dem Wasser beträchtlich verringert ist. (Es kann wenig Zweifel geben, daß der Verlust der *Mary Rose* in Verbindung mit Kritik von Kapitänen von Handelsschiffen und Kriegsschiffen die Schiffbauer dazu gebracht hatte, einige der Hauptelemente des Schiffbaus zu überdenken.)

Die 1587 gebaute *Ark Raleigh*, die vermutlich auf einem späteren Bild dargestellt ist, als sie in *Ark Royal* umbenannt worden war (nachdem sie in der Schlacht gegen die Armada das Flaggschiff Admiral Howards gewesen war), war eine solche Galeone dieser Zeit. Mit 800 Tonnen war sie ein Viermaster mit zwei Batteriedecks und zeigte ein neues Merkmal, eine Galerie, die vom Heck an beiden Seiten des Halbdecks nach vorn verlief. Sonst war sie den früheren Großkampfschiffen in der Erscheinung ähnlicher als die auf der Zeichnung der Pepysian Library abgebildeten Galeonen. Ein interessanter Punkt ist die Verringerung der Zahl ihrer Kanonen. Sie stand lange im Dienst, und sie scheint zumeist 38 bis 44 Kanonen geführt zu haben. Dies beruhte darauf, daß sich inzwischen das Gewicht der Kanonen erhöht hatte und eine fast standardisierte Größe – die Jahrhunderte bleiben sollte – sich als der wirksamste Schiffsvernichter entwickelt hatte. Es war der gegossene 32- oder 30-Pfünder, die sogenannte Halbkanone. Alle leichteren Kanonen der früheren Zeit waren abgelöst, während natürlich das Gewehr den Bogen und die Armbrust ersetzt hatte und zur üblichen Nahkampfwaffe geworden war.

Die freibeuterischen (oder seeräuberischen) Großtaten von Männern wie Hawkins, Drake und Frobisher auf fernen Meeren, die sich gewöhnlich gegen die Schiffe richteten, die die Lebensader zwischen dem neuen spanischen Kolonialreich und seinem Heimatland waren, hatten nicht nur die Kenntnisse über das Hochseesegeln, sondern auch über die Erfordernisse eines leistungsfähigen, schnellen und gutbewaffneten Kriegsschiffes erweitert – das entweder einen Geleitzug oder einen Hafen angreifen und mit hoher Geschwindigkeit entkommen konnte. Wie wir gesehen haben, bestand die Tendenz, die Größe des leistungsfähigen Kriegsschiffes zu reduzieren, und während die Spanier zu größeren Schiffen neigten, die Soldaten und Waren zwischen Spanien und seinen Kolonien ebenso wie Kanonen hin- und hertransportieren konnten, hatten sich die Engländer – die damals mehr auf Überfälle auf den spanischen Handel aus waren – auf das kleine Schiff festgelegt. Wie Laird Clowes aufgezeigt hat: »Verzeichnisse der Tonnage einzelner im Jahre 1588 gegen die spanische Armada eingesetzten Schiffe zeigen, wie klein zum größten Teil selbst die Kriegsschiffe jener Zeit waren. Nur ein Viertel von ihnen hatte 600 Tonnen oder mehr, während mehr als die Hälfte 360 Tonnen nicht überschritt.«

In einer Anmerkung zu den Zeichnungen der Pepysian Library sagt er weiter:»Diese Zeichnungen zeigen, daß die späteren elisabethanischen Schiffe gut konstruiert waren, mit einem schlanken Riß und einem feinen Linienverlauf nach achtern. Eine Zeichnung vergleicht in der Tat den Schiffskörper unter Wasser mit der Form eines Fisches und beweist, daß die Idee, daß ein Schiff mit ›dem Kopf eines Kabeljaus und dem Schwanz einer Makrele‹ konstruiert sein sollte, keineswegs erst im frühen 19. Jahrhundert aufkam. Die Schiffe haben alle die Bauweise der Galeonen, mit einer vom Vordersteven gut zurückgesetzten Back und einem langen hervorstehenden Schiffsschnabel, und sie alle haben das viereckige eingezogene oder mit Schnitzwerk versehene Heck ihrer Zeit.«

Ein ziemlich typisches Beispiel ihrer Zeit war die *Revenge*, die Ruhm als Flaggschiff von Sir Francis Drake errang, als er in der Schlacht gegen die Armada stellvertretender Oberbefehlshaber war, und die dann 1591 unter Sir Richard Grenville ihren unvergessenen Kampf gegen die spanische Flotte focht. Die 1577 in Deptford gebaute *Revenge* hatte die übliche farbenprächtige Dekoration des Überwasserschiffes, denn wenigstens in dieser Hinsicht folgte man noch der mittelalterlichen Praxis. Sie war grün und weiß gestrichen.

Mit 28 Metern in der Wasserlinie hatte sie wahrscheinlich eine Gesamtlänge über alles von 39,60 Metern, eine Gesamtbreite von 9,75 Metern und vier Steckmasten mit Maststengen. Die Stengen konnten gestrichen werden, und es muß angenommen werden, daß bei vielen der früheren in der Schriftrolle Anthony Anthonys gezeigten Schiffe die Stengen öfter gestrichen als gesetzt waren und ihre Erscheinung mehr dem Prunk als der Praxis diente. Wie viele andere Schiffe ihrer Zeit hatte sie einen Bugspriet mit einem Sprietsegel, der so steil gestellt war, daß er fast wie ein weiterer Mast wirkte.

Die *Revenge* hatte eine schwere Bewaffnung, wahrscheinlich etwas mehr als die meisten anderen Schiffe ihres Gewichtes und ihrer Klasse, und man nimmt an, daß Drake selbst sie verstärkte. Er war einer der leidenschaftlichsten Verfechter der großen Kanone und der Breitseite mit einem langem ununterbrochenen Batteriedeck mit 32-Pfündern. Sie hatte auch einige der langen, als Saker bekannten Fünfpfünder, die kaum noch im Einsatz waren, weil sie bei Breitseiten wirkungslos waren und hier wahrscheinlich vor allem als Waffen gegen Personen beibehalten wurden, für den Fall, daß es zu einem Nahkampf der alten Art kam. Sie war durch ihre Kanonen so kampfkräftig, daß sie in ihrem berühmten letzten Gefecht in der Lage gewesen wäre, 15 Stunden lang nacheinander Schiffe abzuwehren, die zwei- oder dreimal so groß waren wie sie. Wie bei den Galeeren wurden in solchen Gefechten Schiffe in Wellen gegen ein einzelnes Schiff eingesetzt, so daß jedes frisch und mit schußfertigen Kanonen in der Erwartung herankam, daß sein Gegner vielleicht vorübergehend nicht in der Lage war, das Feuer zu erwidern. Hier hatten ebenso wie in späteren Jahrhunderten die Engländer gegenüber ihren Gegnern den Vorteil einer strikten Disziplin, die zum wirksamen Artillerieeinsatz führte. Diese Disziplin, die heute im Zeitalter des kleinen Mannes von Politikern und Schriftstellern so bejammert wird, sollte die Grundlage der Überlegenheit Englands auf den Weltmeeren werden und zum Erwerb eines großen Kolonialreiches führen.

Der Hauptunterschied zwischen den englischen Schiffen auf der einen und den portugiesischen und spanischen auf den anderen Seite in der Zeit der Armada ist oft genug besprochen worden – in der Tat so oft, daß quasi als Protest manchmal gesagt worden ist, daß es schließlich kaum einen Unterschied zwischen ihnen gab. Es war weniger das Gewicht der Feuerkraft, bei dem die Engländer den Vorteil hatten, als die Segeleigenschaften ihrer Schiffe, die vor allem genau für das Seegebiet gebaut worden waren, in das sich die Armada vorwagen sollte. Thomas Fuller (geb. 1608) trifft den Punkt in seinen *Worthies of England* bewundernswert, wenn er seinen Bericht auf die Erzählungen älterer Zeitgenossen gründet, die sich an diese Ereignisse erinnerten, und über Shakespeare und seinen Kreis schreibt: »Oft gab es geistige Kämpfe zwischen ihm (Shakespeare) und Ben Jonson: Und ich sehe die beiden wie eine spanische große Galeone und ein englisches Kriegsschiff. Meister Jonson war wie die erstere viel besser ausgebildet, solide, aber langsam in seiner Ausführung. Shakespeare (war) wie das englische Kriegsschiff, weniger in der Masse, aber leichter im Segeln und konnte mit allen Gezeiten wenden, lavieren und durch die

Schnelligkeit seines Geistes und seiner Erfindungsgabe Vorteil aus allen Winden ziehen.«

Die relative Kürze des Kiels von Schiffen wie der *Revenge* im Verhältnis zu ihrer Länge bedeutete, daß sie zwar schnell und wendig, aber bei jedem Seegang stampfanfällig waren. M. Oppenheim gibt in seinem Werk *Administration of the Royal Navy* den bezeichnenden Kommentar für alle Schiffe und Gefechte dieser Zeit: »Es spricht für den Mut des elisabethanischen Seemannes, daß während der ganzen Regierungszeit nur zwei englische Kriegsschiffe von Spanien gekapert wurden, und auch dann nur nach verzweifeltem Kampf gegen eine überwältigende Übermacht. (Es waren die *Jesus of Lübeck* und die *Revenge*.) Es spricht ebenso für seine Seemannschaft und das Geschick und die gute Qualitätsarbeit der Schiffbauer an Land, daß mit Ausnahme der kleinen *Lion's Whelp* kein auf einer Werft gebautes Schiff durch Belastungen des Wetters, durch Feuer oder durch Aufgrundlaufen verlorenging. Während derselben Jahre und in denselben Stürmen, die die englischen Schiffe erfolgreich abwetterten, gingen ganze spanische Flotten auf See unter.«

Königin Elisabeth, die zwar im allgemeinen gegenüber ihrer Marine knauserig war (und auch nicht annähernd so kenntnisreich in bezug auf ihre Führung und Verwaltung wie ihr Vater Heinrich VIII.), stellte dennoch sicher, daß die Witwen aller Seeleute, die in dem letzten verzweifelten Kampf der *Revenge* fielen, sechs Monate Pensionszahlungen erhielten. Eine solche Überlegung war ungewöhnlich in einer Zeit, in der invalide Seeleute an den Straßenecken bettelten und die Witwen nichts erhielten. Es war bedeutsam und ein Zeichen für Drakes Haltung gegenüber den Seeleuten, daß er nach der Schlacht gegen die Armada eine bedeutende Rolle bei der Fürsorge für sie spielte. In Zusammenarbeit mit Hawkins gründete er den berühmten »Chatham Chest«, einen Fonds, der armen Seeleuten helfen sollte. Es war die erste solcher Fürsorgestiftungen, die in England eingerichtet wurden, und die Mutter ungezählter ähnlicher Organisationen, die noch heute gedeihen.

Über die Armada war schon lange nachgedacht worden. Sie war nicht nur von Philipp II. von Spanien als gerechtfertigte Bestrafung der Engländer geplant worden, die ständig seine Kolonien und die Lebensadern, die sein Land ernährten, bedrängten, sondern auch der Traum aller leidenschaftlichen Katholiken. Die Schwierigkeiten, ein solches Unternehmen so weit von den spanischen Flottenstützpunkten entfernt und in solch gefährlichen Gewässern, wie es der Ärmelkanal war, durchzuführen, waren niemals unterschätzt worden. Wenn spanische Schiffe auf englische getroffen waren, hatten die Engländer ohne Ausnahme eine überlegene Taktik, bessere seemännische Fähigkeiten, bessere Artillerie und mehr Mut gezeigt. Schon 1574 hatte ein spanischer Agent in England vor ihrer Taktik gewarnt: »Wenn die Flotten in Feindseligkeiten geraten, wäre es gut, den Befehl zu geben, wenn sie (die Spanier) sich ihnen (den Engländern) nähern, daß die untere Artillerie sofort eine Breitseite abgeben soll und so ihre Rümpfe beschädigt und sie mit dem Rauch verwirrt. Dies ist ihre eigene Kampfesweise, und ich habe sie vor 30 Jahren viele Male so gegen die Franzosen kämpfen sehen. Ich rate den Schiffen Seiner Majestät, ihnen vorauszusein und daß sie alle, die ihnen entgegenstehen, auf den Grund senden. Dies ist der wichtigste Rat.«

Es war ein Rat, der nicht mißachtet werden sollte, und als die Armada schließlich 14 Jahre, nachdem dieser Brief geschrieben wurde, auslief, hatte Philipp II. dafür gesorgt, daß sie eine enorme Artillerie mit sich führte. Aber die spanische Taktik scheint ganz bewußt dieselbe wie in den vorausgegangenen Jahren geblieben zu sein, denn die Schiffe trugen eine erstaunliche Anzahl von kleinen leichten Kanonen – Saker, Schlangen und dergleichen –, die bei der englischen Marine unter der Führung von Hawkins schon außer Dienst gestellt worden waren und sich in der Waffenkammer des Towers von London befanden, wahrscheinlich für den Einsatz bei den Landtruppen. Aufgrund der Tatsache, daß die spanische Flotte unter insgesamt 2400 Kanonen etwa 1300 leichte Waffen mitführte, scheint anzudeuten, daß ihr Endziel das Entern und der Nahkampf Schiff an Schiff war. Die Realitäten der neuen Seekriegsführung, die die Engländer entwickelt hatten, entgingen dem militärischen Verstand der Spanier – denn in ihrer Flotte herrschten ein militärischer Code und militärische Disziplin, in der die Offiziere in erster Linie noch Herren und dann erst Soldaten waren. Die Folge war, daß die Seeleute und auch die sehr wichtigen Kanoniere als niedriger Grad des gemeinen Volkes angesehen wurden – was bei ihnen zu schlechter Moral und dem Mangel an Disziplin bei der Artillerie führte, den die Engländer seit langem bezwungen hatten. Drakes Befehl: »Ich muß den Gentleman mit dem Seemann schleppen und ziehen lassen, und den Seemann mit dem Gentleman«, wäre den Kommandeuren und Offizieren der spanischen Armada völlig unverständlich gewesen.

Forschungen in jüngerer Zeit durch Professor Michael Lewis und andere über die Bewaffnung und die Größe der spanischen Schiffe haben aufgezeigt, daß das Flaggschiff von Medina Sidonia, die portugiesische *San Martin*, die in früheren britischen Berichten immer als

Riesenschiff dargestellt wurde, das sich über die englischen Kriegsschiffe auftürmte, tatsächlich nach der britischen Methode, die Tonnage zu berechnen, nicht größer als 750 Tonnen war und 1000 Tonnen nach der kontinentalen Methode. Die größten beteiligten Schiffe scheinen mit 1000 Tonnen die Engländer *Triumph* und *White Bear* gewesen zu sein, aber es ist richtig, daß die Schiffe der Armada so zahlreich waren, daß ihre Gesamttonnage die englische bei weitem überstieg, und auch ihre Feuerkraft war beträchtlich stärker als die englische. Viele große Handelsschiffe, im Stil der Zeit bewaffnet, waren erforderlich, um die etwa 20000 Soldaten der Invasionstruppen zu transportieren. Die Bewaffnung dieser großen Streitmacht umfaßte, so ist berechnet worden, unter anderem etwa 160 50- und 32-Pfünder-Kanonen, über 300 24-Pfünder und eine ähnliche Zahl von 18- und Neunpfündern.

D. G. Browne hat in seinem Werk *The Floating Bulwark* eine interessante Anmerkung über die schwere Bewaffnung der Invasions- und Schlachtflotte Philipps II. gemacht: »Dafür hatte Philipp Europa leergekratzt. In Kiplings ›Hal o'the Draft‹ verkaufen Eisengießer in Sussex Kanonen an schottische Piraten, aber wenn der Verfasser ›über die Kanonen, die König Philipps Flotte schlagen‹, schrieb, so fügte er, vielleicht weil er Wahlbürger von Sussex war, nicht hinzu, daß König Philipp mit Kanonenfeuer aus derselben Quelle zurückschlug. Englische Kanonenbauer hatten einen guten Ruf, und in Spanien erzielten ihre Produkte nicht nur einen entsprechend hohen Preis pro Tonne, sondern sogar Pensionen für Hersteller, die so unpatriotisch waren, sie hinüberzuschmuggeln. Die Armada hatte viele englische Kanonen.«

Damals wie heute war die Rüstungsindustrie international und um Geld besorgt, nicht um Skrupel. Denken wir daran, daß viele der besten Kanonen in der Flotte Heinrichs VIII. vom Kontinent stammten. Erst während Heinrichs Herrschaft wurden die ersten Kanonengießereien in England gegründet und die ganze Rüstungsindustrie des Landes in Gang gesetzt, so daß er unabhängig von Lieferungen vom Kontinent wurde.

Nach all den vielen Verzögerungen und Mißgeschicken, die sie seit Anbeginn befallen hatten, segelte die »glücklichste Armada«, die jetzt in die »unbesiegbare« umbenannt worden war, schließlich am 12. Juli 1588 unter dem Oberbefehl des Herzogs von Medina Sidonia von La Coruña ab. Alles in allem war dies angesichts der Zeit, der Schwierigkeit der Nachrichtenverbindungen, des Landtransportes und der Logistik eine erstaunliche Leistung. Es sollte Jahrhunderte dauern, bis wieder etwas Ähnliches versucht wurde. Es ist richtig, daß in diesem Augenblick nur das große Königreich Spanien unter Philipp II. dies erreichen konnte. Ein kleines Land wie England mit seiner begrenzten Bevölkerungszahl, seinem Unwissen über die Führung von Kolonialreichen und die großräumige Organisation, konnte nur ehrfürchtig erstaunt sein. So wie es später über die Jahrhunderte zur allgemeinen Strategie für die englische Marine wurde, von mehreren großen Häfen den zu wählen, der dem jeweiligen Feind am nächsten lag, hatten die Engländer Plymouth zu ihrem Hauptstützpunkt gegen diese Bedrohung aus dem Südwesten gemacht. Hier residierte Lord Howard of Effingham an Bord seines Flaggschiffes *Ark* (später *Ark Royal*), eines neuen Kriegsschiffes von 800 Tonnen, mit Drake als seinem Vizeadmiral auf der *Revenge* und Hawkins auf der *Victory*, die beide ebenfalls 800 Tonnen hatten. Die Königin, die von früheren Mißgeschicken der spanischen Flotte gehört hatte, hatte vorgeschlagen, daß einige dieser großen Galeonen jetzt außer Dienst gestellt werden könnten, denn sie war sich immer der Beanspruchung der königlichen Kasse bewußt, wenn so viele Schiffe der Krone besetzt und unterhalten werden mußten. Howard hatte jedoch darauf bestanden, sie im Dienst zu behalten, und in dieser Meinungsverschiedenheit mit seinem Souverän denselben unerschütterlichen gesunden Menschenverstand gezeigt wie im Umgang mit dem hitzigen und weniger disziplinierten Drake. Wie Sir Julian Corbett über ihn anmerkte: »... Während die Krise andauerte, beugte er sich mit feiner Demut dem Untergebenen, den er als das größte Genie anerkannte; und doch verlor er nie, obwohl er wich, die Würde oder vergaß für einen Augenblick, daß er es war, der für den Geist der Flotte verantwortlich war. Vom ersten bis zum letzten gab er ein Beispiel unermüdlicher Arbeit, loyaler Treue und des schwungvollen Mutes, der kaum zu übertreffen war und der ihm den völligen Respekt seines eigensinnigen und selbstbewußten Vizeadmirals einbrachte.«

Während die Engländer warteten, lief die spanische Flotte stetig mit einem frischen und günstigen Südwind auf den Ärmelkanal zu – mit demselben Wind, der die Engländer in ihren Häfen festhielt und der auf Südwest drehte, als die Spanier die Schulter des Kontinents rundeten. Die Feuerschiffe waren gelöscht, aber ihre Crews waren ständig auf der Hut, beobachteten den Atlantik und erfüllten so, wie sie es später getan haben, die Aufklärungsaufgabe, für die sie gedacht waren. Dieser selbe Wind, der zuvor (mit Sturmstärke) die Engländer veranlaßt hatte, bei ihrem Versuch, die Armada in ihren Heimathäfen zu fangen, abzudrehen, wurde später von Admiral Howard als ein

Glück im Unglück bezeichnet: »Der südliche Wind, der uns von der Küste Spaniens zurückbrachte, brachte sie heraus«, schrieb er. »Gott behütete uns, indem er uns abdrehen ließ.«

Am 19. Juli sichtete Kapitän Thomas Fleming auf seiner kleinen Bark *Golden Hind* (die nach Drakes berühmtem Schiff, mit dem er die Welt umsegelt hatte, benannt war) die ersten Segel. Er war vor den Scilly-Inseln auf Patrouille, als er die Vorhut der Armada sah, die mit gestrichenen Segeln dalag, damit die langsamen Schiffe aufholen konnten. Fleming eilte zurück nach Plymouth und überbrachte die große Nachricht, auf die alle gewartet hatten. Auf den ersten Blick hatten die Spanier einen taktischen Vorteil, denn sie hatten die Luvposition gegenüber ihrem Feind, der mit der Masse seiner Schiffe leewärts in den Häfen festsaß. Dies wäre in der Tat so gewesen, wenn der Ärmelkanal das Mittelmeer zur gleichen Zeit des Jahres gewesen wäre, gezeitenlos und mit Winden aus einer mehr oder weniger konstanten Richtung – falls es überhaupt Wind gab. Aber er war nicht das Mittelmeer, und die englischen Schiffe waren für sein unvorhersehbares Klima gebaut und ihre Kapitäne vertraut mit Ebbe und Flut und den wandernden Strömungen. Weder Philipp II. noch sein Admiral wußten, daß fast die gesamte englische Flotte an die Mündung des Ärmelkanals nach Plymouth verlegt worden war, und ihre Strategie baute auf einer falschen Prämisse auf: daß die Engländer aus der Vielzahl von Häfen herauskommen würden, die ihnen entlang ihrer Kanalküste zur Verfügung standen, und während der Vorbeifahrt der Armada nacheinander bekämpft werden könnten.

Medina Sidonias Befehl war, durch den Kanal zu laufen, unterwegs keinen englischen Hafen anzugreifen und, nachdem das nördliche Vorland vor Margate erreicht war, einen Brückenkopf an der Themsemündung zu bilden. Die Annahme war, daß er einige der englischen Schiffe an der Mündung des Ärmelkanals treffen und schlagen würde, andere weiter kanalaufwärts, und daß er schließlich in der Meerenge bei Dover auf Admiral Howard mit der Masse seiner Schiffe treffen würde. Ebenso falsch war seine Annahme, daß die Truppen des Herzogs von Parma in der Lage sein würden, von den Niederlanden herüberzukommen, wo die gesamte Küste von den wendigen, flach gebauten Schiffen der Holländer kontrolliert wurde.

In dieser ersten Nacht war die Masse von Howards Schiffen aus dem Plymouth-Sund verholt worden und ankerte im Lee von Rame Head, der Plymouth von Westen schützt. Am nächsten Morgen frischte der Südwestwind wieder auf, und die Engländer begannen sofort über Backbordbug nach See auszulaufen. Bis Mittag standen 54 von Howards Schiffen, darunter einige große, leewärts vom Eddystone. Zehn weitere Schiffe, die die erste Tide verpaßt hatten, sollten später zu ihnen stoßen. Zur selben Zeit wurde auf Medina Sidonias Flaggschiff *San Martin* ein letzter Kriegsrat abgehalten, bevor die große Armada ihre Fahrt durch den Ärmelkanal antrat.

4. Taktik und Schlacht gegen die Armada

Das Hauptthema der Besprechung war, wie weit die Spanier den Kanal hinauffahren sollten, bevor sie sich vergewisserten, welche genauen Vereinbarungen es mit dem Herzog von Parma gab. Ihre einstimmige Entscheidung war, nicht bis zum North Foreland zu fahren, wie Seine Majestät befohlen hatte. Der vernünftige Grund dafür war, daß es jenseits der Meerenge keinen guten Tiefwasserhafen gab. Wenn sie dort von einem nördlichen oder östlichen Wind erfaßt wurden, wären sie unweigerlich verloren gewesen. Bevor nicht ein genaues Treffen mit Parma vereinbart war, wollten sie nicht weiter als zur Isle of Wight fahren. Diese Entscheidung wurde sofort Philipp II. mit einem der zahlreichen schnellen Segelboote gemeldet, die sich bei der großen Flotte befanden. Medina Sidonia nahm es mit den Vorschriften sehr genau.

Ein weiterer Punkt in der Besprechung war der Vorschlag, daß sie vor der Weiterfahrt mit dem ganzen Gewicht ihrer Schiffe und Männer über den Hafen, der vor ihren Bugen lag, herfallen sollten – Plymouth. Medina Sidonia informierte sie höflich, daß dies ganz im Gegensatz zu den Befehlen Seiner Majestät stünde und daß er außerdem die Information hatte, daß die Hafeneinfahrt schmal und gefährlich und durch Küstenkanonen gedeckt sei. (Hätten sie es versucht, wäre die Saga von der Armada relativ kurz.) So wurde beschlossen, den Kanal hinaufzufahren – nicht weiter als zur Isle of Wight –, bis sie klare Nachrichten über die Absichten Parmas hätten.

Die Taktik der Engländer bestand natürlich darin, sich von der Küste und aus der ungünstigen Leeposition zu lösen und auf die Luvseite dieser großen Flotte zu kommen. Das Signalwesen steckte in jener Zeit noch in den Kinderschuhen, aber für diese erklärte und einfache Absicht war kein Signal erforderlich. Sie hatten den Vorteil, in heimischen Gewässern zu segeln. Was noch wichtiger war, auch wenn sie es selbst nicht wußten (wie oft, wenn ihnen über die Jahrhunderte Glück widerfuhr): Die Engländer hatten das Geheimnis des Seekrieges entdeckt, die so genau und so schnell wie möglich abgefeuerte Breitseite. Die Schlacht gegen die Armada sollte sie in ihrem taktischen Einsatz der Waffen bestätigen, wenn auch die Disziplin der Schlacht in Kiellinie noch in der Zukunft lag. Angesichts der bekannten Überzahl der Soldaten an Bord der spanischen und portugiesischen Schiffe wurde der alte Kampfstil des Enterns nicht in Erwägung gezogen. Das Ziel war jetzt, in die See ostwärts der Armada vorzustoßen, den Vorteil des Windes zu nutzen und die Spanier von der Luvseite her anzugreifen. Sie hatten keine Unterstützung durch ihre Kameraden in Lee zu erwarten, die einer nach dem anderen von Abteilungen englischer Schiffe angegriffen werden sollten, die als unabhängige Einheiten kämpften. Jedes der Schiffe würde dem anderen folgen und den Gegner auf dem Gegenschlag passieren, wenn sie vom letzten Schiff ihrer eigenen Linie freikamen. Seit der Schlacht von Portsmouth hatte sich taktisch viel Neues entwickelt, wenn auch die Grundprinzipien der Breitseite bereits 1545 erfaßt worden waren. Die jetzige Taktik wurde nur dadurch möglich, daß der englische Schiffbau sich bedeutend weiterentwickelt hatte – und dabei kann die Katastrophe der *Mary Rose* sehr wohl eine Rolle gespielt haben.

Wenn die englische Taktik auch in einer ungeordneten und verwirrenden Art verwirklicht wurde, war sie für die große Flotte des Feindes dennoch sehr beunruhigend, da diese etwas Derartiges noch nie erlebt hatte. Aber auch die Bestürzung der Engländer war groß, die sehen mußten, wie ihr Gegner vorrückte. Die Armada praktizierte genau die disziplinierte und ruhige Art der Annäherung, die jahrhundertelang bei allen Flotten des Mittelmeeres die Norm gewesen war. Die Taktik der Galeeren, die bis auf die Zeit von Salamis und andere vorausgegangene Schlachten zurückging, war gut ausgearbeitet. Die präzisen Bewegungen der Armada und ihre Disziplin, die die Engländer jener Zeit verblüffte und von Marinehistorikern des Nordens auch später mit Überraschung vermerkt wurde, waren bei allen Gefechten im Mittelmeer, der Geburtsstätte der Schiffahrtsgeschichte, üblich.

Der Herzog von Medina Sidonia brachte die größte Flotte, jedenfalls nach der Tonnage, die die Welt je gesehen hatte, den Kanal hinauf. Sie manövrierte genau wie eine gut disziplinierte Armee an Land (die Grundlage der Galeerentaktik) mit fast wissenschaftlicher Präzision – angesichts ihrer langen Reise unter nicht immer guten Wetterbedingungen eine ausgezeichnete Leistung. Die Engländer, die das sahen, neigten dazu, es als Mondsichel oder Halbmond zu beschreiben. Natürlich können Schiffe, wie diszipliniert ihre Besatzungen auch sein mögen, keine gebogene Linie beibehalten, aber dies war ohne Zweifel das Erscheinungsbild. Die Linien ihrer vier Hauptabteilungen wurden natürlich gehalten. Wenn auch die Zahl der Schiffe viel größer war, war es fast genau die gleiche Formation, die von Barbarossa bei seinem Triumph über die Christen bei Prevesa im Jahre 1538 eingesetzt worden war. Nach Filippo Pugafetta (Rom 1588) war es die Adlerformation, bei der die Vorausabteilung den Kopf bildete; die vordere, aus Pinassen bestehende Sicherung wurde beim Sichten des Feindes zurückgehalten und bildete den Hals. Die Hauptschlachtlinie war der Rumpf, die Unterstützungsflotte der Schwanz, und die beiden Flankenabteilungen bildeten die Flügel.

Von Flanke zu Flanke nahm sie eine breite Front von etwa vier Meilen ein, wodurch es schwierig wurde, sie auszumanövrieren, um in ihren Rücken zu gelangen. Die Vorausabteilung von starken Schiffen sollte jeden feindlichen Verband schon zu Beginn des Gefechtes aufbrechen. Medina Sidonia hatte die Spitzen der Flügel mit einigen seiner besten Kampfschiffe verstärkt und so sichergestellt, daß, wenn die Engländer auf einer Flanke den Luvvorteil erringen würden, sie sich an den Spitzen die Zähne ausbeißen mußten. Wenn der Feind andererseits um die Flügel herumfahren sollte, um achteraus die Vorrats- und Transportschiffe anzugreifen, so würde er bald feststellen, daß die Spitzen der Flügel zurückgefallen waren und ihn abgeschnitten hatten. Wenn er dem starken Kopf ausweichen und versuchen würde, hinter ihm durch die Mitte zu brechen, konnten die Flügel sich entfalten, und der Feind würde geschluckt. Die Beibehaltung dieser klassischen Formation war – auch wenn man die Tatsache berücksichtigt, daß die Spanier einen günstigen achterlichen Westsüdwestwind hatten – erstaunlich und verblüffte die einzelgängerischen (und oft ungehorsamen) Engländer. Um die Formation zu halten, strichen die Segelschiffe mit scheinbar unheimlicher Präzision die Marssegel oder setzten mehr Segel, während die großen Galeassen an den Flügeln den Schlag der Riemen erhöhten oder verringerten und so genau Abstand hielten.

Als am 20. Juli die Sonne unterging, brachte der Wind etwas Regen. Die Engländer, die ihre ersten ehrfürchtige Blicke auf die Masse und die Zahl der Schiffe der Armada geworfen hatten, zogen weiter südwärts in den Kanal hinaus. Die anderen, die zu spät aus Plymouth herausgekommen waren, kreuzten entlang der Küste zwischen dem nördlichen Flügel der Armada und dem Ufer nach Westen. Howard und Drake kamen mit dem Gros in den frühen Morgenstunden schnell heran und standen bald südlich der Armada. Wenn sie alle über die Größe der einfallenden Flotte verblüfft waren (die nicht durch den Sturm zerstreut worden war, wie sie gehört hatten), so waren am Morgen des 21. Juli die Spanier erstaunt, als sie sahen, daß die Masse der englischen Flotte mit dem Luvvorteil in ihrem Rücken stand. Medina Sidonia und sein Vizeadmiral Juan Martinez de Recalde erkannten jetzt, daß ihre Information, wonach die Masse der feindlichen Flotte viel weiter ostwärts an der Küste stände und in Plymouth nur wenige Schiffe lägen, völlig falsch gewesen war. Sie konnten nicht verstehen, wie so viele Schiffe während der Nacht unbemerkt um sie herum auf die Luvseite gelangt waren. Howard selbst fand an dieser Leistung nichts Bemerkenswertes, er kommentiert sie in seiner lakonischen Art: »Am nächsten Morgen, einem Sonntag, hatten alle Engländer, die aus Plymouth gekommen waren, zwei Meilen westlich vom Eddystone den Wind von den Spaniern zurückgewonnen.«

Die Spanier sollten später anmerken, daß die englischen Schiffe »am Bug sehr niedrig gebaut« waren. Dies war eines der Konstruktionsmerkmale der neuen Schiffe, die ihnen einen großen Vorteil beim Segeln hoch am Wind gaben. Sie hatten auf zwei Schlägen die Strecke zurückgelegt, für die die älteren Galeonen der Spanier mit ihren hohen Achter- und Vorderkastellen vier oder mehr gebraucht hätten. Die schmaleren Unterwasserschiffe der bereits erwähnten Bauart hatten ihnen ebenfalls geholfen, und man muß auch Hawkins loben, denn er und andere hatten ein Bauprogramm veranlaßt, bei dem in die Zukunft gesehen wurde, statt konservativ in der Vergangenheit verhaftet zu bleiben. Die Spanier und Portugiesen, und andere mit ihnen, hatten die Prinzipien des mediterranen Schiffbaus angewandt, die den Ozeanriesen im Verkehr zwischen Spanien und Amerika angepaßt worden waren. Sie mußten nicht mit Gegenwinden leben wie die englischen Seeleute, denn die Hinreisen führten über die südliche Passatroute, und bei den Rückreisen hatten sie die atlantischen Westwinde im Rücken. Unter diesen Bedingungen wirkten sich hohe Vorder- und Achterkastelle kaum negativ aus, und da sie mehr Militär transportieren konnten, dienten beide Kastelle noch ihrem alten Zweck.

Das Hauptgefecht des Tages begann damit, daß die Engländer unter Howard eine Breitseite abgaben, als sie den nördlichen Flügel der Armada passierten, und dann, anstatt einen weiteren Versuch beim Gros der Flotte zu unternehmen, alle Segel setzten und Kurs auf die Küste nahmen. Howard vermutete, daß der Feind auf Plymouth vorstoßen wollte, das er ungedeckt ließ, als er auf die Luvseite der Spanier gegangen war. Sein Ziel war jetzt, den Gegner möglichst nahe an der Küste anzugreifen und ihn auf die andere Seite des Plymouth-Sunds zu treiben.

Howard auf der *Ark* und seine Begleiter feuerten ihre Breitseiten auf das achterlichste Schiff ab, die *Rata Coronada* von Don Alonzo de Leiva, während die große Karacke *Regazona* zurückfiel, um ihm beizustehen. Bei diesem Treffen scheint keine der beiden Seiten großen Schaden erlitten zu haben, und Howard schrieb: »Wir ließen einige von ihnen Raum gewinnen, um ihre Lecks abzudichten. Dennoch durften wir nicht zwischen sie fahren, denn ihre Flotte war so stark...«

Jetzt griffen Drake auf der *Revenge*, Hawkins auf der *Victory* und Frobisher mit der *Triumph* den Vizeadmiral Recalde auf seiner Galeone *San Juan* am seewärtigen Flügel der Armada an. Recalde, der erfahrenste aller Kommandanten seiner Flotte, versuchte nicht, unbeeindruckt weiterzusegeln, als der Feind angriff, sondern wendete seine große Galeone mit Schwung, so daß er den vorbeilaufenden Engländern Breitseite auf Breitseite verpassen konnte. Sein Manöver war auch so berechnet, daß es den Feind in Versuchung bringen sollte, die Schlacht auf die einzige Weise zu beenden, wie nach seiner Meinung solche Begegnungen beendet wurden – durch Entern. Aber die Engländer hatten ihre Befehle, und sie wußten inzwischen, daß Schlachten auf See durch Schiffe gewonnen wurden, die Schiffe bekämpften, und nicht durch Enterkommandos und den Sturm bewaffneter Männer.

Nach einer Stunde, in der die *San Juan* der weitreichenden Taktik der Engländer widerstanden hatte, fielen andere Schiffe des seewärtigen Flügels zurück, um Recalde zu unterstützen. Das allgemeine Gefecht, das Recalde hatte provozieren wollen, mit Kämpfen von Schiff gegen Schiff, die mit dem Entern endeten, kam nicht zustande. Drake und seine Begleiter zogen sich aus seiner Reichweite zurück und setzten Segel, um mit halbem Wind hinter der Armada vorbei zu segeln und zu Admiral Howard zu stoßen, der am landseitigen Flügel der Armada stand. Sie konnten nicht wissen, daß bei dem Kriegsrat der Spanier bereits die Entscheidung getroffen worden war, keinen Angriff auf Plymouth zu versuchen, und waren erfreut, daß die Spanier weiter den Kanal hinauffuhren.

Bei weiteren Versuchen, einige seiner Schiffe auf die Engländer zurückzudrehen, um ein allgemeines Nahkampfgefecht auszulösen, mußte Medina Sidonia feststellen, daß sie sich nicht stellen ließen. Sein offizielles Logbuch berichtet: »Nachdem der Feind die Reichweite vergrößert hatte... konnte er nichts mehr tun, denn sie hatten noch den Windvorteil, und ihre Schiffe waren so schnell und so beweglich, daß sie mit ihnen tun konnten, was sie wollten.«

Im Grunde aber hatte die Armada relativ wenig Schaden erlitten und verfolgte ihren Kurs mit unverminderter Disziplin. Die Engländer ihrerseits waren enttäuscht, daß ihre Kanonenkugeln so wenige Opfer gefordert hatten. Den erwarteten Zusammenbruch des Verbandes oder Anzeichen von Panik hatte es nicht gegeben. Drake schrieb: »Am 21. jagten wir sie, und als wir uns ihnen näherten, wurden einige

Schüsse zwischen einem Teil unserer Flotte und ihnen ausgetauscht. Soweit wir sehen können, sind sie entschlossen, ihr Leben teuer zu verkaufen...«

Erst längere Zeit nach dem Ende des Gefechtes ereignete sich in der Armada eine Katastrophe: eine Explosion an Bord der Galeone *San Salvador*, die einen großen Teil ihres Achterkastells wegriß. Mit ziemlicher Sicherheit war dies ein Unfall, denn in dieser Frühzeit des hölzernen Kriegsschiffes waren Brände an der Tagesordnung. Das schwerbeschädigte Schiff wurde später in Schlepp genommen und in die Mitte der Armada gebracht, während die ganze Flotte bei dieser Rettungsaktion zu einem gut abgestimmten Stillstand kam, bevor sie wie zuvor weiterlief. Auch andere Dinge waren bei der Armada schiefgegangen. Zwei Schiffe waren kollidiert, und eines von ihnen, die *Nuestra Señora del Rosario*, hatte ihren Fockmast verloren. Sie fiel während der Nacht zurück und wurde später von Drake aufgebracht. Sie war das Flaggschiff von Pedro de Valdez, dem General der Indischen Garde, der offenbar keinen Versuch machte, den Feind abzuwehren. Mit ihren 46 Kanonen war sie ein schönes Schiff und hätte es mit jedem Schiff der englischen Marine aufnehmen können. Ihre Kapitulation war nicht förderlich für die Moral der Armada, ebensowenig wie der anschließende Verlust der *San Salvador*, die nach der Explosion so schwer leckgeschlagen war, daß sie aufgegeben werden mußte. Ihre Besatzung unterließ es, sie zu versenken oder in die Luft zu sprengen, und sie wurde ebenfalls gekapert und später nach Weymouth geschleppt.

Durch diese beiden Unfälle wurde die Moral der englischen Seeleute mit Sicherheit gehoben, und als diese Nachrichten die Bewohner der Küste erreichten und sich schnell ausbreiteten, wurden sie als Beweis für die überlegene Tapferkeit der Marine angesehen. Tatsächlich scheint jedoch die Kaperung dieser beiden Schiffe mehr auf die schlechte Seemannschaft der Spanier zurückzuführen zu sein. Die *Rosario* hätte nie kapitulieren sollen (und auf jeden Fall hätte sie viele Stunden zur Verfügung gehabt, in denen anstelle des verlorenen Fockmastes ein Notmast hätte errichtet werden können), während die *San Salvador* nicht hätte aufgegeben, sondern versenkt werden sollen.

Howards Hauptsorge war natürlich, daß der Feind an irgendeinem der geeigneten Plätze auf seinem Weg eine Landung versuchen könnte. Er konnte nicht wissen, daß Admiral Medina Sidonia nicht über die Isle of Wight hinaussegeln wollte. Am späten Nachmittag des 22. legte sich der Wind völlig, und alle Schiffe lagen in der Flaute. Die mit Riemen angetriebenen Galeeren mußten wohl oder übel bei den

Segelschiffen bleiben. Da die Armada ihre Formation beibehielt, konnte kein separates Gefecht begonnen werden. Die Schwierigkeit, gemischte Flotten zu führen, zeigte sich einmal mehr. Am nächsten Tag kam mit dem Morgengrauen Ostwind auf und gab den Spaniern den Luvvorteil, aber sie konnnten daraus keinen Nutzen ziehen, denn sie waren durch ihren Auftrag gezwungen weiterzufahren. Howard, der fürchtete, daß der Feind versuchen würde, die Landspitze von Portland luvwärts zu runden und in Weymouth zu landen, wollte den landseitigen Flügel der Armada vom Land abdrängen. Er hatte wenig Erfolg, denn Medina Sidonia, der entschlossen war, seine Flanke nicht umfassen zu lassen, verlegte seine Galeonen auf diesen Flügel, um die englischen Schiffe abzufangen. So entwickelte sich ein laufendes Gefecht, während Howards Schiffe, die landwärts gewendet hatten, auf südwestlichem Kurs zurücksegelten, um zu versuchen, auf die Luvseite des seewärtigen Flügels der Armada zu gelangen. Dies wurde von der spanischen Nachhut vereitelt, die sofort zurückfiel. Nach Camdens Bericht »knallten die großen Kanonen wie Donnerschläge«, doch keine der beiten Seiten erlitt Schäden. Aber natürlich wurde sehr viel Pulver und Munition verschossen, was die Engländer während der ganzen Schlacht nur mit großen Schwierigkeiten wettmachen konnten, indem sie dringend benötigte Schiffe in die Häfen schickten. Die Armada konnte ihren Materialverlust überhaupt nicht ausgleichen.

Während dieses Gefechtes am seewärtigen Flügel waren die schweren Schiffe der Armada ständig zurückgefallen, um zu verhindern, daß die Engländer sie umzingelten, und gleichzeitig versuchten sie, Nahkämpfe zu provozieren. Inzwischen entwickelte sich am landwärtigen Flügel der großen Flotte ein weiterer Kampf, bei dem Frobisher mit dem 1000-Tonnen-Schiff *Triumph* und fünf kleineren Schiffen, losgelöst vom Gros der englischen Flotte, zwischen der Armada und der Küste abgeschnitten wurde. Der starke spanische Flügel – vier Galeassen »griffen scharf an« – hatte den Vorteil, daß der Wind auf Süd drehte, so daß er jetzt auf Frobishers Luvseite stand. Howard, der sich aus seinem Gefecht löste und dieses Umspringen des Windes nützte, eilte mit 16 anderen Schiffen der *Triumph* zu Hilfe. Während des Gefechts war Admiral Recaldes Flaggschiff *San Juan* schwer beschädigt und gezwungen worden, sich zurückzuziehen. Jetzt, als Howard im Rücken der Armada vorbeilief, fiel Admiral Medina Sidonia mit seinem Schlachtschiff, der großen *San Martin*, selbst zurück, um seinen englischen Gegenspieler auf der *Ark Royal* zu stellen.

In einer Geste, die schon damals einer vergangenen Zeit angehörte, strich Medina Sidonia seine Toppsegel als Einladung an den anderen, an Bord zu kommen und »wie Herren zu kämpfen«. Dieser spanischen Höflichkeit wurde von dem rauhen Lord Howard und seinen Begleitern keine Beachtung geschenkt. Sie bestrichen die *San Martin* beim Vorbeilaufen mit ihren Breitseiten, näherten sich aber nicht auf Enterdistanz. Die englische Linie war vorbeigelaufen, und eine volle Stunde lang hielt Medina Sidonias Flaggschiff ihrem Feuer stand. Es litt schwer, aber die Spanier kämpften mit einem Mut, der dem ihrer Gegner ebenbürtig war. Nach einiger Zeit fielen andere Galeonen, die sahen, wie die Engländer ihren Admiral bedrängten, zurück, um ihm beizustehen.

Howard und seine Schiffe, die sich auf keinen Fall in einen Nahkampf verwickeln lassen wollten, liefen weiter, um Frobisher zu helfen. Aber Frobisher war nicht mehr in Bedrängnis. Die Galeassen hatten sich zurückgezogen, und der Wind hatte nun auf West gedreht und so die Engländer wieder auf die Luvseite der Armada gebracht.

Die Schlacht am Bill of Portland, wie sie genannt werden sollte, war für beide Seiten eine Lektion. Die Spanier lernten, daß der alte Stil des Seegefechtes überlebt war, wenn es gegen Schiffe ging, die sowohl gut manövrierfähig wie schwer bewaffnet waren. Die Engländer lernten, daß stark gebaute Holzschiffe fast nicht zu versenken waren, es sei denn, sie wurden mit stetigem Feuer von Schiffen, die in einer regelmäßigen und disziplinierten Linie an ihnen vorbeifuhren, belegt. Natürlich wurden die Hintergründe zu jener Zeit nicht voll begriffen, aber durch diese und spätere Gefechte erfaßten die Engländer die Notwendigkeit der Schlachtlinie: schwere Schiffe mit großkalibriger Bewaffnung, die sich mit Präzision wie ein riesiges, eine Meile langes Kriegsschiff bewegten. Noch aber hatten sie weder die Disziplin noch die Signalmöglichkeiten, um die Schlachtlinie zu erreichen. Ihre ungeordneten Angriffe hatten einige Gegner schwer beschädigt, aber sie schwammen noch.

Das Hauptproblem beider Seiten war die Munition. Die Engländer hatten Plymouth mit etwa 30 Schuß pro Kanone und einer entsprechenden Pulvermenge verlassen und hatten jetzt praktisch keine Munition mehr. Obwohl schnelle Schiffe in alle Küstenhäfen geschickt wurden, um Nachschub zu holen, war dieser nur schwer zu beschaffen, und für den Rest der Schlacht mußten die Schiffe ihre Kugeln einteilen. Die Spanier waren mit etwa 50 Schuß pro Kanone zu ihrer Expedition ausgelaufen, was sie für mehr als ausreichend gehalten hatten, aber sie waren in ein Gefecht hineingeraten, das sie nicht erwartet hatten. Vor einer feindlichen Küste hatten sie keine Chance, Nachschub zu bekommen – außer vom Herzog von Parma. Aber von dem hatten sie noch immer nichts gehört, weil er mit seinen Schiffen von den Holländern festgehalten wurde. Obwohl es zu jener Zeit natürlich noch niemand wissen konnte, war die »unbesiegbare Armada« bereits dem Untergang geweiht – selbst wenn das Wetter am Ende nicht seine unheilvolle Rolle gespielt hätte. Aber ihre Disziplin ließ nicht nach, und während die Engländer versuchten, von der Küste Munition zu bekommen, und der Armada in ihrem Kielwasser folgten, lief diese weiterhin unerbittlich den Kanal hinauf.

Im Morgengrauen des 25. Juli lagen die beiden Flotten erneut in der Flaute – nur etwa 40 Meilen östlich vom Ort ihres letzten Gefechtes vor der Isle of Wight. Howards Sorge war natürlich wiederum, daß der Feind eine Landung auf der Insel versuchen würde. Dazu hatte er viel bessere Erfolgschancen als die Franzosen 1545, denn er hatte die Waffen und die Männer, um einen Brückenkopf auf Dauer zu sichern. An diesem Tag gab es ein verworrenes Gefecht am seewärtigen Flügel der Spanier, wo die Galeone *Gran Grifon* aus der engen Formation zurückgefallen war und Drake mit der *Revenge* sofort über sie herfiel. Schnell war der ganze rechte spanische Flügel in das Gefecht verwickelt, aber die *Gran Grifon*, zwar schwer mitgenommen, wurde von Galeassen, die Medina Sidonia entsandt hatte, aus der Gefahr befreit. Im Verlauf dieses Tages müssen die Engländer eine traurige Tatsache erkannt haben: Es war nicht wahrscheinlich, daß sie mit ihrer Taktik und der verfügbaren Munition auch nur ein spanisches Schiff versenken würden. Während die Spanier erkannten, daß die Engländer keinen Nahkampf akzeptieren würden, bei dem die Übermacht ihrer Soldaten gezählt hätte. So wie die Sache stand, war es zu einem Patt gekommen, das nur durch eine Wetteränderung entschieden werden konnte.

Es war gewiß ideales Wetter für eine Invasion, aber da der Herzog von Medina Sidonia nichts von Parma gehört hatte, wagte er es nicht, irgendwo zu landen. Später kam vor der Isle of Wight ein Südwestwind auf, der es Drake ermöglichte, einen Angriff an der seewärtigen Flanke der Armada vorzutragen, während Frobisher und die mit ihm zwischen der Armada und der Küste stehenden Schiffe einige Schwierigkeiten hatten, sich hinter dem linken Flügel davonzumachen. Der seewärtige Angriff lief jedoch gut. Den Ehrenposten dort hielt jetzt anstelle von Recaldes beschädigtem Flaggschiff die *San Mateo*, eine große portugiesische Galeone. Nachdem sie durch die zermürbende Taktik und das Feuer der Engländer gezwungen war, sich zurückzuziehen, wurde ihr Platz durch die große Galeone des Großherzogs von Toskana, die *Florencia*, eingenommen. Als die Engländer, die den

Vorteil des Windes ebenso wie den Vorteil ihrer guten Manövrierfähigkeit hatten, vor diesem ganzen Abschnitt der Armada seewärts hin- und herkreuzten, begann die Formation allmählich zu wanken. Sie zwangen Schiff auf Schiff, sich der englischen Küste gefährlich zu nähern. Es ist möglich und angesichts seiner genauen Kenntnis des Ärmelkanals sogar wahrscheinlich, daß Drake absichtlich versuchte, die Armada in eines der großen Gefahrengebiete an dieser gefährlichen Küste zu treiben.

Zehn Meilen östlich der Isle of Wight liegen die Owers – eine gefährliche Bank seichten Wassers, in dem Felsen wie Zähne stehen. In den Tagen der Segelschiffe forderten sie viele Opfer, und 1545 war es eine Hoffnung von Lord Lisle gewesen, daß er das Gros der französischen Flotte landwärts auf die Gefahren dieser Bank locken könnte. Medina Sidonia beobachtete, daß seine Flotte genau in dem Augenblick nach Nordosten gedrängt wurde, als sein Hauptlotse an der Backbordseite der Flotte seichtes Wasser meldete. Sofort wurde mit einem Kanonenschuß signalisiert, und die Armada folgte ihrem Admiral, änderte den Kurs und begann, sich auf Südostkurs vom Land zu lösen. Die Isle of Wight begann hinter ihnen zu verschwinden, und die englischen Schiffe zogen sich ebenfalls zurück – erneut hatten sie fast kein Pulver und keine Kugeln mehr. Howard sah den Tag wahrscheinlich zu Recht als siegreich an, denn die befürchtete Landung auf der Isle of Wight hatte nicht stattgefunden, und der Feind stand nun in einiger Entfernung von der englischen Küste. Hawkins schrieb über die Gefechte des Tages: »Es war ein harter Kampf, bei dem einige Pulvervorräte verschossen und letztendlich wenig erreicht wurde.«

Der Herzog von Medina Sidonia sandte einen eiligen Kurier zum Herzog von Parma und bat ihn um Munition und um die Stellung von 40 kleinen Schiffen, die zur Armada stoßen sollten. Er hatte sich entschlossen, den Kanal mit Kurs auf Calais zu überqueren, wo er hoffte, sich neu zu munitionieren und herauszufinden, welche Vorbereitungen für die Überfahrt des Gros der Truppen getroffen worden waren. Natürlich konnte keine Invasion stattfinden, bevor seine Flotte nicht in der Lage war, die englische Marine abzuwehren, und bis er über eine ausreichende Zahl von Invasionsschiffen und Parmas Truppen verfügte. Seine eigenen Soldaten, die mit der Armada fuhren, sollten landen, einen Brückenkopf halten und sogar den Weg nach London freikämpfen, aber ohne die notwendige Verstärkung mit Waffen und Männern konnten sie nicht mehr tun. Der unglückselige Medina Sidonia, der seine Tage in Schmach beschließen sollte, hatte einen Auftrag erhalten, der einfach die wirtschaftlichen und militärischen Fähigkeiten seiner Zeit überstieg, und der Mann, der ihn ihm übertragen hatte, wußte überhaupt nichts von den Realitäten einer Expedition wie jener der Armada. König Philipp II. hatte in seinem eigenartigen Adlerhorst des Escorial, von dem aus er alle Geschäfte seines riesigen Reiches führte, keine reale Kenntnis der Seefahrt, und er hatte alles so geplant, als ob es sich um nicht mehr als eine größere militärische Expedition handelte. Er hatte sich nicht die Umstände vorstellen können, die sein Admiral darstellte: »Die Schwere unserer Schiffe im Vergleich zur Leichtigkeit der ihren machte es unmöglich, sie in irgendeiner Weise zum Nahkampf zu bringen...«

Am Nachmittag des 27. Juli 1588 warf die große Armada in der Meerenge von Calais Anker. Die englischen Schiffe, die auf dem ganzen Weg durch den Kanal wie Terriers nach ihren Hacken geschnappt hatten, waren zu keinem Zeitpunkt in der Lage gewesen, ihre Formation aufzubrechen. Jetzt, als sie in ihrem Kielwasser auf Frankreich zukreuzten, nahmen sie wohl an, daß der Feind nichts anderes tat, als über den Kanal auszuholen, bevor er auf dem Gegenschlag mit Kurs auf Dover, die Downs oder das North Foreland zurückkommen würde. Als die Spanier mit ihrer üblichen makellosen Präzision Anker warfen, sahen die überraschten Engländer keine andere Möglichkeit, als ihrem Beispiel zu folgen. Und so lagen beide Flotten mit einer Meile Wasser oder weniger zwischen sich vor Calais. Lord Henry Seymour, Howards Cousin, der die Downs gedeckt hatte, überquerte jetzt die Meerenge, um zum Rest der Flotte zu stoßen. Während der Herzog von Medina Sidonia weitere Kuriere an Parma sandte, trafen sich Howard und seine Kapitäne zum Kriegsrat.

So wie die Engländer es sahen und wie es die Spanier eigentlich hätten erwarten sollen, gab es nur eine Taktik gegen eine feindliche Flotte, die offenbar Zuflucht gesucht hatte: und die war, sie mit Brandern auszuräuchern. In den Tagen der Holzschiffe, als Feuer die größte Gefahr war (und insbesondere seit Einführung des Schießpulvers an Bord), war Feuer eine bewährte Waffe. Die weltklugen Byzantiner hatten vor langer Zeit ihr griechisches Feuer perfektioniert, als sie eine brennbare Flüssigkeit durch Röhren, die in den Bug ihrer Kriegsschiffe eingelassen waren, geblasen hatten. Die unbedarfteren Elisabethaner beluden ihre Brander mit jedem verfügbaren Brennstoff und luden ihre Kanonen so, daß sie hochgehen würden, wenn die Hitze auf den Schiffen zu stark wurde. Sie standen in Luv der Armada, aber sie warteten, bis die Flut auf Calais zulief. Dann wurden die Brander mit Wind und Tide auf diese große und bisher so disziplinierte Flotte losgelassen.

Der Hauptgrund für die anschließende Panik war ein Ereignis, das sich drei Jahre zuvor in Antwerpen zugetragen hatte. Der italienische Ingenieur Giambelli, der für Königin Elisabeth arbeitete, hatte für die Holländer einen Brander entwickelt, der mehr einer enormen Bombe ähnelte. Er war mit Ziegelsteinen ausgekleidet und mit Schießpulver beladen, auf das Steine und Eisenschrott gepackt wurden. Als dieses Schiff, von den Holländern freigelassen, mitten unter den Spaniern hochgegangen war, hatte es mehr Vernichtung bewirkt, als man seit der Erfindung des Schießpulvers erlebt hatte. Es hatte mehr Tote gekostet, als man auf einem großen Schlachtfeld erwartet hätte. So war es kaum ein Wunder, daß Medina Sidonia und seine Offiziere fürchteten, der »Teufel« Drake werde ihnen etwas Ähnliches schicken.

Diesmal waren die Brander aber nicht mehr als schnell zusammengezogene, entbehrliche Schiffe. Die Wirkung auf die Armada war jetzt jedoch so, als ob ein ganzer Schwarm von tödlichen Antwerpener »Höllenbrennern« losgelassen worden wäre. Während einige Schiffe dem Befehl ihres Admirals gehorchten, systematisch ihre Ankertrossen slippen zu lassen, sie aufzubojen und dann auf See hinauszufahren, ließen andere Kapitäne ihr Schiff einfach ablaufen, ohne die Anker aufzubojen, oder kappten die Trossen und fuhren weg. Medina Sidonia selbst machte einen kurzen Schlag auf See, wo er sicher vor den Brandern war, und ankerte dann wieder. Wäre der Rest der Flotte seinem Beispiel gefolgt, so hätte sie keinen Schaden genommen, denn die Brander dümpelten nur mit der Flut vorwärts, und die meisten brannten harmlos am Ufer aus. Soweit man weiß, wurde nicht ein einziges spanisches Schiff von den Brandern versenkt, aber ihre Wirkung auf die Moral war katastrophal. Nichts, was die Engländer während der Passage durch den Kanal unternommen hatten, konnte die großartige Disziplin und Ordnung der Armada brechen, aber den Brandern gelang es.

In meinem Buch über Drake beschrieb ich das so: »Von diesem Augenblick an lag die Armada im Sterben. Sie war in den Kanal eingelaufen wie ein Stier in die Arena – selbstsicher, mit hochgeworfenen Hörnern und verächtlich den Matador beäugend. Zwar war dieser Stier gequält worden, Pikadore hatten ihm Lanzen in die Schultern gestoßen, und Banderilleros hatten ihre Pfeile in seine Rückenmuskeln gepflanzt. Aber jetzt hatte der Stier seine *Querencia* gefunden – eine Ecke des Rings, wo er sich sicher fühlte –, nur um vom ›Feuerwerk‹ wieder herausgetrieben zu werden.«

Das planlos verlaufende Gefecht vor Gravelines, das folgte, und das endgültige tragische Schicksal der Armada sind für uns hier nicht von

Belang. Für die Engländer war, obwohl sie sich einige Tage dessen nicht sicher waren, die Invasion vorüber.

Es gibt viele Berichte über den Kampf gegen die Armada. Je nach der Zeit, in der sie geschrieben wurden, heben einige dies hervor und einige das. Aber eine Sache bleibt gültig: Die neue Taktik der Seeschlachten war gelernt worden, auch wenn es 1588 noch zu früh war, sie anzuwenden. Breitseiten von schwerem Kaliber, von Schiffen abgeschossen, die diszipliniert in Kiellinie fahren, sollten in der Zukunft das Geheimnis des Erfolges sein. Dies bedeutete den Triumph des Linienschiffes, der Großkampfeinheit, die ausgezeichnete Seetüchtigkeit und Ausdauer in Verbindung mit guter Manövrierfähigkeit und hoher Feuerkraft besaß.

5. Das 17. Jahrhundert

Wenn wir die Jahrhunderte überblicken, in denen der Schiffbau in Nordeuropa große Bedeutung gewann, überrascht es, wie wenig Genaues wir über die Abmessungen der Schiffe und ihre Konstruktion wissen. Wenn wir noch weiter zurückblicken, kann das Thema »Abmessung und Konstruktion großer Schiffe der Antike« noch heute Auseinandersetzungen unter den Gelehrten hervorrufen, und es wäre leichter, den Parthenon oder das Kolosseum zu rekonstruieren als irgendeines der Schiffe, die ihren Städten und Kulturen dienten.

Zum Beispiel sind Abmessungen, die Tonnage und die Takelung eines so berühmten Schiffes wie Sir Francis Drakes *Pelican* – das später in *Golden Hind* umbenannt wurde und mit dem er die Welt umsegelte – weitgehend unbekannt. Natürlich war sie kein großes Schiff, das wissen wir, denn eine von »Francis Drake of Plymouth« vor der Reise und seinem Ritterschlag unterschriebene Schuldurkunde bezeichnet sie als 150-Tonner. Zu klein, so könnte man denken, um an der Pazifikküste von Spaniens »Neuer Welt« eine solche Panik hervorzurufen, geschweige denn ein Vermögen heimzubringen. Doch es war in der Tat das Schiff, auf dem Drake von seiner Königin zum Ritter geschlagen wurde. Und das so berühmt war, daß Ben Jonson es in einem seiner Stücke erwähnt und Holinshed sich in seinen *Chronicles* zu ihm äußert. Jonson schlug vor, daß es auf den Stumpf des Turms der St.-Pauls-Kathedrale gesetzt werden sollte, damit es von fern und nah wahrgenommen werden und den Leuten mit dem Hinweis gezeigt werden könnte: »Dort drüben ist die Bark, die um die Welt gesegelt ist.« Es ist jedoch eine Tatsache, daß nicht nur die Schiffbauer, sondern alle Menschen jener Zeit wenig Interesse an der Vergangenheit hatten, geschweige denn ihr gegenüber Sentimentalität empfanden. Drakes Schiff wurde jedoch als bedeutend genug angesehen, um es fast 100 Jahre in Deptford in einem Trockendock zu erhalten. Seine Abmessungen können nur aus den bekannten Daten dieses Mauerwerks (nach Laird Clowes) berechnet werden: Kiel 14,30 Meter, Vorder- bis Achtersteven 18,30 Meter, Breite 5,80 Meter, Tiefe des Frachtraums 2,70 bis 3,00 Meter, Tonnage etwa 100 Tonnen. Erst im späteren 17. Jahrhundert wurde der Schiffbau zu einem geregelten Handwerk, in dem Zeichnungen des Rumpfes und Versuche zur Vereinheitlichung eine Rolle spielten. Bis dahin trifft der zynische Kommentar von Kapitän George Weymouth zu, einem Fachmann in einem Zeitalter erfahrener, aber ungelehrter Handwerker, daß er »nie zwei Schiffe sehen konnte, die von den besten und geschicktesten Schiffbauern in den gleichen Proportionen gebaut wurden, obwohl sie dasselbe viele Male unternommen hatten… Weil sie mehr ihrem Urteil als ihrer Kunst vertrauten und mehr ihrem Auge als Maßstab und Zirkel.« Oppenheim merkt an: »Als praktische Veranschaulichung der freien Berechnungsverfahren der Schiffbauer kann erwähnt werden, daß, als die *Prince Royal*, das größte Schiff der Herrschaft (James I.), gebaut wurde, Phineas Pett und Bright schätzten, daß 775 Ladungen Holz erforderlich seien, während tatsächlich 1627 verbraucht wurden. Die allgemeine Erhöhung der Kosten durch diesen Schätzfehler betrug 5.908 Pfund.«

Natürlich sind auch lange nach Anbruch des wissenschaftlichen Zeitalters oft Berechnungsfehler vorgekommen, insbesondere wenn es um Kostenfragen ging.

So wie die *Great Harry* und die *Mary Rose* als Beispiele für große Schiffe in der Herrschaftszeit Heinrichs VIII. angeführt werden, so scheinen die *Prince Royal* oder *Royal Prince* (1610) und die *Sovereign of the Seas* (1637) einen Abriß der nachelisabethanischen Ära zu geben. Ein Hauptgrund dafür ist die Tatsache, daß wir von beiden Schiffen Bilder haben – Paynes Stich der *Sovereign of the Seas* ist wahrscheinlich eines der ersten existierenden Schiffsbilder. Diese beiden großen Schiffe zeigten starke Ähnlichkeit mit denen der elisabethanischen Zeit, so zum Beispiel das viereckige hochgezogene Heck und den Galeonenbug mit seinem niedrigen langen Schiffsschnabel.

Die *Prince Royal* führte auf drei Batteriedecks 56 Kanonen und beendete ihren Dienst nach zwei Umbauten mit 90 Kanonen. In den Proportionen unterschied sie sich sehr wenig von ihren Vorgängern, aber sie war etwa 200 Tonnen größer und wurde mit einer Extravaganz an Gold und Schnitzereien dekoriert, die man gewiß auf keinem Schiff der Armada gefunden hätte. Das 1610 von Phineas Pett, einem der ersten historisch beurkundeten Schiffbauer von guter Ausbildung und mit technischem Wissen, gebaute Schiff hatte vom Vorder- bis zum Achtersteven eine Länge, die dem Vierfachen seiner Breite entsprach – eine Proportion, der andere Schiffbauer der Zeit folgten. Es hatte drei Galerien. Die beiden obersten waren durch eine Fensterreihe verbunden. Der Hauptteil der Dekoration konzentrierte sich um das Federnmotiv des Prinzen von Wales und um Masken, Girlanden und Kränze, die alle mit Weiß auf goldenem Schnitzwerk vor grünem Hintergrund hervorgehoben waren. Das Schnitzwerk, die Vergoldung und die kunstvolle Bemalung allein kosteten über 1.300 Pfund – für jene Zeit eine riesige Summe, die eher auf die Extravaganz der Stuarts hinweist als auf Gedanken über die Kampffähigkeit. Aber mit dieser kunstvollen Dekoration in Verbindung mit der Galionsfigur auf dem Schiffsschnabel sollte es sich als Vorbild für alle großen Schiffe seiner Zeit erweisen. Aus praktischen Gründen hatte es zur Verstärkung doppelte Beplankung, »und alle Plankenstöße waren mit Eisenschrauben doppelt verschraubt«.

Wie bei allen Schiffen seiner Zeit und seinen Nachfolgern waren die alten Enternetze durch hölzerne Grätings über dem Deck ersetzt, um die Kanoniere bei Gefechten vor fallenden Spieren, Blöcken und Takelwerk zu schützen. Sie bewirkten auch, daß sich der Pulverdampf schneller verzog, und aus diesem Grunde war eine Anzahl von Planken auf dem Achterdeck und an der Back ebenfalls durch Grätings ersetzt. Dies deutet ausreichend darauf hin, daß Seeschlachten sich jetzt zu Artilleriegefechten gewandelt hatten und daß die alten Tage des Enterns vorbei waren. Auch im 18. und gelegentlich selbst im 19. Jahrhundert wurde noch geentert, aber nur sehr selten. Zum allerletzten Mal erklang das Kommando »Messer zieht und entert!« wahrscheinlich im Februar 1940, als die Besatzung des britischen Zerstörers *Cossack* in norwegischen Gewässern am deutschen Marinetender *Altmark* längsseits festmachte.

Das beste Beispiel eines Kriegsschiffes des 17. Jahrhunderts ist natürlich die schwedische *Wasa*, die heute im Stockholmer Museum Vasawervet besichtigt werden kann. Sie ist von historischem Interesse für alle Freunde alter Schiffe, denn die Fülle ihres Schnitzwerks läßt uns erkennen, wie schön viele der europäischen Schiffe jenes Jahrhunderts waren. Sie sank am 10. August 1628 auf ihrer Jungfernfahrt, als sie von einer Bö getroffen wurde, die ihre Geschützpforten unter Wasser drückte (wie bei der *Mary Rose*). Das Schiff ging sofort unter. Mit diesem Bild des denkwürdigen Schnitzwerks und der Vergoldung vor Augen kann man sich leichter den Prunk der 1637 für Charles I. vom Stapel gelassenen *Sovereign of the Seas* vorstellen. Es ist kein Gedanke daran, daß die *Sovereign* in irgendeiner Weise typisch für ihre Zeit oder auch nur für ihre Schiffsklasse war. Von Anfang an war vorgesehen, daß sie unter der Aufsicht von Phineas Pett und auf Betreiben von Charles I. das mächtigste Schiff auf dem Meer und zum prächtigsten Anblick werden sollte. Ihre Feinde, die in einer Anzahl von Seegefechten und anderen Kampfhandlungen während des englisch-holländischen Krieges auf sie trafen, nannten sie mit einiger Bewunderung »den goldenen Teufel«. Während ihres Dienstes wurde sie, denn das 17. Jahrhundert nahm es mit den Namen nicht so genau, nicht nur *Sovereign of the Seas*, sondern auch *Sovereign Royal, Royal Sovereign* oder einfach *Sovereign* genannt. Die Ausgaben für ihren Bau und ihre Dekoration führten zu Klagen über die hohen Steuern, die der König seinen Untertanen auferlegte und die ihn schließlich den Kopf kosteten.

Die *Sovereign* maß 38,7 Meter in der Wasserlinie, 14,2 Meter in der Breite, und ihr Tiefgang betrug wahrscheinlich 6,7 Meter. Die Schätzungen ihrer Bruttotonnage variieren, denn sie wurde in all den Jahren so oft umgestaltet, daß das 1637 für Charles I. gebaute Schiff ein ganz anderes Aussehen hatte als jenes, das fast 60 Jahre später im Jahre 1696 in Flammen aufging – nicht in einem Gefecht, sondern durch einen einfachen Unfall, angeblich durch das Umwerfen einer Kerze. Hinsichtlich der Tonnage scheint kein Zweifel zu bestehen, daß sie etwa 400 Tonnen größer war als die *Prince*, etwa in der Größenordnung von 1500 brutto. Zu jener Zeit kostete ein Schiff mit 40 Kanonen durchschnittlich etwa 6.000 Pfund, doch bei der *Sovereign* mit ihren 100 Kanonen beliefen sich die Kosten schließlich auf 65.586 Pfund – wobei der größte Teil dieser zusätzlichen Ausgaben durch ihre verschwenderische Ausstattung und ihre außergewöhnliche Fülle an Schnitzwerk und Vergoldung entstand. Der königliche Schnitzmeister Gerald Christmas soll die gesamte Arbeit mit seinen Söhnen und Assistenten nach Entwürfen van Dycks ausgeführt haben.

Björn Landström beschreibt sie in seinem Werk *Das Schiff:* »Die Galionsfigur stellte König Edgar den Friedensstifter (!) dar, wie er sieben feindliche Könige niederreitet. In der Galionsreling sieht man die Windhunde Heinrichs VII. und Cadwalladers Drachen mit Löwen und Einhorn, die Rosen von England, die Disteln von Schottland, Irlands Harfe und Frankreichs Lilien samt den königlichen Initialen und verschiedenen Wappentieren. Der Steven trug eine Putte auf einem Löwen, und zwei Faune grinsten unter den Kranbalken des Vorderkastells hervor, dessen ganze Front von sechs prächtigen Halbgöttinnen besetzt war, Klugheit, Vorsicht, Fleiß, Stärke, Tapferkeit und Sieg darstellend. Die Schiffsseiten entlang liefen drei Friese. Der unterste war der einfachste, mit Wappenschilden und Schneckenwindungen verziert, der mittlere zeigte zwischen den Geschützpforten abwechselnd Helme, Kürasse, Musikinstrumente und Wappen aller Art. Der oberste Fries enthielt die Tierkreiszeichen, abwechselnd mit Plastiken römischer Kaiser. Mythologische Figuren und Szenen, königliche Insignien und Initialen schmückten die Galerien mit ihren Dächern und langen Fensterreihen. Das Spiegelheck beherrschte die Gestalt der

Siegesgöttin, umgeben von Neptun und Jupiter, Jason und Herkules. Zu beiden Seiten des Ruders stand die folgende Inschrift: *Qui mare, qui fluctus, ventos, navesque gubernat, Sospitete hanc arcem, Carole magne, tuam.* Auf deutsch heißt das etwa: Wer dem Meer gebietet, den Flüssen, Winden und Schiffen dazu, unter göttlichem Beistand, Großer Karl, bist du.«

All dies scheint weit entfernt von Kriegsschiffen wie der *Revenge*. Und doch war ihr Zweck derselbe, und die *Sovereign* nahm an vielen Seegefechten teil und wurde nie geschlagen. Es ist auch fraglich, ob die Lebensbedingungen ihrer Matrosen besser waren als in der elisabethanischen Zeit. Die Kanonen, die sie trug, waren fast identisch – vielleicht etwas schlichter, wenn auch ganz aus Bronze gegossen. Van de Velde der Ältere, der zu einem berühmten Schiffsmaler wurde, zeichnete dieses kunstvolle Heck, um zu zeigen, welches Kunstwerk es darstellte – aber die Kanonen wären früheren Matrosen und Kanonieren durchaus bekannt vorgekommen. Die Geschützpforten hatten noch dieselbe Größe wie zuvor, 76 Zentimeter im Quadrat, und im Verlauf des 17. Jahrhunderts wurden die Kanonen selbst genormt. Sie waren nicht mehr so reich verziert wie zum Beispiel viele Kanonen der *Mary Rose* und in einem Stück gegossen, wenn auch der Lauf noch immer durch vier Ringe oder Formstücke verstärkt war. Diese 32-Pfünder, die etwa drei Tonnen wogen, hatten Zapfen hinter dem zweiten Ring, die in die Lager der Lafette paßten. Die Lafetten selbst unterschieden sich kaum von den ersten zur Zeit Heinrichs VII. gebrauchten. Sie blieben über die Jahrhunderte fast unverändert und sind noch heute an Bord der HMS *Victory* zu sehen.

Zum Richten der Kanonen wurden Handspieße gebraucht, wobei ein keilförmiger Holzklotz unter den Verschluß getrieben wurde, um ihn im erforderlichen Höhenwinkel zu halten, während zum Schwenken der Kanone nach rechts oder links, soweit es innerhalb der Geschützpforte möglich war, ähnlich primitive Mittel eingesetzt wurden. Auch hier wurden Handspieße gegen die Lafette gedrückt, wobei sich die Hebelkraft auf das Deck auswirkte.

Douglas G. Browne merkt dazu an: »Dieser rohe Gebrauch von Handspießen verursachte an der Beplankung des Decks viele Beschädigungen, und Kapitäne, die das äußere Erscheinungsbild vor die Leistung stellten (eine Tendenz, die sich zwischen Trafalgar und dem Krieg von 1812 in gefährlicher Weise entwickeln sollte), nahmen das als Vorwand, Übungen mit den Kanonen zu beschränken. Solange die ganze ›Maschinerie‹ des Schiffes allein mit Menschenkraft betrieben werden mußte, sollte sich sehr wenig in der Konstruktion der Rümpfe und der Takelage ändern – oder auch nur bei den Kanonen selbst. Über viele Jahrhunderte herrschte derselbe Stillstand wie bei den Schiffbauern der Antike im Mittelmeer – und er sollte sich erst durch das Aufkommen des Schießpulvers und dann durch leistungsfähige, segelgetriebene Kriegsschiffe ändern.«

Schiff- und Bootsbauer sind stets beschuldigt worden, daß sie zu den konservativsten Menschen gehören. Dies wurde ihnen immer dann vorgehalten, wenn in anderen Ländern neues Material, neue Konstruktionen oder Antriebsmethoden entwickelt worden waren. Ist ihr Konservatismus jedoch merkwürdiger als der des Hausbauers, »der immer noch Ziegelsteine und hölzerne Fensterrahmen verwendet«? Als charakteristischer Unterschied fällt bei der *Sovereign* und anderen Schiffen aus ihrer und späterer Zeit auf, daß der *Bonaventure*-Besanmast verschwunden ist. Bei der Konstruktion war die Rundung des Hecks, das erst drei Meter oberhalb der Wasserlinie gerade wird, neu und wurde so zu einem Merkmal englischer Schiffe. Die Holländer und die Franzosen behielten das alte Spiegelheck bei.

Der Dreimaster ist jetzt, selbst bei den allergrößten Schiffen, das normale Rigg. Änderungen und Verbesserungen an Segeln und Tauwerk erzielten größere Leistung und Kraft. Die *Sovereign* konnte zum Beispiel an ihrem Besanmast über dem Toppsegel noch ein Bramsegel setzen und Royalsegel über dem Bramsegel an Fock- und Großmast. Die Royalsegel waren ihrer Zeit voraus, denn sie wurden erst in der Mitte des 18. Jahrhunderts allgemein eingeführt. Damals waren sie eine Eigentümlichkeit der *Royal Sovereign*, und aus diesem Grunde wurden sie, als sie später wieder eingeführt wurden, von den Seeleuten »Royalsegel« genannt. Es bestehen einige Zweifel, ob die Royalsegel der *Sovereign* jemals gesetzt wurden, und tatsächlich erwies sich das Schiff anfangs als die Katastrophe, die alle seine Kritiker (sowohl bezüglich der Größe wie der Kosten) seit langem prophezeit hatten. Erst als ihre Besegelung reduziert und ein Großteil des Aufbaus entfernt wurde, verwandelte sie sich – lange nach der Hinrichtung Charles' I. – in ein leistungsfähiges Kampfschiff. Nach ihrem Stapellauf wurde schnell festgestellt, daß sie so tief im Wasser lag, daß die unteren Geschützpforten an der Leeseite nie geöffnet werden konnten, wenn sie auch nur geringe Krängung hatte.

Die anglo-holländischen Kriege, die während des ganzen 17. Jahrhunderts die Seekriegsszene beherrschten und zwischen zwei Seefahrtsnationen ausgetragen wurden, die mit den Gewässern der Nordsee und des Ärmelkanals gleich vertraut waren, beruhten auf Rivalitäten im Handel und begannen eigenartigerweise erst richtig, nachdem England wie Holland zur Republik geworden war. Oliver Cromwell selbst widmete der Marine viel Aufmerksamkeit, und in der Zeit der Republik wurden eine Menge Schiffe gebaut. In den vielen Gefechten zwischen Engländern und Holländern triumphierte die Beschießung mit der Breitseite und damit die Kiellinie als ideale Schlachtformation. Es braucht nicht hervorgehoben zu werden, daß sie nur selten eingehalten wurde, und tatsächlich zogen es die Holländer oft vor, in einzelnen Geschwadern zu kämpfen. Die Übergröße der Flotten beider Seiten und die Tatsache, daß Schiffe erster, zweiter und dritter Klasse wahllos gemischt wurden, führte dazu, daß sich keine organisierte Taktik entwickeln konnte. In welcher Formation die Schlachten auch begannen, sie führten meist zu wilden Einzelkämpfen Schiff gegen Schiff.

Der holländische Schiffbau war in dieser Zeit dem englischen überlegen. Als Seemacht erwies sich Holland oft als dem Feind voraus. Es ist bemerkenswert, daß Kardinal Richelieu, als er die neue Marine Frankreichs schuf, sich wegen des Baus der ersten neuen, großen Schiffe für seinen König an Holland wandte. Eine überraschende Tatsache dieser anglo-holländischen Kriege ist, daß die Holländer Admirale als Befehlshaber ihrer Flotte hatten, die Engländer dagegen wieder zu der schlechten alten Praxis zurückgekehrt waren, das Kommando in die Hände von Soldaten oder »Generälen auf See« adliger Herkunft zu legen. Pepys erzählt, wie er die Frau von Monck, dem Herzog von Albemarle (der selbst »General auf See« war), »mächtig gegen die Haltung von Gentleman-Kapitänen mit Feder und Bändchen wettern hörte. (Sie) wünschte, daß der König (Charles II.) ihren Gatten mit den einfachen alten Kapitänen auf See schicken sollte, mit denen er zuvor gedient hatte«.

Die Restauration hatte nicht dazu geführt, daß diese veralteten Absurditäten aufhörten. Der einzige große Unterschied war, daß der »Schwarze Junge« bei all seiner Extravaganz und seinem ausschweifenden Hofleben Schiffe und die See hoch schätzte (was sein Vater nicht tat) und daß er das große Glück hatte, Samuel Pepys bei der Admiralität zu haben. Ein Nachfolger von Pepys in der Regierungszeit von Königin Anne merkte in einem Brief an den damaligen Lord Hochadmiral an, wenn auch die Herrschaft Charles' II. andere Dinge zunichte gemacht haben mochte, sei dem in Bezug auf die Marine nicht so, »denn die Sorge Seiner Majestät erstreckte sich nicht nur auf die Ausstattung der Flotte mit fähigen Seeleuten als Offiziere, sondern auch auf die Bewahrung einer guten Verwaltung«. Trotz der großen Katastrophe (für die Engländer), als die Holländer unter de Ruyter die Themse blockierten und Chatham angriffen, wurde im Jahre 1667 der Frieden schließlich von beiden kriegführenden Nationen in Breda endgültig unterzeichnet. Die Holländer brauchten Ruhe wegen ihrer geographischen Lage, denn es war klar, daß Holland trotz seiner Erfolge nicht auf unendliche Zeit der permanenten Bedrohung seines Handels und seiner Versorgung durch eine feindliche englische Flotte, die den Kanal beherrschte, widerstehen konnte. Beide Seiten behielten ihre Eroberungen aus dem Krieg, so daß England New York und New Jersey erhielt. Vor dem großen Angriff de Ruyters auf Chatham, der den Holländern die Trumpfkarten für den Friedensschluß verschaffte, hatte es eine Reihe von typischen Gefechten gegeben, die manchmal die »Schlacht vom Gunfleet« genannt werden, da ein Teil der Kämpfe in der Nähe der Gunfleet Sands vor der Themsemündung stattfand.

Am 29. Juni 1666 war de Ruyter ausgelaufen, um die Themse mit einer Flotte von über 100 Schiffen in der üblichen Mischung aus großen und kleinen Fahrzeugen zu blockieren. Van Tromp und Jan Evertszoon waren ebenfalls Befehlshaber. Mit ihrer beträchtlichen seemännischen Erfahrung und dem Einsatz jener kleinen Schiffe mit geringem Tiefgang, die ihre Spezialität waren (und mit denen sie soviel zur Niederlage der Armada beigetragen hatten, indem sie Parma von einem Invasionsversuch abhielten), gelang es den Holländern, den Handel Londons stillzulegen. Ihre kleinen Schiffe stießen aus den Untiefen und Sandbänken der Themseküste hervor und glitten wieder dahin zurück, weährend das Gros ihrer Flotte vor der Küste von Essex lag. Bezeichnenderweise hatten die Holländer neben ihren über 70 Schlachtschiffen und 26 Fregatten auch 20 leichte Schiffe, die sie als Brander einsetzen wollten. Bei Gefechten im 17. Jahrhundert spielten Brander oft eine bedeutende Rolle.

Die englische Flotte unter Monck, dem Herzog von Albemarle, und Prinz Rupert, dem verwegenen Reiterführer des Bürgerkrieges, als dessen Stellvertreter bestand aus über 80 Kampfschiffen verschiedener Klassen und einem Geschwader Brander. Unter den Kampfschiffen war auch die nagelneue *Loyal London*, die in jenem Jahr auf der Werft von Chatham in Dienst gestellt worden war. Als Dreidecker mit 96 Kanonen war sie ein Schiff des neuen Typs kleinerer Dreidecker und wurde von der Finanzwelt der City of London als deren Beitrag zum Krieg finanziert. Mit 38 Metern Länge und etwa zwölf Metern Breite war sie so kampfstark wie ein Schiff erster Klasse mit 100 Kanonen. Wie so oft im Verlauf der Jahrhunderte gingen die Schiffstypen ineinander über, so daß es manchmal schwierig ist, sie einer bestimmten Klasse zuzuordnen. Zum Beispiel haben wir im späten 20. Jahrhundert »Zerstörer« mit 5000 oder 6000 Tonnen, während diese Schiffe im Zweiten Weltkrieg als Leichte Kreuzer bezeichnet worden wären. Im allgemeinen stellten jedoch sowohl die Engländer wie die Holländer fest, daß der große Zweidecker der beste Kriegsschifftyp war.

Nachdem Monck seine Flotte in der unteren Themse gesammelt hatte, stand er vor dem Problem, sie angesichts des Feindes hinauszubringen, denn es gab keinen Weg durch die engen tiefen Kanäle außer in Kiellinie. Dabei bestand die große Gefahr, daß die Vorhut von der wartenden holländischen Flotte leicht nacheinander vernichtet werden konnte. Er mußte versuchen, die ganze Flotte bei Ebbe mit einem guten achterlichen Wind schnell hinauszubringen. Dies gelang ihm am 22. Juli. Die erfahrenen Themselotsen brachten eine starke Schlachtflotte durch, ohne daß ein einziges Schiff Grund berührte. Einige holländische Schiffe, die am Rand der Gunfleet Sands auf Beobachtungsposten standen, zogen sich zurück, als ein Geschwader von neun Linienschiffen unter Führung der *Revenge* sie gemeinsam mit Brandern angriff. Es wurde schon dunkel, so daß sich kein größeres Gefecht entwickeln konnte. De Ruyter hielt sich auf offener See zurück, während die ganze englische Flotte vor den Gunfleet Sands ankerte.

Auch am folgenden Tag entwickelte sich das erwartete Gefecht nicht, weil Flaute herrschte, der gegen Sonnenuntergang ein typisches Sommergewitter folgte, in dessen Verlauf der einzige Verlust dieser langen Ouvertüre die vom Blitz getroffene *Jersey* war, deren Takelage so schwer beschädigt wurde, daß das Schiff im Morgengrauen des folgenden Tages die Flotte verlassen mußte. Am nächsten Morgen stellte Monck fest, daß die Holländer sich vollständig zurückgezogen hatten. De Ruyter war klugerweise auf See hinausgesegelt, um abzuwarten, bis bessere Wind- und Wetterbedingungen herrschten, damit er seine Taktik anwenden konnte. Erst am 25. Juli, als wieder ein leichter Wind die graue Nordsee kräuselte, kam es zu dem Gefecht.

Nach der festen Gepflogenheit jener Zeit waren beide Seiten in drei Teile aufgeteilt, die Vorhut, die Mitte und die Nachhut. Jan Evertszoon befehligte die holländische Vorhut, de Ruyter die Mitte und van Tromp die Nachhut. Auf der englischen Seite wurde die Vorhut von Sir Thomas Allen, die Mitte von Monck und Prinz Rupert und die Nachhut von Sir Jeremy Smith geführt. Zu jener Zeit teilten auch die Engländer ihre Flotten nach dieser starren Schlachtordnung ein, mit der weißen Flagge für die Vorhut (heute die Flagge der Royal Navy), roten Flaggen für die Mitte (die heute die Handelsmarine führt) und der blauen Flagge für die Nachhut (heute die Flagge der Marinereserve). Bei dieser systematischen Kriegsführung, die so sehr an die »Quadrillen« der Galeeren erinnert und so weit entfernt von dem individualistischen Stil der elisabethanischen Zeit ist, erwartete man, daß Vorhut auf Vorhut, Mitte auf Mitte und Nachhut auf Nachhut treffen würde. (In der Praxis liefen die Dinge natürlich nie so ab wie geplant, aber der Formalismus solcher Seeschlachten ist auf einigen der großen holländischen Gemälde jener Zeit in vollkommener Weise dargestellt.)

Die Schlacht begann am frühen Morgen, doch der Wind war so schwach, daß es kaum Raum zum Manövrieren gab und die beiden Flotten langsam aufeinander zutrieben. Monck griff mit seinem Flaggschiff *Royal Charles* de Ruyters *De Zeven Provinciën* an. Sie fochten ein langes Kanonenduell aus, die anderen Schiffe beteiligten sich daran. Auf beiden Seiten gab es schwere Verluste, denn die Gegner zeigten die verbissene Standhaftigkeit, die für ihre Nationalcharaktere typisch war. Beide Seiten versuchten auch, den toten Punkt durch den Einsatz von Brandern zu überwinden, aber die Holländer erzielten den einzigen Erfolg. Die alte *Prince Royal* (Baujahr 1641) wurde in Brand gesetzt und trieb auf eine Sandbank, wo sie aufgegeben wurde und bis zur Wasserlinie abbrannte.

In London war das Kanonenfeuer während des ganzen schwülen Julinachmittages zu hören. Die Menschen vernahmen das ferne Grollen mit jener Furcht, mit der Menschen über die Jahrhunderte und an vielen Orten dem Geräusch unsichtbarer Schlachten gelauscht haben, die ihr Schicksal bestimmen konnten. Pepys war nach Whitehall gegangen, hatte aber festgestellt, daß der Hof beim Gottesdienst war, und so »warteten wir, bis der Gottesdienst vorüber war und die Menschen aus dem Park kamen und uns erzählten, daß die Kanonen klar zu hören waren. Und so ging jedermann zum Park, und nach und nach, nachdem der Gottesdienst vorüber war, begaben sich der König und der Herzog auf den Bowlingplatz und auf die Anhöhe, wohin auch ich ging, und dort waren die Kanonen klar zu hören...«

Als gegen Sonnenuntergang auch noch der leichte Wind wegblieb, waren beide Seiten in zwei separate Kämpfe verwickelt. Dunkelheit und Flaute beendeten den Tag. Am 26. herrschte wieder Windstille, und es war kein Gefecht mehr möglich, außer einem typischen unbekümmerten Ablenkungsangriff von Prinz Rupert, der seine kleine Slup unter das Heck von de Ruyters Flaggschiff brachte (wo sich keine Kanonen zum Erwidern des Feuers befanden) und seine kleinen Kaliber in das große vergoldete Heck des Holländers schoß, um danach schnell in Deckung zu eilen. Die Gegner verbrachten den Tag damit, Beschädigungen an ihrem Aufbau, dem Tauwerk und den Segeln zu reparieren, während sie ihre Verwundeten in leichte Schiffe umluden, die sie nach Hause brachten.

In jener Nacht kam der erste Wind der »Vier-Tage-Schlacht« auf, und de Ruyter entschied sich für den Rückzug. Er hatte schließlich einen taktischen Sieg errungen, indem er den Handel Londons behindert und damit dieser Stadt und anderen an der Küste gezeigt hatte, wie verwundbar sie durch die holländische Seemacht waren. Am folgenden Tag trugen sich noch Einzelgefechte zu, als die Holländer sich in die Sicherheit ihrer eigenen Küste zurückzogen, während die Engländer ihnen auf den Fersen folgten. Später hat es den englischen Historikern gefallen, die Angelegenheit als »im großen und ganzen siegreich« zu werten, aber es ist schwierig, dies so zu sehen. Vielleicht war es deshalb ein Erfolg, weil die Blockade der Themsemündung gebrochen war und die Holländer schließlich gezwungen wurden, sich auf die Nordsee zurückzuziehen und ihre Heimathäfen anzulaufen. Aber in vielerlei Hinsicht war diese Schlacht typisch für das 17. Jahrhundert, zumal zwischen diesen beiden gleich starken Kräften, die beide ähnliche Schiffe und die gleiche gute Kenntnis ihrer heimatlichen Seegebiete hatten und beide von hartnäckigem Mut erfüllt waren.

Nach diesen ziemlich ergebnislosen anglo-holländischen Kriegen stand fest: Die gemischte Schlachtordnung, in der Schiffe unterschiedlicher Größen und Kanonengewichte zusammen segelten und kämpften, war eine genauso ungeeignete Mischung wie die Verbindung von Segelschiffen und riemenangetriebenen Schiffen. Zu jener Zeit gab es die großen Schiffe erster Klasse mit über 90 bis 100 Kanonen, Schiffe zweiter Klasse mit über 70 bis 90 Kanonen und die Schiffe dritter Klasse mit 60 bis 70 Kanonen. Diese letzte Klasse sollte sich als die erfolgreichste für alle Einsätze erweisen. Es war nicht nur eine Frage des Geldes, die Schiffe dritter Klasse hatten sich als vielseitiger erwiesen, wobei ihnen ihr geringerer Tiefgang viele Vorteile bot. Sie waren leichter zu führen und beweglicher, gleichzeitig waren sie stark genug bewaffnet – beonders wenn sie in Gruppen eingesetzt wurden –, um mit fast jeder Lage fertig zu werden. Hier wiederholte sich in gewissem Sinne der frühere Triumph von Schiffen wie der *Revenge* im Vergleich zur *Great Harry*. Es wurden auch weiterhin Schiffe erster Klasse gebaut, aber eher zum Zweck der Absicherung dagegen, daß der Feind plötzlich ein Schlachtschiff aufmarschieren ließ, und sie waren natürlich auch Verkörperungen des nationalen und königlichen Stolzes.

Sir Anthony Deanes *Doctrine of Naval Architecture*, die sich unter

Pepys zeitgenössischen Manuskripten befand, enthält Bemastungs- und Takelpläne für sechs Schiffsklassen und Rumpfzeichnungen. Unter ihnen befindet sich das erste bekannte Muster eines Schiffes dritter Klasse, das sich in der Zukunft als so bedeutend erweisen sollte. Der Schiffbau hatte schließlich die Disziplin des Professionellen erreicht. Unter den Rumpfzeichnungen Deanes ist das Schiff dritter Klasse das erste in England gefundene Beispiel einer Zeichnung, die einen Schiffskörper vollständig genug zeigt, um die Form genau zu bestimmen. Eine allgemeine Tendenz sowohl im englischen wie im holländischen Schiffbau war in dieser Zeit die Verkürzung des Schiffsschnabels, der zugleich breiter gemacht und in einem viel höheren Winkel angesetzt wurde. Dies geschah, weil besonders auf kleineren Fahrzeugen der alte, lange und niedrige Schiffsschnabel bei fast jedem Seegang sehr »naß« wurde, während sowohl in den Augen der Schiffbauer wie der Seeleute die niedrigere Back ebenfalls harmonischere Linien forderte.

Eine andere Verbesserung gab es bei der Methode der Verkleidung zum Schutz gegen Fäulnis und den gefürchteten Schiffsbohrwurm *Teredo navalis*, den man in warmen Gewässern antraf. Frühere Methoden hatten darin bestanden, das Unterwasserschiff nach dem Bau mit einer Schicht aus Teer, Schwefel und Talg zu bestreichen und später eine austauschbare Beplankung anzubringen. 1670 verkleidete Anthony Deane erstmals die *Phoenix*, ein Schiff vierter Klasse, mit Blechen aus Walzblei, die mit Kupfer- oder Eisenschrauben befestigt wurden. Diese Art der Verkleidung wurde an den neuen Schiffen dritter Klasse und den kleineren Schiffen verwendet, aber die Kosten waren hoch, und auf lange Sicht stellte sich heraus, daß zwischen den Blechen und den Schrauben Zersetzung stattfand. Das Mittel gegen die Schiffsfäule unter Wasser wurde erst im 18. Jahrhundert gefunden, als man die Eignung des Kupfers entdeckte. Der Schutz wurde immer wichtiger, da Schiffe über lange Zeit auf See bleiben mußten und in unterschiedlichen Wasserarten fuhren.

Die Tatsache, daß es etwa seit der Restauration in England üblich wurde, vor dem Bau bedeutender Schiffe Modelle herzustellen – die sowohl bei der Admiralität wie beim König eingereicht wurden –, bedeutet, daß von dieser Zeit an die Veränderungen im Schiffbau ebenso wie bei Architekturzeichnungen gut belegt sind. Ein schönes frühes Modell, das sich heute im Science Museum London befindet, zeigt die *Prince* (1670) mit 100 Kanonen. Es kann weit besser den Eindruck von einem Großkampfschiff des späten 17. Jahrhunderts vermitteln, als es mit Worten möglich wäre. Dort ist auch ein Modell zu sehen, von dem angenommen wird, daß es sich um die *Loyal London* handelt, die an der Schlacht bei den Gunfleet Sands beteiligt war.

Während man diese Hauptentwicklungen des großen Kriegsschiffes betrachtet, darf man nicht vergessen, daß im Mittelmeer noch die Galeere und die Galeasse vorherrschend waren. Die beiden großen Mächte, die sowohl Atlantik- wie Mittelmeerküsten hatten, Frankreich und Spanien, waren natürlich gezwungen, zwei verschiedene Schiffstypen zu behalten. Sie hatten bis weit in das 18. Jahrhundert hinein Schiffe mit Riemenantrieb, ebenso wie die Ritter des Malteserordens, die über Jahrhunderte von ihrer kleinen Festungsinsel Malta aus einen unaufhörlichen Krieg gegen die islamischen Mächte führten, nachdem die Nationen Europas bereits die Kreuzzüge vergessen hatten. Die Korsaren der Barbarenküste, die aus »Piratenstaaten« wie Algier und Tripoli operierten, belästigten unaufhörlich die europäische Handelsschiffahrt. (Die meisten Mächte waren eher bereit, eine Art »Schutzgeld« zu zahlen, als etwas dagegen zu unternehmen.) Die italienischen Seehandelsstaaten mußten ebenso wie die Ordensritter und Frankreich ihre Schiffahrt und ihre Küsten gegen die schnellen islamischen Korsaren verteidigen, die ständig mit Segel- und Ruderschiffen das Leben auf See gefährdeten.

Die Galeeren der französischen Marine des 17. Jahrhunderts werden im allgemeinen in zwei Klassen aufgeteilt: *Ordinaire* mit 26 Paar Ruderduchten und *Extraordinaire* mit 33 Paaren. Gewöhnlich saßen fünf Ruderer auf einer Bank, so daß die Gesamtzahl auf einer *Ordinaire* 260 Mann betrug. Hinzu kamen natürlich Matrosen, Soldaten, Kanoniere und Offiziere. Die größten dieser riemengetriebenen Schiffe waren die »königlichen« Galeeren Frankreichs. Das Flaggschiff der französischen Galeerenflotte hieß stets *La Réale* und führte die Flagge des Königs und die des Befehlshabers der Galeerenflotte. Im Marinemuseum in Paris ist noch das Schnitzwerk zu sehen, das das Heck eines dieser Schiffe schmückte. Es war von dem Bildhauer Pierre Pudget geschaffen, und Björn Landström, der mit zeitgenössischen Zeichnungen arbeitete, ist es gelungen, das Schiff zu rekonstruieren. Bei einer Wasserlinie von etwa 52 Metern und einer Breite von 6,4 Metern hatte es 31 Paar Duchten. Bei sieben Mann an einem Riemen hätte die Zahl der Galeerensträflinge 427 Mann betragen, und diese *Réale* führte auch zwei Lateinersegel mit insgesamt 745 Quadratmeter Segelfläche. Sie litt jedoch noch unter dem Hauptmangel der Galeere in diesem neuen Zeitalter – der fehlenden Feuerkraft. Auf den Laufplanken zwischen den Ruderern und der Bordwand befanden sich leichte, schwenkbare Kanonen, aber wie immer waren ihre

Hauptwaffen nach vorn gerichtet: Die größte Kanone, ein 36-Pfünder, war in der Mitte der vorderen Kampfplattform montiert, und auf jeder Seite befanden sich ein 24-Pfünder und ein 18-Pfünder.

Aus den oben dargestellten Gründen behielten solche Schiffe bis in das 18. Jahrhundert hinein einen Platz in der Seefahrtsgeschichte des Mittelmeers. Die letzte französische *Réale* wurde 1720 gebaut. Die von der Barbarenküste ausgehende Bedrohung bestand jedoch bis zum Beginn des Dampfzeitalters weiter. Erst eine Macht aus der Neuen Welt, die amerikanische Marine, vertrieb die letzten Korsaren. Daher stammen die Worte des Liedes der amerikanischen Marine: *»From the halls of Montezuma to the shores of Tripoli...«*, denn es waren die Kapitäne Bainbridge und Stephen Decatur an der Spitze eines Geschwaders, welche schließlich die Macht der berüchtigten Paschas von Tripolis brachen. Die jüngste Geschichte dieses Teils der nordafrikanischen Küste hat ein unerfreuliches Wiederaufleben alten Geistes gebracht.

6. Das Linienschiff und die Fregatten

Das 18. Jahrhundert und die ihm folgenden Jahrzehnte wurden von den Kriegen zwischen Frankreich und England beherrscht, und so ist es natürlich, die Entwicklung der größten Kampfschiffe jener Zeit bei diesen beiden Nationen zu untersuchen. Spanien befand sich im Niedergang, war aber noch in der Lage, gute Schiffe zu bauen, was es als Verbündeter Frankreichs beweisen sollte. Holland begnügte sich mit seinem Kolonialreich in Übersee, und wie ein vernünftiger Händler hielt es sich so weit wie möglich vom Kampf zurück. Der Mittelmeerraum war ruhig, abgesehen von den Korsaren oder den Gelegenheiten, bei denen sich die beiden großen kriegführenden Mächte in seinen Gewässern trafen. Die anderen Großmächte der Zukunft waren noch nicht entstanden. Im Norden hatte jedoch Peter der Große, Zar aller Reußen, bereits seine Absichten eindeutig signalisiert: »Ich suche nicht Land, ich suche Wasser.«

Wie die Engländer während dieser Reihe von langwierigen Kriegen feststellen mußten, waren die auf französischen oder auch auf spanischen Werften gebauten Schiffe ihren eigenen klar überlegen. In England beherrschten die Schiffbaumeister auf den königlichen Werften die Szene, und die Mathematiker und Architekten, von deren Talent man einmal angenommen hatte, daß es beim Entwurf und dem Bau von Schiffen angewendet werden konnte, mußten ihre Aufmerksamkeit anderen Dingen zuwenden, während dieselbe konservative Gruppe (auf den königlichen Werften wurden die Meisterstellen sogar vererbt) weiterhin mit den Methoden arbeitete, die von Kapitän Weymouth im 17. Jahrhundert beklagt worden waren. Hinzu kam, wie Oppenheim anmerkt: »...das System, das es zu jedermanns finanziellem Interesse machte, so viele Schiffe wie möglich zum Bau und zur Reparatur zu erhalten und seinen ganzen persönlichen Einfluß auf diesen Zweck auszurichten, verwandelte die Werften in Intrigennester.«

Auf dem europäischen Kontinent und selbst im fernen Rußland gab es Verbesserungen in fast jedem Bereich des Schiffbaues dank neuer wissenschaftlicher Untersuchungen, die von Frankreich gefördert wurden. Die Gleichgültigkeit und der einheimische Konservatismus der englischen Werften sollten sich kaum erschüttern lassen, bis ihnen durch die harten Tatsachen des Krieges ein neuer Geist aufgezwungen wurde. Noch zur Zeit der Napoleonischen Kriege waren die Engländer immer glücklich, wenn sie ein französisches Schiff kapern konnten, weil sich meist erwies, daß es in jeder Hinsicht besser war als ihre eigenen Schiffe der vergleichbaren Klasse. Auf der anderen Seite wurde im Verlauf des Jahrhunderts offenbar, daß die Tage in England, in denen hohe Kommandos auf See an prominente Soldaten und Männer des Adels vergeben wurden, vorbei waren. Es gab eine Rückkehr zu dem viel vernünftigeren Standpunkt der elisabethanischen Zeit und zum Einsatz von Männern, die ohne militärische Ehren oder Einfluß am Hof zur Spitze aufgestiegen waren und in erster Linie Seeleute waren.

Die französische Marine war jedoch bis zur Revolution (die sie zu einem Zeitpunkt beinahe vernichtet hätte) fast genauso mit Offizieren besetzt, wie es die spanische zur Zeit der Armada gewesen war. Während ihre Schiffe die besten der Welt waren, kamen ihre hohen Offiziere aus dem Umkreis des Hofes, mit allen Beschränkungen, die dies mit sich brachte. Die Engländer waren andererseits durch den starren Kodex der »Kampfanweisungen für die Marine« eingeschränkt, die erstmals vom Herzog von York (dem späteren James II.) verfaßt wurden, als er Lord Hochadmiral war.

Sie stellten ein festes Schema dar, nach dem Seegefechte geführt werden sollten, und obwohl sie Raum für die Erfahrung vieler Kommandanten ließen, führten sie doch dazu, allen Befehlshabern die Hände zu binden. Vor allem gingen sie von einer formalen Schlachtordnung aus, bei der beide Flotten in Kiellinie aneinander vorbeiliefen, sich erneut auf dem Gegenschlag trafen und dabei Breitseiten austauschten. Die Linie durfte nie verlassen werden, auch durfte sich kein Schiff ohne Erlaubnis des Admirals zurückziehen. Weil die Franzosen eine fast identische Taktik anwandten, wurden die Schlachten zu formalen Duellen. Nur wenn eine Linie in Unordnung geriet und floh, durfte die andere Linie aufgelöst und das Signal für die allgemeine Jagd gegeben werden. Wie man sich vorstellen kann, endete ein großer Teil der Seeschlachten dieses Jahrhunderts zumeist in einem Patt: Beide Seiten beanspruchten anschließend den Sieg, und die Berichte sind vom Standpunkt des Historikers langweiliger Lesestoff.

Ein bedeutender Unterschied zwischen den beiden Marinen war die Art der Beschießung. Die Engländer neigten dazu – so wie sie es zur Zeit der Armada getan hatten –, sich auf den Rumpf des Feindes zu konzentrieren (und ihn »zwischen Wind und Wasser« zu treffen), während die Franzosen auf Masten und Takelage zielten und hofften, ihren Gegner manövrierunfähig zu machen, so daß er gezwungen war, die Linie zu verlassen. Die früher wichtige Frage, ob man den Luvvorteil hatte, war aufgrund der strengen Steifheit solcher Gefechte belanglos, und der einzige Vorteil, den die Luvposition jetzt noch bot, war, daß man den Feind zwingen konnte, sich auf ein Gefecht einzulassen, das er aus irgendeinem Grunde vermeiden wollte. Französische Admirale bevorzugten die Position in Lee, denn sie konnten sich dabei auf die Tatsache verlassen, daß ihre Schiffe fast immer schneller als die englischen waren – die sie ohnehin nicht verfolgen durften, bis ihr Admiral die allgemeine Jagd freigegeben hatte. Erst als kühnere Geister auf beiden Seiten auftraten, löste das entscheidende Nahgefecht wiederum die langen und zermürbenden steifen Schemata des Seekrieges ab, die ein Jahrhundert lang bestanden hatten. Beim Lesen der Berichte über diese Schlachten wird man immer wieder an langwierige Schachpartien zwischen Großmeistern mit fast identischen Fähigkeiten erinnert – wobei die ganze Anlage des Spiels schließlich eine Stagnation erreicht, bei der ein Genie erforderlich ist, um sie aufzulösen.

Dies sollte in der Tat geschehen, und es wurde durch das Gefecht Rodneys vor der westindischen Insel Dominica, der Schlacht bei den Saintes im Jahre 1782, angekündigt.

Als sich durch eine plötzliche Winddrehung unmittelbar gegenüber Rodneys Flaggschiff eine Lücke in der französischen Linie öffnete, schlug ihm sein rechter Nebenmann Sir Charles Douglas vor, durch die Linie zu stoßen und so die französische Nachhut von der Vorhut abzuschneiden. Wenn der Rest der Linie Rodneys Flaggschiff folgte, würde er in der Lage sein, die französische Nachhut zu vernichten, bevor der französische Admiral de Grasse ihr zu Hilfe kommen konnte. Rodney hatte zunächst noch Bedenken, erkannte dann aber die außergewöhnliche Klugheit des Vorschlags und drehte mit anderen Schiffen, deren Kommandanten ohne Zweifel mehr als verblüfft waren, auf die Lücke zu. Der folgende entscheidende Sieg rechtfertigte Rodneys Tat, doch er wäre in Ungnade gefallen und ruiniert gewesen, wenn er keinen Erfolg gehabt hätte. Er hatte schließlich die 16. jener unantastbaren »Kampfanweisungen« gebrochen: »In allen Fällen des Gefechts mit dem Feind sollen die Kommandanten der Schiffe Seiner Majestät *die Flotte in einer Linie halten* und (so weit wie möglich) diese Schlachtordnung beibehalten, die sie auch vor der Zeit des Gefechts halten sollen.« (In diesem besonderen Fall hatte Admiral Rodney das Signal zum »Kämpfen in Lee« der Franzosen gesetzt. Als er auf Douglas' Vorschlag hin seine Meinung geändert und abgedreht hatte, führte sein Flaggschiff *Formidable* noch immer dieses vergessene Signal.)

Während dieser Zeit der »Festlegung«, in der die Normalabmessungen jeder Kriegsschiffklasse definiert wurden, arbeiteten sowohl die Engländer wie die Franzosen allmählich auf eine ähnliche Bauweise hin, aber die französische Überlegenheit in der Konstruktion war, wie Laird Clowes hervorgehoben hat, noch eindeutiger, und der »Ursprung oder fast jeder unserer verbesserten Typen kann auf irgendeine französische Prise zurückgeführt werden«. In Anbetracht dieser Tatsache entstanden schließlich sechs Kriegsschiffsklassen, die die Schlachtflotte bildeten. Die unterste sechste Klasse hatte 28 Kanonen, das Schiff fünfter Klasse 36 und 44. Beide Klassen bestanden aus Vollschiffen und wurde Fregatten genannt. Sie bildeten jene »Augen der Flotte«, nach denen Nelson vergeblich rief, als er einen seiner Versuche unternahm, die Franzosen zu finden und sie zur Schlacht zu stellen. Schiffe vierter Klasse verschwanden gegen Ende des Jahrhunderts, denn sie waren unzeitgemäß und paßten mit über 50 Kanonen in keine der Klassen. Da die Fregatte an Bedeutung gewann und die Franzosen und Spanier ihre Fregatten größer und besser als die Engländer bauten, wurde sie in allen Marinen immer bedeutender, und gegen Ende des Jahrhunderts hatten einige Schiffe dieser Klasse bis zu 40 Kanonen. Schiffe dritter Klasse sollten in den Napoleonischen Kriegen zu »Mädchen für alles« werden und führten zwischen 64 und 68 Kanonen. Aber das Linienschiff mit 74 Kanonen wurde in beiden Marinen zum vorherrschenden Typ. (Von den 27 Schiffen der Flotte Nelsons bei Trafalgar waren 15 74-Kanonen-Schiffe.) Sie waren Kriegsschiffe mit zwei Batteriedecks, während die Fregatten nur ein Deck hatten. Die Klasse über ihnen, die zweite, hatte drei Decks. Sie führten 90 Kanonen und hatten eine Besatzung von etwa 700 Mann. Schließlich kam ganz oben auf der Liste das Großkampfschiff selbst, das Schiff erster Klasse mit 100 Kanonen und mehr in drei Decks, mit einer Besatzung von etwa 850 Seeleuten, Seesoldaten und Offizieren. Eine bedeutende, wenn auch sehr gemischte Gruppe, die jeder Flotte beigegeben wurden, waren Schiffe wie Bombenketschen, Kanonenboote, Kutter, Schoner und Brander.

Die entscheidende Schlacht dieser Zeit war natürlich die Schlacht bei Kap Trafalgar am 21. Oktober 1805. Sie ist auch die bekannteste – vor allem, weil sie die britische Seeherrschaft auf den Weltmeeren für über ein Jahrhundert begründete. Sie trug wesentlich zur Niederschlagung der Pläne Napoleons für eine Invasion Englands bei und beschnitt seine Ambitionen auf dem europäischen Kontinent, obwohl diese natürlich erst am 18. Juni 1815 bei Waterloo endgültig durchkreuzt wurden. Trafalgar war jedoch in mancher Hinsicht weniger interessant als die Schlacht bei Abukir im Jahre 1798, die Napoleons Träume vom Osten zerschlug und die ein glänzendes Beispiel für gute Taktik und einer der umfassendsten Siege der ganzen Seekriegsgeschichte war. Kopenhagen war auf der anderen Seite die Schlacht, in der am härtesten gekämpft wurde, und sie wird den Freund des großen hölzernen Segelkriegsschiffs am meisten interessieren, da vor allem gegen befestigte Landstellungen und große, gut vorbereitete Hulks gekämpft wurde, die selbst in schwimmende Forts verwandelt worden waren. Die Fähigkeit des aus Holz gebauten Großkampfschiffes, schweren Beschuß hinzunehmen und zu erwidern, wurde kaum jemals besser bewiesen als bei Kopenhagen.

Auch wenn die Trafalgar-Schlacht bekannt ist, muß sie hier doch kurz skizziert werden, da sie sowohl wegen der Taktik als auch wegen des Verhaltens der Großkampfschiffe den Höhepunkt einer Ära darstellt. Der Dampf, der am Horizont auftauchte, sollte schließlich die Antriebskraft bieten, um das Segelkriegsschiff genauso wirksam zu verdrängen, wie das Segelschiff die riemengetriebene Galeere verdrängt hatte.

Als das einzige existierende Schiff erster Klasse, als das einzige Großkampfschiff und als Vertreter einer ganzen Ära hätte die *Victory* auch Anspruch auf unsere Aufmerksamkeit, selbst wenn sie nicht als Nelsons Flaggschiff bei Trafalgar ewigen Ruhm errungen hätte. Ganz abgesehen von der Tatsache, daß sie jedes Jahr von fast einer halben Million Menschen in ihrem Trockendock in Portsmouth besucht wird, wäre die *Victory* noch immer eines der berühmtesten Schiffe der Geschichte, auch wenn sie wie Drakes *Golden Hind* nicht mehr existierte. Sie wurde von Sir William Slade, einem der größten britischen Schiffbauer, entworfen. Er war ein Mann, der zusammen mit anderen einen Durchbruch in der Wissenschaft auslöste, der das Land aus der Apathie riß, in die es verfallen war, und den Geist wiederbelebte, der lange Zeit nur die französischen Schiffsentwicklungen und Bauten beseelt hatte. Zu seiner Zeit war Slade erwähnenswert als Konstrukteur der meisten jener bedeutenden frühen 74-Kanonen-Schiffe sowie einer Anzahl der frühen Fregatten. Das Schiff erster Klasse, die *Victory*, war die Krönung seiner glänzenden Laufbahn. Schon zu seinen Lebzeiten wurde sie als sein Meisterstück angesehen, und es war das einzige Mal, daß Slade ein 100-Kanonen-Schiff zu bauen hatte.

Die Zahl dieser Schiffe war während des 18. Jahrhunderts leicht zurückgegangen, und ein neues Schiff erster Klasse wurde zu jener Zeit genauso selten in Dienst gestellt wie später ein neues Schlachtschiff zwischen den Kriegen im 20. Jahrhundert. Nach den 1745 gefaßten

Beschlüssen über die Ausrüstung waren zwei neue Schiffe erster Klasse gebaut worden, und erst 1758 erhielt Slade den Auftrag für ein neues 100-Kanonen-Schiff von der Admiralität. Solche Schiffe wurden normalerweise in einem Dock gebaut und dann »zu Wasser gelassen«, wenn ihre Zeit kam, und diese Regel galt auch für die *Victory*, deren Kiel im alten Einzeldock auf der königlichen Werft in Chatham am 23. Juli 1759 aufgelegt wurde. Aber erst im Mai 1765 wurde sie vom Stapel gelassen.

Ihr Kiel bestand aus 45 Metern englischem Ulmenholz, hatte 50 Zentimeter Seitenlänge im Querschnitt und wurde aus sieben Stämmen gebildet. Ihre größte Breite betrug 15,7 Meter. Spanten und Beplankung bestanden aus Eiche, und wahrscheinlich ist es auf die lange Bauzeit zurückzuführen – mehr als die doppelte Zahl der Jahre, die normalerweise für ein Schiff erster Klasse erforderlich war –, daß sie imstande war (selbst wenn man Umbauten berücksichtigt), so lange standzuhalten. Die Praxis, Schiffe »im Gerippe stehenzulassen«, so daß das Holz auswintern konnte und morsche Stellen vor der Beplankung und dem Fertigbau auffielen, war sehr wichtig. Die 2162 Tonnen große *Victory* hatte 104 Kanonen und eine Besatzung von 850 Offizieren und Mannschaften. Zu der Zeit, als sie in Dienst gestellt wurde, hatten die Schiffe erster Klasse im unteren Batteriedeck die größten Kanonen – 42-Pfünder. Ihre gegenüber den 32-Pfündern geringere Feuergeschwindigkeit war bereits offenbar geworden, und es ist bezeichnend, daß der erste Admiral der *Victory*, der Ehrenwerte Augustus Keppel, der im April 1778 seine Flagge auf ihr hißte, verlangte, daß die 42-Pfünder durch 32-Pfünder ersetzt wurden. Zur Zeit ihres größten Ruhmes war sie mit 30 12-Pfündern auf dem obersten, 28 24-Pfündern auf dem mittleren und 30 32-Pfündern auf dem unteren Batteriedeck bewaffnet. Die Kanonen auf dem oberen Batteriedeck hatten eine Gesamtgewicht von 52 Tonnen, auf dem mittleren betrug es 70 Tonnen, und auf dem unteren wogen sie 84 Tonnen. Auf dem Halbdeck trug sie zwei 12-Pfünder und auf dem Backdeck zwei 12-Pfünder und zwei 68-Pfünder-Karronaden. Karronaden waren starke Kanonen mit kurzer Reichweite, die ihren Namen der Stadt Carron in Schottland verdankten, wo sie von der dortigen Eisengießerei hergestellt wurden. Sie hatten kurze dicke Rohre, eine relativ schwache Pulverladung, aber eine große Kugel. Es war behauptet worden, daß sie sich sehr gut für den Nahkampf eignen würden – und die meisten Gefechte bestanden aus Nahkampf. (Als die *Victory* bei Trafalgar am Heck des französischen Flaggschiffes *Bucentaure* vorbeifuhr, feuerte sie ihre backbordseitige Karronade mit schrecklicher Wirkung durch die Heckfenster des Feindes.)

Eine andere Neuerung, die aufkam, nachdem die *Victory* einige Zeit im Dienst gestanden hatte, war die Verkleidung mit Kupferblechen. Während der anglo-französischen Kriege hielten sich die Schiffe oft und lange in der Karibik auf, wo der Toredowurm zur Plage wurde und der Pflanzenbewuchs stark war. So hielt man die Kosten der Verkleidung mit Kupferblechen für gerechtfertigt. Frühere Versuche mit dem Gebrauch dünner Kupferbleche für diesen Zweck waren wegen der Unverträglichkeit von Kupfer und Eisenbefestigungen aufgegeben worden. Gegen Ende der siebziger Jahre war man dann der Meinung, daß eine mit Teer am Rumpf befestigte dicke Papierschicht, die als Isolierung zwischen den Kupferblechen und den eisernen Befestigungen diente, ihren Zweck erfüllen würde. (Dieses Verfahren wurde bei kleinen Booten mit Holzrumpf und Eisenbefestigungen noch bis ins 20. Jahrhundert hinein angewandt.) Man stellte jedoch fest, daß auf lange Sicht die einzig richtige Lösung war, die Befestigungen am Rumpf aus einer Mischung von Kupfer und Zink anzufertigen. So genossen die Schiffe der Royal Navy auf ihren Ozeanüberquerungen und in den warmen Meeren die Vorteile dieses Schutzes gegen den Schiffsbohrwurm und gegen Bewuchs.

Die *Victory* erlebte ihr erstes Gefecht im Jahre 1778. Die Unabhängigkeit der amerikanischen Kolonien wurde durch Frankreich anerkannt, was zum Kriegszustand mit England geführt hatte. Das Gefecht blieb unentschieden, die *Victory* erlitt einige Schäden an Takelage und Spanten. Aber immerhin hatte sie sich wie das führende Großkampfschiff *Mary Rose* als ebenso schnell und gut manövrierfähig wie ein Schiff kleinerer Klasse erwiesen. (Nelson wird sie erstmals 1771 gesehen haben, während sie noch unerprobt in Reserve lag, als er mit zwölf Jahren und drei Monaten als Kadett in Chatham auf die *Raisonable* kam.)

Die *Victory* war bis Ende 1782 auf See und gehörte dann nach einem Umbau zur Reserve. Es folgte ein Frieden, der, unterbrochen von einigen Kriegsbefürchtungen, bis 1789 dauerte. Aber 1793 begann sie als Flaggschiff von Admiral Lord Hood ein Leben harter Kämpfe, das während der Napoleonischen Kriege andauern sollte. Sie war lange Zeit im Mittelmeer eingesetzt, an den Blockaden französischer Häfen beteiligt und kämpfte 1797 in der Schlacht am Kap St. Vincent. Als Flaggschiff von Admiral Sir John Jervis führte sie die Flotte von 15 britischen Linienschiffen und errang einen gewaltigen Sieg über einen spanischen Geleitzug, der aus 27 ähnlichen Kriegsschiffen und einer Anzahl weiterer schwer bewaffneter Fahrzeuge bestand. Es war das größte Seegefecht seit dem Tag, an dem Rodney in der Schlacht bei den Saintes 1782 die Linie aufgegeben hatte. Es ist bemerkenswert, daß bei dieser Schlacht Nelson mit dem 74-Kanonen-Schiff *Captain* ebenfalls entgegen den »Kampfanweisungen« die Linie verließ und dadurch zwei große spanische Kriegsschiffe, darunter das Flaggschiff des spanischen Admirals, kaperte.

Peter Whitlock beschreibt in seiner Geschichte der *Victory* ihren teuren Umbau im Jahre 1803: »Die Heckgalerien wurden entfernt und das Heck umschlossen. Die Galionsfigur wurde gegen das einfache attraktive königliche Wappen ausgetauscht, das sie bei Trafalgar führte. Die Kugelgestelle und die Geschützpforten wurden geändert. Der Besanmast erhielt eine Gaffel anstelle der alten Lateinerspiere. Die Magazine wurden mit Kupfer ausgekleidet, um das Eindringen von Ratten zu verhindern, die sonst mit ihrem Fell Pulverspuren auf dem ganzen Schiff hinterließen. Im Bug wurde ein Schiffslazarett eingerichtet, um das Los der Kranken, nicht der Verwundeten zu lindern, und Nelson, der sie jetzt als sein Flaggschiff übernehmen wollte, befahl, daß die Lichtluke des Achterdecks eingedeckt werden sollte, um den Raum zwischen den 12-Pfünder-Kanonen des Achterdecks zu vergrößern. Die Hauptbewaffnung bestand jetzt aus 32-Pfünder-Steinschloßkanonen – wahrscheinlich das erste der Schiffe erster Klasse, das so ausgerüstet war.«

Sir Charles Douglas, in der Schlacht bei den Saintes Rodneys rechter Nebenmann, war Artilleriefachmann, und es war im wesentlichen ihm zu verdanken, daß die alten Pulverhörner und die langsam brennenden Lunten bei der Marine durch Steinschlösser und Zündrohre ersetzt wurden. Die Takelage der *Victory* wurde geändert, indem das Lateinersegel am Besanmast durch die leichter zu handhabende Gaffel ersetzt wurde (die wahrscheinlich ihren Ursprung bei den Holländern hatte). Die Lateinerspiere selbst wurden als Reserve an Bord behalten, falls eine andere beim Gefecht beschädigt wurde. Ebenfalls bemerkenswert war eine Änderung, die gegen Ende des 18. Jahrhunderts bei vielen Zwei- und Dreideckern erfolgte – das Umschließen des Hecks. Die offenen Heckgalerien hatten seit langer Zeit ihre Verwundbarkeit gezeigt, aber sie waren beibehalten worden, weil sie bei höheren Offizieren aus Prestigegründen beliebt waren. Die *Victory* ist ein ausgezeichnetes Beispiel für diesen Umbau, während in der Schlacht bei Trafalgar die *Bucentaure* Schwächen zeigen sollte. Da aber Flaggoffiziere ein anspruchsvoller Menschenschlag sind, erschienen die Heckgänge im 19. Jahrhundert wieder, und trotz aller Modernisierungen fand man sie sogar noch auf einigen Großkampfschiffen des Zweiten Weltkrieges.

Admiral Villeneuve, der als Konteradmiral der französischen Expeditionstruppen vor der Schlacht bei Abukir den Angriff der Briten mit Zuversicht erwartet hatte, besaß dazu bei Trafalgar keinen Grund mehr. Er war auf Befehl Napoleons mit der spanischen Flotte aus Cadiz ausgelaufen, obwohl er wußte, daß seine Flotte nicht kampfbereit war. Zahlenmäßig hatte er den Engländern mehr als genug entgegenzuwerfen. Und Zahlen bedeuteten für einen Soldaten wie den Kaiser wahrscheinlich mehr als für einen erfahrenen Seemann wie Villeneuve, der wußte, daß auf See Disziplin, Ausbildung und Zustand der Schiffe genauso wichtig sind. Sein Befehl lautete, von Cadiz aus in das Mittelmeer zu fahren, um Napoleons Vorgehen gegen Österreich zu unterstützen, und er hoffte, die Straße von Gibraltar zu passieren, ohne in ein größeres Gefecht verwickelt zu werden. Da dies wahrscheinlich nicht möglich sein würde (denn er wußte, wie gut die Briten Wache hielten), hatte er ein Reservegeschwader unter dem spanischen Admiral Gravina an der Luvseite der Flotte postiert. Er befürchtete, daß Nelson wahrscheinlich versuchen würde, die Überlegenheit über einen Teil seiner Flotte zu bekommen. Dies war bei anderen Gefechten für ihn typisch gewesen – wobei er jeweils kaltblütig jene »Kampfanweisungen« mißachtet hatte.

Nelson hatte in der Tat Befehle für seine Offiziere verfaßt, in denen er erklärte, wie er beabsichtigte, die Schlacht zu schlagen. Sie sind in dem bekannten »Nelson-Memorandum« enthalten, verfaßt zu einer Zeit, als er noch erwartete, wesentlich mehr als die 27 Schiffe seiner Kampfgruppe als Begleitung zur Verfügung zu haben. Im Kern besagten seine Befehle, daß die britische Flotte in zwei Abteilungen angreifen sollte. Die stärkere unter Collingwood sollte die Nachhut des Feindes überwältigen (wie Villeneuve befürchtete), während die kleinere unter Nelson Vorhut und Gros des Gegners angreifen und aufhalten sollte, wenn sie der Nachhut zu Hilfe eilen wollten.

Kurz nach dem Morgengrauen des 20. Oktober verließen die französische und die spanische Flotte den Hafen von Cadiz. Sie wollten sich westwärts des Hafens halten, bis alle Schiffe auf offener See waren. Diese Flotte bestand aus drei Abteilungen. Eine vierte Abteilung unter dem spanischen Admiral nahm die Luvposition ein und versuchte (zu spät), die sie beschattenden Fregatten abzudrängen, die der britischen Flotte als Aufklärer dienten und wie ein Verband von Kreuzern und Zerstörern späterer Kriege eingesetzt waren.

Villeneuves Abteilung bestand sowohl aus französischen wie aus spanischen Schiffen, damit er seine Verbündeten im Auge behalten konnte, denn es herrschte zwischen dem dominierenden Partner und seinen Verbündeten derselbe Argwohn wie bei den meisten Alliierten in allen Kriegen.

Der 21. Oktober war der erste schöne Tag nach schlechtem und regnerischem Wetter. Der leichte Wind kam aus Nordwesten, und die alliierte Flotte lief mit Südkurs auf die Meerenge zu. Während der Stunden, in denen die Flotte aus dem Hafen von Cadiz ausgelaufen war, hatte Nelson seine eigene Flotte sorgfältig unterhalb des Horizontes außer Sicht gehalten, obwohl dann und wann die Mastspitzen jener Fregatten (die »Augen«) an der Kimm erschienen, ohne die damals eine Flotte genauso blind gewesen wäre wie eine moderne, der alle Aufklärungs- und Fernmeldemittel fehlen. Als Nelson etwa zwölf Meilen westlich der alliierten Flotte stand, befahl er seinen Schiffen, die beiden besprochenen Linien zu bilden. Er selbst führte die eine und Collingwood auf der *Royal Sovereign* die andere. Neben dem leichten achterlichen Wind hatten die Briten noch einen weiteren Vorteil. Da der Feind im Osten stand, war seine Linie im Morgengrauen klar sichtbar, bevor Villeneuve seinerseits die sich von Westen nähernden britischen Kolonnen sehen konnte.

Als Villeneuve die Engländer sichtete, erkannte er, daß er die Zahl der Schiffe unterschätzt hatte, die auf ihn warteten. Er beging jetzt einen Ermessensfehler, als er dem spanischen Admiral Gravina befahl, mit dem Reservegeschwader zu ihm zu stoßen. Er gab so einen Teil seiner ursprünglichen Dispositionen preis und verschlimmerte dadurch noch seinen Irrtum, daß er seiner Flotte befahl, auf Gegenkurs zu gehen und einen nördlichen Kurs zu steuern, um Cadiz als Zuflucht zu haben, wenn die unvermeidbare Schlacht stattfand. Damit zeigte er nicht nur seine eigene ängstliche Unsicherheit, sondern er ließ auch seine Flotte ein schwieriges Manöver (es dauerte fast zwei Stunden) bei leichtem Wind ausführen, das zwangsläufig zu Unordnung führen mußte. Eine lange Dünung aus West, die sich drohend aufgebaut hatte, obwohl der Wind noch leicht und wechselhaft war, deutete für alle mit diesem Seegebiet Vertrauten an, daß ihr Sturm folgen würde. Nelson erinnerte sich daran, daß Hawke die britische Flotte gerettet hatte, indem er unmittelbar nach dem Gefecht in der Bucht von Quiberon befohlen hatte zu ankern, während die Franzosen auf offener See durch den Sturm ein Desaster erlitten. Er ließ das Signal »Vorbereiten zum Ankern nach Sonnenuntergang« setzen.

So näherten sich die Engländer in ihren beiden Angriffslinien. Ihre Geschwindigkeit kam nie über zwei Knoten hinaus, selbst nicht mit gesetzten Leesegeln – was es zuvor noch nie bei einer ins Gefecht gehenden Flotte gegeben hatte. Der Ausgang des Tages ist bekannt:

Collingwood führte Nelsons Befehl glänzend aus und brach durch die Nachhut, um die letzten zwölf Schiffe abzuschneiden. Tatsächlich schnitt er die letzten 15 ab, während Nelsons Kolonne, die ebenfalls in unregelmäßiger Kiellinie vorstieß, in das Gros einbrach, das abgedrängt war, und zwölf Schiffe abschnitt, während er das Heck der *Bucentaure* passierte. Die meisten der ihm folgenden Schiffe fuhren in Gefechtsformation nach Steuerbord und brachen an verschiedenen Punkten zwischen Nelson und Collingwood durch die alliierte Flotte. Nachdem das Rückgrat des Feindes gebrochen war, folgte das Durcheinander, das Nelson erhofft hatte und durch das er den Sieg errang. Sie nahmen 20 Prisen bei nur einem britischen Verlust. Dies ist zum großen Teil der überlegenen Schießkunst zu verdanken, die Nelsons Taktik ergänzte. Die alliierte Flotte hatte Raum zum Manövrieren und einen befreundeten Hafen in Lee, aber sie wurde von dem Stil des Angriffs und der Art und Weise, wie sie auseinandergerissen wurde, so verblüfft, daß ihre Reaktion völlig zusammenhanglos war. Es war gewiß kein Mangel an Mut, denn wie Kapitän Blackwood von der Fregatte *Euryalus* schrieb: »Sie erwarteten den Angriff der Briten mit großer Kaltblütigkeit, die ich mit Bedauern zur Kenntnis nahm. Und sie kämpften auf eine Weise, die ihnen zur Ehre gereichte.«

Obwohl die Engländer gegen eine größere Flotte antraten, hatten sie den Vorteil, daß sie durch die lange Zeit auf See geschliffen waren, während die Franzosen und Spanier in der Enge des Hafens eingepfercht waren, wo sie zum Beispiel nicht einmal die nötige Schießpraxis gewannen, die vielleicht einen anderen Ausgang bewirkt hätte. Der schwächste Punkt von Nelsons Plan (ein kalkuliertes Risiko) war die Zeit, während der seine beiden Pfeilspitzen sich der alliierten Flotte näherten, als – theoretisch – jedes führende Schiff durch das konzentrierte Kanonenfeuer der langen gebogenen Linie der Spanier und Franzosen versenkt werden konnte und die nachfolgenden jeweils dasselbe Schicksal erleiden konnten, wenn sie die Führung übernahmen. Mit Sicherheit gingen sowohl Nelsons *Victory* wie Collingwoods *Royal Sovereign* durch einen starken Kugelhagel, während sie den Ansturm führten. Die *Victory* befand sich mindestens 20 Minuten innerhalb der Reichweite der französischen Kanonen, bevor sie einen einzigen Schuß erwidern konnte, aber das Feuer des Gegners war weder stark genug noch gut genug gezielt, und als die Engländer erst einmal inmitten der alliierten Flotte waren, trugen sie durch ihr diszipliniertes, schnelleres Feuer den Sieg davon.

Über ein Jahrhundert lang war es den Franzosen mit ihren schnelleren Schiffen immer wieder gelungen, sich mehr oder weniger intakt aus Gefechten zu lösen, was zu den zahlreichen unentschiedenen Kampfhandlungen geführt hatte, mit denen sie die Engländer narrten. Nelson hatte das Problem, dies zu beenden, brillant gelöst, eine Tatsache, die Trafalgar seinen großartigen Rang in der Seekriegsgeschichte verleiht. Von seinem eigenen Standpunkt gesehen, hatte er bei Trafalgar in gewissem Sinn versagt, denn seit der Schlacht bei Abukir hatte er ein neues und fürchterliches Konzept in den Seekrieg eingebracht – die Vernichtungsschlacht.

Es ist ein kurioses Faktum der Seekriegsgeschichte, daß die letzte große Seeschlacht unter Segeln in fast genau demselben Gebiet ablief, in dem alles begonnen hatte. Prevesa, wo Barbarossa auf die große venezianische Galeone getroffen war, lag nicht sehr weit im Norden, und Lepanto, wo die letzte Seeschlacht mit Galeeren stattfand, lag noch näher. Am 20. Oktober 1827 schlug bei Navarino an der Südwestküste Griechenlands in der großen sandigen Bucht von Pylos eine Flotte ungleicher Alliierter – Engländer, Franzosen und Russen – unter dem Kommando von Admiral Sir Edward Codrington eine türkisch-ägyptische Flotte. Dies förderte die griechische Unabhängigkeit mehr als der Tod Byrons in den Sümpfen bei Mesolongion oder alle Aktivitäten europäischer Politiker. Daß Codrington diesen Angriff auf das Ottomanische Reich in eigener Verantwortung herbeiführte, zeigt die Entscheidungsfreiheit, die damals ein britischer Admiral in Übersee hatte. Die Tatsache, daß Franzosen und Russen ihn bereitwillig begleiteten, verdeutlicht, wie groß das internationale Prestige der Royal Navy war. Abgesehen davon, daß es das letzte große Gefecht unter Segeln war, war es auch das letzte, bei dem alle eingesetzten Kanonen noch innen glatte Rohre hatten. In gewissem Sinn war es auch der Schwanengesang der alten Royal Navy, denn Codrington selbst hatte noch unter Nelson bei Trafalgar gedient. In den 87 Jahren, die vergehen sollten, bevor die Engländer wieder eine große Seeschlacht schlugen, sollte sich das Gesicht des Krieges, der Schiffe und in der Tat das ganze Leben durch die industrielle Revolution verändert haben.

Die Memoiren eines anonymen britischen Seemanns *(Life on Board a Man of War, 1829)* können als Nachruf auf das ganze Zeitalter dienen, ebenso als Erinnerung daran, welche Schrecken in den vier Worten »eine Schlacht fand statt« enthalten sind:

»Leutnant Broke zog seinen Degen und befahl uns, nicht zu feuern, bevor er den Befehl gab. ›Richtet eure Kanonen, Männer‹, sagte er, ›und laßt jeden Schuß sitzen – das ist die Art, ihnen das britische Spiel zu zeigen!‹ Er warf seinen Hut auf das Deck und befahl uns, den Türken drei Hurras zuzurufen, was wir mit ganzem Herzen taten. Dann rief er: ›Von den Kanonen weggetreten‹ und gab den Befehl: ›*Feuer!*‹ Sofort wurde die ganze Reihe der Kanonen mit fürchterlicher Wirkung in die Seite des Schiffes des türkischen Admirals abgeschossen, das uns gegenüber lag... Der erste Mann, den ich auf unserem Schiff fallen sah, war ein Seesoldat, und es geschah erst, als wir schon fünf oder sechs Salven vom Feind erhalten hatten. Er stand dicht neben mir. Ich hatte den Schwamm aus seiner Hand genommen, und beim Umdrehen sah ich ihn zu meinen Füßen liegen. Sein Kopf war vom Körper getrennt, als ob es mit einem Messer geschehen wäre. Mein Meßkamerad Lee zog den Körper von den Lafetten weg und schleppte ihn nach mittschiffs, unter die Achterleiter... Da mittschiffs an den Pfosten immer ein Faß Wasser festgezurrt ist, kam einer der Offiziere auf seinem Weg zum Verbandsplatz nach achtern und bat um einen Schluck Wasser. Er war am rechten Arm von einem Kartätschengeschoß schwer verwundet, und der linke war so zugerichtet, daß er die Kanne nicht zum Munde führen konnte. De Squaw (ein Deutscher, Mitglied der Besatzung der *Genoa*), der an der Kanone mit einer Aktivität und Gewandtheit arbeitete, die mich bei einem Mann seines Alters überraschte, nahm die Kanne, und nachdem er das Blut und den Schmutz von der Oberfläche des Wassers abgeschöpft hatte, füllte er sie und bot sie dem Offizier an. Aber gerade, als er sie an den Mund des Verwundeten hielt, fiel er als zerfetzter Leichnam. Er war von einer Kartätsche in Stücke gerissen worden... So kaltblütig auch ein britischer Matrose bei Gefahr ist, so kann es in dieser Hinsicht niemand den Türken gleichtun. George Finney hatte einen in das Boot gezogen (sie hatten eine Trosse zu Codringtons *Asia* ausgebracht, um sie von einem Brander freizuschleppen), einen gutaussehenden und elegant gekleideten Burschen. Er saß noch nicht ganz im Bug des Bootes, als er begann, seine Pfeife zu füllen, und als er dies getan hatte, schlug er Feuer und begann, mit unfaßbarer Apathie Rauchwolken aus seinem Mund auszustoßen... Ich darf noch ein anderes Beispiel für die türkische Kaltblütigkeit erwähnen, das, obwohl es nicht auf unserem Schiff vorkam, mir unter gut verbürgten Umständen erzählt wurde. Einige Besatzungsmitglieder der französischen Fregatte *Alcyone* hatten einen Türken aufgegriffen, der nach seiner Kleidung eine Person von Rang zu sein schien. Als er an Bord gebracht wurde, sah er, daß sein Arm so zerschmettert war, daß er amputiert werden mußte. Also stieg er die Leiter zum Schiffslazarett mit einer Leichtigkeit hinab, als ob er die Fregatte als Prise genommen hätte. Er zeigte auf seinen zerschmetterten Arm und bedeutete dem Schiffsarzt, daß er ihn abgetrennt haben wollte. Der Schiffsarzt erwies ihm diesen Gefallen, und nachdem der Stumpf verbunden und richtig bandagiert war, ging der Türke an Deck und sprang ins Wasser, schwamm zu seinem eigenen Schiff zurück, das zusammen mit einem anderen neben der Fregatte lag, bei der er an Bord gewesen war. Er wurde gesehen, wie er mit einem Arm an der Schiffsseite hochkletterte, aber er war noch nicht lange an Bord, als es in die Luft flog...«

Das im untersten Deck gelegene Schiffslazarett, wo der Schiffsarzt und seine Gehilfen die Verwundeten versorgten, bot auf den bei Navarino kämpfenden Schiffen das übliche gräßliche Schauspiel wie bei allen Seeschlachten im Lauf der Jahrhunderte: »Das unterdrückte Stöhnen, die Gestalten des Schiffsarztes und seiner Gehilfen, ihre nackten Arme, die mit Blut verschmierten Gesichter, und andere, die unter dem Amputationsmesser schrien, bildeten ein grauenvolles Bild des Elends und stellten einen abscheulichen Kontrast zu dem Pomp, dem Stolz und den Verhältnissen des glorreichen Krieges dar.«

Aber es gab einen großen Unterschied zur Vergangenheit: Der unbekannte Seemann war jetzt zum erstenmal in all den Jahrhunderten in der Lage, sich auszudrücken und zukünftigen Generationen zu erzählen, »wie es war«.

7. Der große Umbruch

Es war kaum eine Überraschung, daß es eine junge Nation war, die Vereinigten Staaten, die im 19. Jahrhundert als erste den Dampfantrieb bei ihrer Marine einführte. Ohne die Beeinflussung durch große Traditionen der Vergangenheit, die sich für Gegenwart und Zukunft als Bremse auswirkten, waren die Vereinigten Staaten die natürliche Heimat der neuen Eisenschiffe mit durch Dampf getriebenen Schrauben und der großen Kanone mit gezogenem Lauf. Es ist jedoch interessant, daß auch schon vor dieser Revolution die Vereinigten Staaten gezeigt hatten, daß sie im Bau der alten Kriegsschiffe unter Segeln, mit herkömmlichen Kanonen mit glatten Rohren gegenüber den älteren Nationen durchaus starke Rivalen waren.

Im Krieg von 1812–14 erlitt die britische Marine bei Einzelgefechten zwischen ihren Fregatten und denen der Amerikaner mehrmals einen heilsamen Schock. Die britischen Seeoffiziere waren zu dieser Zeit etwas gleichgültig geworden. So wurde ihnen durch die Erkenntnis, daß ihre frühere Kolonie in der Lage war, Fregatten zu bauen, die stärker, schneller und besser schienen als ihre eigenen, in Erinnerung gerufen, daß im Seekrieg ewige Wachsamkeit geboten ist.

Die Entstehung der neuen beeindruckenden Marine der Vereinigten Staaten belegt die Korrespondenz zwischen dem amerikanischen Schiffbauer Joshua Humphreys und dem Finanzminister Robert Morris, in der Humphreys schrieb:»Nach dem derzeitigen Anschein der Angelegenheit glaube ich, daß es Zeit ist, daß dieses Land eine Marine besitzt, aber da diese Frage noch aufgeworfen werden muß, wage ich es, einige Anmerkungen zu dem Thema zu machen. Die Schiffe, die die europäischen Marinen bilden, werden im allgemeinen durch ihre Klassen unterschieden. Aber da die Situation und die Wassertiefe unserer Küsten und Häfen sich in gewissem Maße von jenen in Europa unterscheiden, und da unsere Marine für eine beträchtliche Zeit zahlenmäßig unterlegen sein wird, müssen wir überlegen, welche Schiffsgröße die kampfstärkste ist und dem Feind überlegen sein wird: (Solche) Fregatten, die bei stürmischem Wind Zweideckern überlegen sein würden und sich bei leichtem Wind einem Gefecht entziehen könnten, oder Zweidecker, die einfachen gleichgroßen Schiffen überlegen sein würden und bei stürmischem Wetter sogar Schiffen mit drei Decks. Nach diesen Prinzipien gebaute Schiffe werden die eines Feindes zu einem gewissen Grad wirkungslos machen oder eine größere Anzahl erfordern, bevor er wagt, uns anzugreifen ... Da solche Schiffe eine große Summe Geld kosten werden, sollten sie aus den besten Materialien gebaut werden, die zu bekommen sind ...«

Amerika hatte natürlich eine kaum berührte Reserve all dieser Materialien, während zum Beispiel England seine heimischen Wälder abgeholzt hatte und Eichenholz und viele andere Materialien aus den Ostseeländern kaufen mußte. Um sich den Respekt sowohl Englands wie Frankreichs vor seiner neutralen Flagge zu sichern, bewilligte der amerikanische Kongreß die Mittel für sechs Fregatten. Eine von ihnen, die USS *Constitution*, zeichnete sich später im Krieg von 1812–14 gegen die Engländer aus. Die Fregatten ähnelten jenen, die ihr Konstrukteur Humphreys vorausgesehen hatte. (Das Schiff, das von der amerikanischen Nation liebevoll »Old Ironsides« genannt wird, ist restauriert worden und liegt im Hafen von Boston, wo es ähnlich wie die *Victory* in Portsmouth jedes Jahr von einem Besucherstrom bewundert wird.)

Obwohl diese amerikanischen Fregatten in keiner Weise »Großkampfschiffe« waren, hatten sie ein Format, das sich nicht sehr von dem eines Linienschiffes unterschied. Und dank des Wissens der amerikanischen Konstrukteure hatten sie die Eigenschaften, die Joshua Humphreys vorausgesehen hatte. Ihre Sollstärke betrug 44 Kanonen. Doch führten sie 50 bis 30 24-Pfünder auf dem Batteriedeck und 22 Karronaden von 32 Pfund auf dem Oberdeck. Sie hatten auch zwei 24-Pfünder und einen 18-Pfünder mit langem Lauf auf dem Oberdeck. Der Rumpf der *Constitution*, typisch für ihre Klasse, bestand aus 50 Zentimeter im Quadrat messenden Spanten und Planken, und anstelle der eisernen Befestigungen griff man auf eine ältere, aber stärkere Methode zurück – die auch besser war, weil die *Constitution* mit Kupfer verkleidet war: man verwendete Holznägel. Bei einer Länge von 62,2 Metern maß sie in der Wasserlinie 53,3 Meter. Ihre Breite über alles betrug 13,25 Meter und der maximale Tiefgang sieben Meter. Bei einer Tonnage von etwa 1500 hatte sie wie alle anderen amerikanischen Kriegsschiffe ihrer Zeit eine sehr starke Besegelung: Skysegel an allen drei Masten und Stagsegel wie folgt: (zwischen Besanmast und Großmast von oben) Besantoppskysegel, Stagsegel, Besanroyalstagsegel, Besanbramsegel, Skysegel, Besantoppsegel, Stagsegel; (zwischen Großmast und Fockmast von oben) Großskysegel, Stagsegel, Großroyalstagsegel, oberes und unteres Großbramsegel, Stagsegel, Großbramsegel, Stagsegel, Großbramstagsegel, Großtoppstagsegel. Auf dem Klüverbaum führte sie: Fockstagsegel, Klüver, Außenklüver und

Flieger. Der Arbeitsaufwand war mit dieser Segelfläche (über 3900 Quadratmeter) enorm. Übrigens bestanden alle Segel aus Leinen und erforderten über drei Kilometer Hanftauwerk für das laufende Gut. Aufzeichnungen zeigen, daß die Höchstgeschwindigkeit etwa 13,5 Knoten betrug – es war also kein Wunder, daß die *Constitution* alle britischen oder französischen Schiffe derselben Klasse aussegeln (und besiegen) konnte. Sie war größer, stärker und schneller.

Ziemlich spät beschloß Amerika aus gesundem Mißtrauen gegen die europäischen Mächte, daß es ebenfalls einige große Schiffe brauchte – die mehr zur Abschreckung potentieller Angreifer als zu ernsthaften Einsätzen an seinen Küsten dienen sollten. Im Bau von Großschiffen waren die Amerikaner nicht so erfolgreich, da sie keine entsprechende Tradition hatten. Aber sie besaßen die Handwerker und Materialien für eine große Flotte von Linienschiffen. Ihre Antwort auf die 74-Kanonen-Schiffe der Europäer war ein Schiff wie die *Franklin*, mit einer Gesamtzahl von 82 Kanonen, darunter Karronaden. Ihre Hauptbewaffnung bestand aus 32-Pfündern, mit kurzem Lauf im Oberdeck und langen Läufen im Batteriedeck.

Da sie einen großen Kontinent mit ungeheuren Reserven im Rücken hatten, neigten die Amerikaner damals wie heute dazu, »groß zu denken«, wenn auch nicht immer mit Erfolg. Kleinere Schiffe wie die *Constitution* ließen die schnellen Schoner ihres Landes und die außerordentlich erfolgreichen späteren Clipper vorausahnen, die bald konkurrenzlose Segelzeiten bieten sollten. Bei einigen ihrer Linienschiffe stellte sich heraus, daß sie nicht in der Lage sein würden, die geplante Kanonenzahl zu führen, oder sie ließen sich schlecht manövrieren oder waren zu teuer im Betrieb. Das größte dieser Schiffe, die *Pennsylvania*, hatte eine Kiellänge von 59,5 Metern und war als 120-Kanonen-Schiff eingestuft, konnte aber mehr Kanonen führen und war damit zu ihrer Zeit das stärkste Schiff der Welt. (Auf einem Bild im *National Maritime Museum* ist deutlich zu erkennen, daß sie nicht nur in den drei Decks Kanonen führte, sondern auch im vierten Deck, dem sogenannten »Spantendeck«, das durch die Zusammenführung der Back und des Achterdecks entstand.) Die niemals im Gefecht geprüfte *Pennsylvania* genügte zusammen mit der *Ohio* und anderen Schiffen, um Europa zu zeigen, was Amerika leisten konnte. Doch als dies von anderen Mächten bemerkt wurde, war die große Ära des Segels – zumindest bei den Kriegsschiffen – schon der Zeit des Dampfantriebs gewichen.

Die britische Marine begann bereits kurz nach den Napoleonischen Kriegen, in Häfen Dampfschlepper zu verwenden. Es trifft nicht zu, daß die Lords der Admiralität, so wie es manchmal angedeutet wird, strikt gegen das ganze Konzept von Kohle, Dampf und Maschinen waren. Was sie in dieser Phase der Entwicklung nicht erkennen konnten, war, wie die Dampfmaschine für Kriegsschiffe genutzt werden sollte. Sie nahm einen zu großen Teil des Raumes im Rumpf ein, der für Männer und Kanonen benötigt wurde. Der Kohleverbrauch war hoch und schloß jeden Einsatz außer auf Kurzstrecken aus; außerdem waren Schaufelräder äußerst verwundbar, da ein einziger Schuß sie zerschmettern konnte. Erst nach der Erfindung der Schiffsschraube wurde das dampfgetriebene Kriegsschiff ernsthaft in Betracht gezogen. Die Schraube selbst war nichts Neues und seit Archimedes bekannt, aber ihre praktische Anwendung auf Kampfschiffen – insbesondere denen Englands, die genug Brennstoff für Langstrecken brauchten, um die langen Seeverbindungen aufrechtzuerhalten – mußte sich erst noch erweisen. In dem Land, wo die industrielle Revolution begonnen hatte, war es unwahrscheinlich, daß die Behörden sich nicht über das zukünftige Potential der Dampfmaschine im klaren waren (wie ungern mit Segeln aufgewachsene Männer sie auch sehen mochten). Aber das ganze Konzept mußte ihnen aus gutem Grund erst aufgedrängt werden, wie Bernard Brodie es beschrieb *(Sea Power in the Machine Age)*: »Es war eine alte Maxime der britischen Admiralität, daß Großbritannien niemals irgendeine Neuerung in seine Marinetechnik einführen sollte, die vorhandenes Material veralten ließ, aber daß es bereits sein sollte, jede andere Macht zu überflügeln, die mit einer solchen Neuerung begann.«

Im Verlauf des 19. Jahrhunderts sollte eine große Zahl solcher Neuerungen ein Überflügeln erfordern. In der Tat gab es im ganzen Jahrhundert in allen Ländern Versuche, alles den Änderungen anzupassen, die das neue Maschinenzeitalter brachte, auch die Schiffe.

Ein Mann namens John Ericsson sollte mehr für die zukünftige Entwicklung der Kriegsschiffe bewirken als alle anderen, wenngleich viele die Entwicklung des Schraubenpropellers und anderes für sich beanspruchten. Ericsson war 1836 vom schwedischen Heer, wo sein technisches Talent bereits aufgefallen war, nach England gekommen und hatte ein Patent für einen Schraubenpropeller erworben. Er hatte ihn zuerst der Admiralität angeboten, die trotz einer erfolgreichen Demonstration aus den oben genannten Gründen nicht genügend beeindruckt war. Obwohl er nicht beweisen konnte, daß er als erster den Schraubenpropeller erfunden hatte, erhielt er später ein Fünftel der 20 000 Pfund, die die Admiralität dafür bezahlte. Ohne Zweifel übten die Hersteller von Schaufelrädern und der für sie geeigneten Maschinen gemeinsam mit ihren Ingenieuren Druck gegen die Einführung der Schiffsschraube aus. Erst als Ericsson und andere Pläne für Maschinen vorgelegt hatten, die ganz unterhalb der Wasserlinie eingebaut werden konnten, als sie Kesselsysteme mit höherem Druck und geringerem Brennstoffverbrauch vorgeschlagen hatten, konnte der große Wandel beginnen. Genau zu dieser Zeit befand sich Kapitän Stockton von der jungen US-Marine in London und erteilte Ericsson einen Auftrag für ein kleines Eisenschiff, das in Birkenhead gebaut und mit Ericssons Maschine und einer Schraube ausgerüstet werden sollte. Das Schiff erreichte New York im Jahre 1839, und wenige Monate später folgte ihm sein Erfinder. Er sollte amerikanischer Staatsbürger werden, dort für den Rest seines Lebens arbeiten und sein ungeheures technisches Talent der neuen Heimat widmen. Seine Fähigkeiten wurden schnell erkannt, und 1843 lief das erste Kriegsschiff mit Schraubenantrieb, die USS *Princeton*, vom Stapel. Sie war ein Boot mit zehn Kanonen und sechsblättriger Schraube nach Ericssons Entwurf. Die Maschinen verliehen ihr eine Geschwindigkeit von 13 Knoten.

Ericssons spätere Arbeit an der Panzerung für Schiffe und seine frühen Pläne für ein tief im Wasser liegendes, gepanzertes Dampfschiff wurden von seiner Entwicklung des gepanzerten runden Geschützturms, der auf einer drehbaren Plattform montiert war und schwere Kanonen trug, noch übertroffen. Er sollte die Seekriegsführung revolutionieren und den Niedergang der großen Kriegsschiffe unter Segeln beschleunigen. Nachdem erst Kanonen mittschiffs aufgebaut werden konnten, waren die alten Konzeptionen der Seekriegsführung und die Anordnung starker Batterien an den Schiffsseiten überholt. Dies lag jedoch in der Zukunft. In der Zwischenzeit kam aus Frankreich eine Erfindung, die eine weitere radikale Änderung bewirken sollte.

Seit Heinrich VIII. hatten die Kanonen jeder Marine Vollkörpergeschosse – in letzter Zeit meist aus 32-Pfündern – verschossen. Außerdem gab es auch Kartätschen oder Hagelgeschosse für den Nahkampf. Sie bestanden aus kleinen Schrotladungen in Zylindern oder Beuteln, die zwischen zwei kreisförmigen, mit einer Spindel verbundenen Eisenplatten zusammengehalten wurden. Es handelte sich im wesentlichen um gegen Personen gerichtete Munition, in der Tat so alt wie die Marine Heinrichs VIII. Einige leichte, bereits mit Pulver und Hagelgeschossen geladene Waffen, die gegen die französischen Invasoren eingesetzt werden sollten, hat man von der *Mary Rose* intakt geborgen.

1837 begannen die Franzosen plötzlich, ihre Marine mit Kanonen auszurüsten, die mit Pulver gefüllte Hohlkugeln verschossen. Das

Hohlgeschoß selbst war keine Neuheit. Es war seit mehreren Jahrhunderten in Form von Handgranaten eingesetzt worden, und schon im 16. Jahrhundert waren mit brennbaren Substanzen gefüllte Steinguttöpfe von Schanzkleidern und Festungsmauern nach Zündung einer Lunte auf Angreifer geworfen worden. Später kam die Granate aus Gußeisen hinzu, und auf See die aus einem Mörser mit breiter Mündung verschossene Bombe. Als Träger waren Bombenschiffe entwickelt worden, die aber in ihrem Einsatz sehr begrenzt waren, obwohl Mörser und Bomben leistungsfähig waren. Sie waren sicher im Gebrauch, denn die Zündschnur der Bombe hing aus der Mündung heraus, und wenn sie gezündet worden war und es irgendeine Verzögerung beim Abschuß des Mörsers gab, konnte diese Lunte schnell gekappt werden. Die Frage, wie man ein ähnliches Geschoß aus langläufigen Kanonen wie den 32-Pfündern abfeuern konnte, hatte seit langer Zeit die Experten beschäftigt. Denn der Vorteil, ein Explosivgeschoß gegen hölzerne Kriegsschiffe einzusetzen, lag auf der Hand, da Feuer stets ihre größte Bedrohung war.

Oberst Paixhans, ein französischer Heeresoffizier, hatte in einer technischen Veröffentlichung, *La Nouvelle Force Maritime*, vorgeschlagen, daß anstelle der alten Mörser, die ihre Bomben auf eine steile Flugbahn schossen, direkt gezielte Kanonen für den Seekrieg entwickelt werden sollten, die Explosivgeschosse auf einer flachen Flugbahn verschossen. Er hatte eine solche Kanone 1824 in Brest erprobt. Das Problem, wie das Geschoß zu zünden war, nachdem es sich im langen Lauf befand, wurde dadurch gelöst, daß die Projektile aus Gußeisen nie genau kugelförmig waren und immer etwas Spielraum zwischen ihnen und der Bohrung blieb. Die neue Granate konnte deshalb in einer Kanone liegen, als ob es sich um ein Vollkörpergeschoß handelte, bis sie gezündet wurde. Die Explosion stieß das Geschoß aus dem Rohr. Eine Breitseite oder auch nur einige solcher Granaten, die ein anderes Kriegsschiff trafen, würden es augenblicklich in eine unlöschbare Flammenhölle verwandeln.

Nicht zum letztenmal hatten die Franzosen einen Durchbruch in der Marinerüstung erzielt. Für die Engländer war es ein Glück, daß diese Entdeckung nicht während der Napoleonischen Kriege geschah, denn selbst wenn sie ähnliche Granaten und Kanonen gebaut hätten, hätte die Umrüstung einer großen Flotte Jahre gedauert. Aber schließlich produzierte auch die Waffenfabrik in Woolwich Kanonen und Granaten, die denen von Paixhans ebenbürtig waren, und als der Krimkrieg ausbrach, waren Engländer und Franzosen, dieses Mal Alliierte, zum größten Teil mit Kanonen für Hohlkörpergeschosse ausgerüstet.

Dennoch wurde die Lektion von den Marinebehörden und der Admiralität, die noch immer große Kriegsschiffe unter Segeln verlangten, nicht verstanden, bis die Russen eingriffen. Nachdem sie zuvor von Engländern und Franzosen kaum mehr als die Amerikaner beachtet worden waren, überraschten sie am 30. November 1853 die Welt. An diesem Tag griff Admiral Nachimow mit sechs Linienschiffen, die mit 68-Pfündern für Explosivgeschosse ausgerüstet waren, ein aus Fregatten und Korvetten bestehendes türkisches Geschwader an, das auf der Reede von Sinop an der Südküste des Schwarzen Meeres vor Anker lag. Innerhalb von Minuten standen die türkischen Schiffe in Flammen – es war das erste Mal im Seekrieg, daß Hochexplosivgeschosse eingesetzt wurden –, und in dieser kurzen Zeit brach eine ganze Welt zusammen. Die Befürworter von »Segeln und hölzernen Mauern« konnten dieses Omen nicht ignorieren. Selbst die Erbauer der neuen, mit Eisen verkleideten Schiffe, bei denen auf hölzernem Rumpf Eisenbleche befestigt wurden, begannen zu erkennen, daß schließlich der ganz aus Eisen bestehende Rumpf siegen würde. (Die »geheiligten« Holzdecks sollten noch lange Zeit bleiben.)

Ein Jahr später gerieten während der Bombardierung von Sewastopol britische und französische Kriegsschiffe in das neue Granatfeuer, wobei beiden Verbündeten schwere Schäden zugefügt wurden. Das britische Linienschiff HMS *Queen* wurde innerhalb weniger Minuten von drei Granaten getroffen. In dem Chaos, das folgte, verließen sogar die Geschützbedienungen ihre Stationen. Dies war endgültig das Ende »der alten Marine« – selbst wenn Segelschiffe noch jahrelang die See befahren sollten. In der damals vorherrschenden Kriegsform – Schiffe gegen Forts – bestand die einzige Antwort darin, schwimmende, gepanzerte Festungen zu bauen. Die Franzosen, wieder schneller als die Engländer (die einen ähnlichen Auftrag erteilt hatten), waren die ersten, die rechtzeitig für die Bombardierung der Seefestung Kinburn im Oktober 1865 drei gepanzerte Kanonenboote bauten.

Obwohl die Kanonenboote viele Male getroffen wurden, hielt ihre Panzerung den Explosivgeschossen stand. Gleichzeitig gelang es ihnen, mit ähnlichen Granaten die Batterien an Land zum Schweigen zu bringen. Die *Dévastation*, die *Lave* und die *Tonnante* waren jedoch keine Prototypen der Schlachtschiffe der Zukunft, da sie geringen Tiefgang hatten, nur für Küstengewässer geeignet waren und eine Höchstgeschwindigkeit von nur vier Knoten entwickelten.

Der ganze Rest des 19. Jahrhunderts war, soweit es um Marineoffiziere und Schiffbauer ging, nur eine Suche nach einem Ersatz für diese Schiffe. Das Schiff der Zukunft blieb undefiniert, denn es unterlag sich ständig ändernden Anforderungen an Verfahren, Technik und Material. In den Jahren vor dem Ersten Weltkrieg glaubte man, daß nur das große Schlachtschiff seine Endstufe erreicht hätte. Wie sich so oft erwies, seit die industrielle Revolution die Welt veränderte, würde nie wieder etwas einen bequemen *Status quo* erreichen – nie wieder würde es die Jahrhunderte des großen Segelkriegsschiffes oder die Jahrtausende der Galeere geben.

Obwohl im Krimkrieg (sowohl auf der Ostsee wie auf dem Schwarzen Meer) noch fast genauso viele hölzerne Linienschiffe kämpften wie kombinierte Segel- und Dampfschiffe, wurden die Konsequenzen schnell gezogen: Holzschiffe waren beim Einsatz von Granaten Todesfallen. Die britische Admiralität baute jedoch noch einige hölzerne Schlachtschiffe, die in fernen Weltgegenden eingesetzt werden sollten. Dieser angestammte Konservatismus, für den alle Militärbehörden stets anfällig sind – besonders jene mit langen Traditionen –, hätte sich nur der Bedrohung einer fremden und möglichst feindseligen Macht gebeugt, die einen plötzlichen Fortschritt errang. Frankreich war Englands üblicher Feind – oder war es zumindest während der meisten Jahrhunderte gewesen. So wurden die Engländer in den fünfziger Jahren des 19. Jahrhunderts plötzlich zum Handeln gezwungen, als die Franzosen eine Flotte aus Eisenschiffen bauten und bereits Experimente mit gußeisernen Kanonen mit gezogenem Lauf durchführten. Unter dem glänzenden Konstrukteur und Generaldirektor des Schiffbauwesens Dupuy de Lôme baute die französische Marine eisenverkleidete Panzerschiffe, die mit den neuartigen Kanonen ausgerüstet werden sollten. Daß diese ersten Kanonen in Frankreich Vorderlader waren, während in England Armstrong und Whitworth (damals noch Konkurrenten) mit Erfolg Hinterlader mit gezogenem Lauf und einer Reichweite von etwa acht Kilometern gebaut hatten, verringerte die Besorgnis nicht.

Das erste Schiff der neuen Klasse war allerdings der Umbau eines hölzernen 90-Kanonen-Seglers. Es hatte eine Schraube und Dampfantrieb und war eine Fregatte mit 60 Kanonen: *La Gloire*. Sie wurde als erstes Schiff ihrer Klasse berühmt. Ihre hölzernen Seiten waren entlang der Wasserlinie und darüber durch 12,7 Zentimeter dicke Panzerplatten geschützt. Mit einer Tonnage von über 5000 wurde sie von Maschinen, die 4200 PS entwickelten, auf eine Geschwindigkeit von 13 Knoten gebracht.

Die sofortige britische Reaktion folgte der alten Regel des Überflügelns und produzierte ein größeres und schwerer bewaffnetes Schiff, während die Franzosen nach der *La Gloire* eine Klasse von ganz aus

Eisen bestehenden Panzerschiffen aufbauten. Sie waren alle Dreimaster mit einer gemischten Besegelung aus Rah- und Schratsegeln, wenn auch inzwischen auf der Hand lag, daß die Segel das Hilfsmittel waren und nicht die Maschinen. Obwohl sie ursprünglich mit den französischen Vorderladerkanonen mit gezogenem Lauf bewaffnet waren, wurden sie bald auf Hinterlader umgerüstet. Es ist bemerkenswert, daß schon die Kanonen der ersten Großkampfschiffe zum Teil Hinterlader waren, dann aber für Jahrhunderte durch Vorderlader ersetzt wurden.

Die *Warrior* war das erste britische Panzerschiff, dem schnell das Schwesterschiff *Black Prince* folgte. Mit einer Wasserverdrängung von über 9000 Tonnen war sie zu ihrer Zeit das größte Kriegsschiff der Welt, was Kaiser Louis Napoleon zu der schmerzlichen Bemerkung veranlaßte, daß sie im Vergleich zu allen anderen »wie eine schwarze Schlange unter Kaninchen« aussähe.

Mit ihrer Länge von fast 116 Metern ähnelte sie tatsächlich einer Schlange. Diese enorme Länge war notwendig geworden, weil die Admiralität sich zur Zeit ihres Baus noch nicht für Hinterlader entschieden hatte und sie ein einziges Batteriedeck mit Stückpforten für 40 68-Pfünder-Vorderlader aufnehmen mußte. In dieser verwirrenden Übergangszeit, in der die Anmut der großen Schiffe vergangen schien, war sie wegen ihrer schönen Linien mit Schonerbug und Fregattenheck ein sehenswerter Anblick. Sie ähnelte, wenn man von ihrer größeren Länge absah, den zeitgenössischen Klippern. Sie war ein Dreimaster mit Rahtakelung und erreichte unter Dampf eine Geschwindigkeit von über 14 Knoten.

Dieses elegante Großkampfschiff wies jedoch zwei große Nachteile auf. Der erste war, daß sein 11,5 Zentimeter dicker Panzergürtel aus Schmiedeeisen zwar Maschinen und Kanonen schützte, aber Bug und Heck ungeschützt ließ. Der andere Nachteil, den sowohl die *Warrior* wie die *Black Prince* aufwiesen (und der sich in einem Gefecht als tödlich hätte erweisen können), war, daß sie durch ihre große Länge schlecht manövrieren konnten. Die Franzosen, die zwar wegen dieser neuen Schiffe ihres alten Feindes besorgt waren, hatten wahrscheinlich recht mit ihrer Behauptung, daß die Schiffe der *Gloire*-Klasse, kleiner und etwas leichter, mit ihrem durchgehenden Panzergürtel und der größeren Manövrierfähigkeit bessere Kriegsschiffe waren. Nun, diese Prüfung kam niemals, und einer der Gründe für die Pax Britannica auf den Weltmeeren, die bis zum Beginn des Ersten Weltkrieges herrschte, war, daß die Engländer ihren Konkurrenten im Kriegsschiffbau stets einen Schritt voraus waren – wenn sie dies auch

1 Der Kapitän Pascha kommt mit seinem zahmen Löwen an Land.
(Stich von Miger nach einer Zeichnung von Louis François Cassas, 1788)

2a Die Galeere Kaiser Ferdinands I. wird angegriffen.
Maler M. Rosselli.

2b Heinrich VIII. nach der Einschiffung in Dover.

3a Möglicherweise die *Great Harry*, circa 1560.

Modelle englischer Kriegsschiffe:

3b Wahrscheinlich Drakes *Golden Hind*, 1580.

4 Ein Modell des reich verzierten Hecks der *Sovereign of the Sea*

5a Die *Revenge* vor Gravelines. Gemälde von O. W. Brierly.

Die Armada:

5b Englische Brander treiben auf die Armada zu.
Lithographie von P. Schotel.

6a Die Vier-Tage-Schlacht, 1. bis 4. Juni 1666, Maler A. Storck.

Die anglo-holländischen Kriege:

6b Die Schlacht am Medway, 9. bis 14. Juni 1667, die Kaperung der
Royal Charles. Maler R. Langendyke, 1782.

7 Nelsons Verabschiedung in Portsmouth, 14. September 1805.

8a Die Schlacht bei den Saintes, 12. April 1792.
Die *Formidable* durchbricht die Linie des Gegners.
Maler T. Whitcombe.

8b Trafalgar, die *Victory* durchbricht die Linie. Maler W. J. Huggins.

9a Die Österreicher vernichten in der Schlacht vor Lissa die italienische Flotte, 20. Juli 1866.

9b Die *Monitor* und die *Merrimack* im Gefecht vor Hampton Roads, Virginia, während des amerikanischen Bürgerkrieges – 1862.

10a Gallipoli, die *Queen Elizabeth* im Gefecht. Aquarell von Dixon.

10b Die *Warspite*, der Veteran des 1. und 2. Weltkrieges.

11 Admiral Sir John Fisher, der Schöpfer der Großen Flotte.

12 Admiral Sir John Jellicoe, der Oberbefehlshaber der Großen Flotte in der Schlacht am Skagerrak, besteigt die Brücke seines Flaggschiffes *Iron Duke*.

13a Die drohenden Geschütze der *Queen Elizabeth*.

13b Die *Lion*, Beattys Flaggschiff in der Schlacht am Skagerrak.

14a Die *Seydlitz*, der deutsche Schlachtkreuzer, ein Opfer der Schlacht am Skagerrak, brennt vor ihrem Untergang.

14b Der Bug versinkt im Wasser.

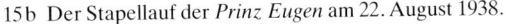

15a Das deutsche Westentaschen-Schlachtschiff *Deutschland*.

15b Der Stapellauf der *Prinz Eugen* am 22. August 1938.

16a Die »mächtige« *Hood*.

16b *Die Bismarck*, die sie vernichtete.

nur mit Widerstreben taten. Von den früheren Nutznießern dieser Tatsache wird gegen Ende des 20. Jahrhunderts oft vergessen, daß fast ein Jahrhundert des Friedens, der im wesentlichen von britischen Großkampfschiffen bewahrt wurde, die Kolonien in die Lage versetzte, zu wachsen und sich zu entwickeln, ohne ständig nervös auf ihre Küsten blicken und enorme Summen für die Entwicklung eigener Marinen ausgeben zu müssen.

Interessanterweise hat von allen Schiffen dieser Übergangszeit als einziges die *Warrior* überlebt. Von ihrer Indienststellung im Jahre 1861 bis zur Abstellung zur Reserve 1875 verschoß sie nie einen Schuß im Ernstfall, und es bestand auch nie die Notwendigkeit dazu, vor allem weil Schiffe ihres Typs schon durch ihr Erscheinen auf dem Meer die Wahrung des Friedens sicherstellten. Man könnte sagen, sie zeichnete sich allein schon durch die Tatsache aus, daß sie vom militärischen Standpunkt her keine Auszeichnungen errang. Nachdem sie während der Folgejahre immer auf dem Wasser blieb – ein Tribut an ihren schmiedeeisernen Rumpf, über zwei Weltkriege hinweg in verschiedenen bescheidenen Rollen –, endete sie (für die wenigen, die ihren Ursprung kannten, scheinbar schändlich) als Hulk C 77 in Milford Haven in Wales. Als schwimmende Außenpier für Öltanker mit einem Hubschrauberlandeplatz und 250 Tonnen Beton auf dem Deck war die *Warrior* ebenso wie Hunderte anderer Großkampfschiffe, die in ihrem Jahrhundert gebaut worden waren, von der Bildfläche verschwunden. Aber das moderne Interesse an der Seekriegsgeschichte hat dazu geführt, daß dieser Veteran des 19. Jahrhunderts restauriert wurde. Man hofft, daß sie schließlich, wenn das langwierige und äußerst teure Unternehmen abgeschlossen ist, mit anderen berühmten Veteranen wie der *Mary Rose* und der *Victory* in ein Marinemuseum in Portsmouth kommen wird.

Den unsteten Kurs des Kriegsschiffbaus im 19. Jahrhundert zu verfolgen, heißt viele Nebenwege zu durchstreifen. Eine sehr kurze Zeit lang herrschte die *Warrior*, aber in dem schnellen Wandel der Technik im 19. Jahrhundert waren solche Schiffe – wie die modernen Kampfflugzeuge und andere Waffen – schon fast veraltet, wenn sie in Dienst gestellt wurden. Da es keine Kriege gab, in denen sie hätten erprobt werden können, verschwanden sie aus dem Blickfeld.

Ein Duell, über das soviel geschrieben worden ist wie über die großen Seegefechte der Vergangenheit, war in USA der Kampf zwischen dem Panzerschiff *Virginia* (zuvor Fregatte *Merrimack*) der Konföderierten und dem Panzerschiff *Monitor* der Union, das einen Geschützturm hatte. Das Interesse, das dieses Gefecht nicht nur in Amerika, sondern in der ganzen Welt erregte, wo es auch während der folgenden Jahre Thema der Argumentation unter den Kriegsschiffbauern blieb, beruht auf mehreren Faktoren. Für die nichtamerikanische Öffentlichkeit war es Tatsache, daß es ein spektakulärer Zwischenfall des Krieges zwischen den uneinigen amerikanischen Staaten war, dessen Ausgang sowohl Politiker wie Geschäftsleute betraf. Bei den Marinen der Welt konzentrierte sich das Interesse auf den Kampf zwischen einem Schiff mit Geschützturm und einem Kasemattschiff, und für alle Zuschauer im Frieden war es das erste Gefecht zwischen diesen verdächtig häßlichen, durch Dampf angetriebenen Schiffen, die die seit langer Zeit anerkannten und gutaussehenden Kriegsschiffe der Vergangenheit abgelöst hatten. Die dekorative Schönheit des alten Großkampfschiffes würde nie wiederkommen, erkannte man. In der Zukunft würden allein Größe und Macht in Stahl sowie großkalibrige Kanonen das Erscheinungsbild prägen. Trotzdem muß betont werden, daß in der Zeit des Übergangs die Kriegsschiffe fast unvermeidbar häßlich waren.

Als die Unionstruppen sich nach der Sezession Virginias 1861 aus Norfolk zurückgezogen hatten, verloren sie ihre beste Marinewerft und waren gezwungen, eine Anzahl von Schiffen, die dort lagen, zu versenken. Darunter befand sich die starke hölzerne Dampffregatte *Merrimack*, deren Maschinen gerade repariert wurden. Die Konföderierten, die keine Marine hatten, hoben sie, schnitten den verbrannten Teil des Batteriedecks weg und rüsteten sie mit einer Kasematte aus Eichenstämmen aus, deren Schrägseiten sie mit zehn Zentimeter dikken Eisenbahnschienen panzerten, weil sie nichts Besseres zur Verfügung hatten. Die Enden der Kasematte waren abgerundet, und in der Mitte ragte neben dem Schornstein nur ein kleines Ruderhaus mit schrägen Wänden hervor, das genauso gepanzert war. Eine Kuriosität dieser neuen Kriegsschiffe war der Rammsporn der Galeere, der wieder auftauchte und sich bis zum Ersten Weltkrieg erhalten sollte. Denn während das Rammen des Feindes unter Segeln schwierig gewesen war, gaben Dampf- oder Riemenantrieb den nötigen Schwung. Das in *Virginia* umbenannte Schiff war mit sechs Kanonen des Kalibers 22,9 cm, mit zwei 16,2-cm-Kanonen mit gezogenem Lauf und mit zwei 17,8-cm-Kanonen bewaffnet und konnte mit seiner Maschine etwa neun Knoten laufen.

Inzwischen war die Union, in Sorge wegen ihrer fast undurchführbaren Blockade von 4800 Kilometern Küstenlinie, insbesondere der Hampton Roads, der Mündung des James River und der Wasserwege nach Richmond, noch beunruhigter, als sie der Bericht erreichte, daß die Konföderierten eine Marine aufbauten, die angeblich auch ein großes Panzerschiff besitzen sollte. Ein Entwurf John Ericssons für ein äußerst ungewöhnliches Schiff mit Geschützturm, das lange zuvor Napoleon III. angeboten und von ihm abgelehnt worden war, hatte jahrelang in den Akten des Erfinders gelegen. Er wurde hervorgeholt, überarbeitet und dem Marineministerium vorgelegt. Es war allem, was je zuvor als Kriegsschiff galt, so unähnlich, daß sich ungeheure Skepsis breitmachte. (Der Erfinder selbst nannte es ein »aquatisches Gerät«.)

Die gepanzerte *Virginia (Merrimack)* war inzwischen unerwartet vor den Hampton Roads erschienen und hatte das dort stationierte Geschwader überrascht und den James River blockiert. Sie eröffnete das Feuer auf das 24-Kanonen-Schiff *Cumberland*, das mit seiner Breitseite zurückschoß. Als die Entfernung kleiner wurde, feuerte die *Virginia* weiter mit ihren vorderen 17,8-cm-Kanonen, während die *Cumberland* feststellte, daß ihre Geschosse einfach ins Wasser fielen oder wirkungslos von den Seiten der *Virginia* abprallten. Schließlich gab ihr das Panzerschiff der Konföderierten den Gnadenstoß durch Rammen. Als die *Virginia* sich zurückzog, steckte ihr Rammsporn in der *Cumberland*, die Schlagseite bekam und mit hohen Menschenverlusten sank. Die Fregatte *Congress* hatte in der Zwischenzeit Segel gesetzt und ins Gefecht eingegriffen, mußte aber feststellen, daß sie genauso machtlos gegen die gepanzerten Bordwände war. Die *Congress* lief auf Grund und lag über eine Stunde lang wie eine Schießscheibe für die *Virginia* da, bis sie ein brennendes Wrack mit vielen Toten war. Die beiden anderen Schiffe des Geschwaders, die sich von Schleppern vor diesem scheinbar unangreifbaren Monstrum in Sicherheit verholen lassen wollten, liefen auf Grund, während die *Virginia* abdampfte, um die durch das Herausreißen des Rammsporns erforderlichen Reparaturen ausführen zu lassen. In dem erfolgreichen Gefecht gegen die beiden Schiffe der Union hatte sie, obwohl ständig getroffen, nur zehn Tote oder Verwundete zu beklagen; zwei Kanonen waren außer Gefecht gesetzt. Sie wollte am nächsten Tag zurückkehren und den Rest des Blockadegeschwaders vernichten.

Als die *Virginia* am nächsten Morgen zurückkam, um die beiden Schiffe zu vernichten, war ihre Führung ebenso aus der Fassung gebracht, wie es die Zuschauer in den Hampton Roads am Tag zuvor gewesen waren. Denn nun trat die *Monitor*, die während der vergangenen Nacht rein zufällig eingetroffen war, auf den Plan. Diese seltsame, niedrige Silhouette, die der *Virginia* entgegenkroch, muß für alle, die sie erstmals sahen, eine beunruhigende Erscheinung gewesen sein. Die beiden Schiffe waren gewiß ein eigenartiges Paar: das eine mit einer gepanzerten Kasematte auf einem herkömmlichen Rumpf (ohne Takelage), und das andere, das kaum mehr war als ein gepanzerter Turm mit zwei großen Kanonen, bei dem das Wasser übers Deck und das vor dem Geschützturm gelegene Steuerhaus brach.

Das Gefecht zwischen den beiden Schiffen dauerte ohne Unterbrechung fast vier Stunden lang. Keines der beiden konnte dem anderen den Todesstoß versetzen. Die *Monitor* hatte eine niedrigere Feuergeschwindigkeit und zu schwache Treibladungen, während die *Virginia* feststellen mußte, daß sie – abgesehen davon, daß der Turm des Gegners ein kleines und schwierig zu treffendes Ziel darstellte – nicht in der Lage war, seine Panzerung zu beschädigen. Der größte Teil des Gefechtes lief im Nahkampf ab, aber kein Schiff konnte das andere wirksam beschädigen, so daß die Sache unentschieden ausging. Die *Virginia* hatte als einzige einen nennenswerten Schaden erlitten: ihr Schornstein war weggeschossen, ein Teil der Panzerung hatte sich gelöst, und zwei Geschützpforten waren zerstört. Der Kommandant der *Monitor* wurde bei einem direkten Treffer auf das Steuerhaus verletzt. Auf keiner Seite gab es Tote, trotz der vielen Treffer. Präsident Lincoln ahnte jedoch sofort das Potential der *Monitor*; schnell wurde eine große Stückzahl dieses Panzerschifftyps bestellt. Auf der ganzen Welt setzte sich die Bezeichnung *Monitor* für diesen neuen Schiffstyp durch.

Die Meinung der internationalen Marinefachleute blieb genauso unentschieden wie dieses merkwürdige Gefecht. Der Streit über die Vorteile des Geschützturms, des Rammsporns oder einer Kombination von beiden ging weiter. Die Tatsache, daß die *Monitor* in der Lage gewesen war, einfach aufgrund ihrer besseren Manövrierfähigkeit mit Erfolg mehreren Rammversuchen der *Virginia* auszuweichen, wurde von jenen ignoriert, die den Rammsporn bevorzugten. Die Befürworter des Geschützturms wiesen auf die Schäden, die die großkalibrigen Kanonen eines in der Mittschiffslinie stehenden Geschützturms auf dem Schiff der Konföderierten verursacht hatten. Eine Sache war bemerkenswert: Es gab kein Argument gegen die Panzerplatten, und die Stimmen der alten Admirale, die das Segelschiff verteidigten, waren für immer zum Schweigen gebracht.

8. Die Zeit der Experimente

Generell wurde aus diesem Seegefecht des amerikanischen Bürgerkriegs der Schluß gezogen, daß Schiffe wie die *Monitor* – mit Ausnahme ihrer Geschütztürme – kaum mehr waren als Umbauten oder Verbesserungen der früheren französischen schwimmenden Festungen der *Dévastation*-Klasse. Entlang der amerikanischen Ostküste und insbesondere in Mündungsgebieten, so hieß es, mochten sie ihrem Zweck dienen. Wie ihre französischen Vorgänger waren sie aber gewiß keine seetüchtigen Kriegsschiffe. Sie wären für den Ärmelkanal nicht tauglich gewesen, geschweige denn für die langen Seefahrtsrouten in aller Welt, die die Royal Navy zu bewachen hatte. Als ob er diese Ansicht bestätigen wolle, sank der Prototyp des *Monitors* weniger als ein Jahr nach seinem Stapellauf in einem Sturm vor Kap Hatteras. Das Kasemattschiff *Virginia (Merrimack)* hatte ebenfalls seine Schwächen gezeigt: selbst wenn ein solches Schiff stärkere Maschinen gehabt hätte, wäre es nicht mehr als ein Kompromiß zwischen dem alten Kriegsschiff unter Segeln und dem schwimmenden Artilleriestützpunkt gewesen. Auch dieser Schiffstyp war weder seetüchtig noch für die Seegefechte geeignet, die zu erwarten waren, wenn es einen neuen Krieg zwischen den Großmächten geben sollte.

Die Amerikaner, nicht durch überholte Traditionen behindert, waren in ihrer experimentierfreudigen Art bereit, »alles mal zu versuchen«, und das sogar mehr als einmal. Einige ihrer Experimente, die in europäischen Kreisen höchstens Unbehagen hervorriefen, schienen für die restliche Welt, die in großen Flotten und Seegefechten dachte, kaum relevant zu sein. Zum Beispiel waren U-Boote, die schließlich das ganze Erscheinungsbild des Seekriegs ändern sollten und schon eine ziemlich lange Geschichte hatten (wie auch die Flugzeuge, bevor sie wirksam werden konnten), zum erstenmal im amerikanischen Bürgerkrieg ernsthaft eingesetzt worden. Das erste Kriegsschiff der Geschichte, das von einem »Tauchboot« (keinem richtigen U-Boot) versenkt wurde, war die *Housatonic* der Union, die vor Charleston zur Blockade eingesetzt war, wo das Boot der Konföderierten sie durch einen an einer Stange am Bug befestigten Torpedo in die Luft jagte. Das Tauchboot selbst erlitt später einen Wassereinbruch durch eine offene Luke und sank mit der Besatzung von neun Mann. Aber derartige »nebensächliche« Heldentaten der amerikanischen Geschichte wurden von den Europäern ignoriert, die sich mehr auf die Hauptentwicklungen konzentrierten, die in diesem für sie fernen Prüffeld neuer Kampfschiffe stattfanden. Frankreich war das erste Land Europas mit einem echten U-Boot, das unter Wasser von einem Elektromotor angetrieben und 1888 von Stapel gelassen wurde.

Auf die *Monitor* folgten weitere amerikanische Schiffe mit einem Geschützturm, nur war das Steuerhaus jetzt vernünftigerweise auf dem Geschützturm angeordnet, und das Ganze war mit 28 Zentimeter dicken Panzerplatten geschützt und mit zwei Dahlgren-Kanonen mit glattem Lauf, davon eine vom Kaliber 28 cm und die andere vom Kaliber 38 cm, bewaffnet. Da sie wie der Prototyp nur geringen Tiefgang hatten, waren sie auf See sehr gefährdet. Ericsson entwickelte deshalb größere Ausführungen mit einem Tiefgang von über sechs Metern. Das erste dieser Schiffe hatte nur einen einzigen Turm, spätere Versionen besaßen zwei, die durch eine Brücke verbunden wurden. Trotz ihres Tiefgangs waren auch sie so konstruiert, daß ihre Decks nur wenige Meter über der Wasseroberfläche lagen, damit sie ein minimales Ziel boten. Im Unterwasserschiff befanden sich Maschinen, die sie auf 16 Knoten bringen sollten, und der Kohlebunker für lange Strecken. Sie erreichten wegen ihrer großen Wasserverdrängung niemals die vorgesehene Geschwindigkeit. Schon bei nur leichtem Wind waren ihre Oberdecks überspült, und das ganze Schiff stellte einen beträchtlichen Widerstandskörper dar. Dennoch waren sie seetüchtig. Ein Schiff dieses Typs überquerte den Atlantik, und ein anderes umrundete Kap Hoorn.

Die Hauptwirkung der Schiffe, die während des amerikanischen Bürgerkrieges entwickelt worden waren, lag darin, daß sie die Aufmerksamkeit der Europäer auf den gepanzerten Geschützturm und den Rammsporn lenkten. Der in Mittschiffslinie angebrachte Geschützturm sollte die Prüfung der Zeit bestehen und bis weit ins 20. Jahrhundert hinein überleben, bis die Schlachtschiffe mit großen Geschütztürmen veralteten, überholt von mit Bomben oder Torpedos bewaffneten Flugzeugen, die von dem neuen Großkampfschiff, dem Flugzeugträger, starteten. Es war natürlich die *Monitor* gewesen, die die Aufmerksamkeit auf den Geschützturm gelenkt hatte, aber die *Virginia* hatte dank ihres Anfangserfolgs mit der Ramme (woraufhin andere Schiffe der Konföderierten nach denselben Grundsätzen gebaut wurden) dem Rammsporn ein unverdientes Prestige gegeben. Von den oft weit entfernten Zuschauern wurde bei den noch vergleichsweise primitiven Nachrichtenverbindungen übersehen, daß diese und andere Kampfhandlungen, die während des Bürgerkriegs folgten, fast ohne Ausnahme nicht nur in Küstengewässern, sondern in wirklich seichten Gewässern stattgefunden hatten. Auch die Fähigkeit dieser Schiffe, im Verband großer Flotten zu operieren, was bei jedem Konflikt zwischen europäischen Mächten eindeutig erforderlich wurde, war nicht erprobt worden.

Die durch diese Änderungen beunruhigte britische Admiralität, wie stets entschlossen, jeder anderen Seemacht einen Schritt voraus zu sein, stand auch unter dem Druck der Presse, die eine moderne Marine forderte, und zwar Panzerschiffe mit Geschütztürmen. Captain Coles von der Royal Navy, einer der stimmgewaltigsten Befürworter von Neuerungen, erhielt den Auftrag, das 120-Kanonen-Schiff *Royal Sovereign* zum ersten britischen Schiff mit Geschützturm umzubauen. Der Rumpf wurde bis zum unteren Batteriedeck abgetragen und erhielt vier Geschütztürme. Das Schiff sollte als Panzerschiff zur Küstenverteidigung eingesetzt werden, war aber nur ein Experiment, mehr nicht. Da Coles anschließend den Bau eines Schiffes mit eisernem Rumpf, der *Prince Albert*, überwachte, kann dieses als das erste englische Panzerschiff mit Geschütztürmen angesehen werden. Bei einer Wasserverdrängung von 4000 Tonnen hatte die *Prince Albert* eine Bewaffnung von vier 22,8-cm-Kanonen, die in vier einzelnen Geschütztürmen auf dem Oberdeck untergebracht waren. Aber beide Schiffe waren nur für die Küstenverteidigung vorgesehen, da ihre schweren Geschütztürme einen niedrigen Freibord bewirkten. England suchte weiter nach seetüchtigen Großkampfschiffen. Ein neuer Chefkonstrukteur der Royal Navy sollte ein Schiff mit zentraler Batterie nach dem Beispiel der französischen *Magenta* konstruieren, aber dies bedeutete eine Verringerung der Kanonenzahl. Deshalb wurde zuerst das Kasemattschiff eingeführt, obwohl die Dänen mit einem von Coles konstruierten Panzerschiff mit Geschützturm bei einem Seegefecht gegen preußische Schiffe einen Erfolg erzielt hatten.

Die erste Schlacht zwischen Flotten aus Panzerschiffen wurde natürlich von allen Nationen mit dem größten Interesse beobachtet, denn vorher hatten sich Panzerschiffe nur in Einzelgefechten gemessen. Viele alte Admirale und sogenannte Experten hatten natürlich weiterhin behauptet, daß bei einer Schlacht zwischen Flotten nur »richtige« Schiffe richtig geführt werden und einen entscheidenden Erfolg erringen könnten. Im Juni 1866 wurde im Mittelmeer eine große Seeschlacht zwischen Italien und Österreich ausgetragen, die trotz gegnerischer Übermacht von der kleineren und älteren Flotte gewonnen wurde. Daraus sollten die anderen europäischen Mächte die falschen Schlüsse ziehen. Sie ignorierten, daß die Ausbildung der

Besatzungen, ihre Moral und natürlich die Moral ihrer Offiziere ebenfalls entscheidende Bedeutung hatten. In dieser Hinsicht waren die Österreicher den Italienern überlegen gewesen.

Italien, das eine technisch weit überlegene Marine hatte, war 1866 gegen Österreich in den Krieg gezogen. Vor allem hatte es die nagelneue *Affondatore*. Sie verdrängte 4000 Tonnen, bestand aus Eisen, war schwer gepanzert, mit zwei Armstrong-Kanonen mit gezogenem Lauf vom Kaliber 25,4 cm bewaffnet und besaß einen starken Spornbug zum Rammen. Italien besaß außerdem elf andere Panzerschiffe, vier davon ganz aus Eisen. Während beide Flotten im wesentlichen mit Armstrong-Kanonen ausgerüstet waren, hatten fast alle Kanonen der Italiener schon einen gezogenen Lauf und verschossen viel schwerere Geschosse als die Österreicher. Österreich besaß nur sieben aus Holz gebaute, stark gepanzerte Schiffe. Die beiden größten hatten bei 5000 Tonnen je 18 48-Pfünder mit glattem Lauf. Die österreichischen Besatzungen waren jedoch gut ausgebildet und in Flottenmanövern und Rammtaktik geübt, während die italienischen Besatzungen schlecht ausgebildet waren und unter der Krankheit litten, die Nelson lange zuvor diagnostiziert hatte: »Im Hafen liegen läßt Schiffe und Männer verkommen.« Der hervorstechendste Unterschied lag jedoch im Charakter der beiden Admirale: des Italieners Graf Persano und des Österreichers von Tegethoff.

Admiral Persano scheint das Produkt des bequemen 19. Jahrhunderts gewesen zu sein, ein Admiral, der niemals erwartet hatte, ein Gefecht bestehen zu müssen, und der keinerlei Konzeption, Strategie oder Taktik hatte. Er setzte großes Vertrauen in sein neues Schiff, die *Affondatore* (die bei Ausbruch des Krieges noch auf der Überführungsreise aus Großbritannien war), und weigerte sich entschieden, die Österreicher überhaupt anzugreifen, bevor das Schiff nicht zu seiner Flotte gestoßen war. Von Tegethoff hatte demgegenüber soviel Erfahrung wie in jener Zeit nur möglich. Er war im Krimkrieg und 1864 in einer Schlacht gegen die Dänen Befehlshaber gewesen.

Im Juni 1866 lief er aus dem österreichischen Kriegshafen Pula an der Adriaküste mit sechs Panzerschiffen, fünf Kanonenbooten, einer hölzernen Fregatte und einem Aufklärungsdampfer aus und nahm Südkurs auf Ancona, wo Admiral Persano mit elf Panzerschiffen (noch ohne die *Affondatore*) und einer Anzahl anderer Schiffe lag. Nachdem Tegethoff ein italienisches Depeschenboot in den Hafen gejagt hatte, machte er klar zum Gefecht und dampfte vor dem Stützpunkt hin und her, als ob er Persano auffordern wolle, herauszukommen und zu kämpfen. Ohne sein ungeduldig erwartetes Flaggschiff unternahm Persano aber gar nichts und entschuldigte sich später gegenüber seiner Regierung mit der Begründung, daß seine Schiffe noch nicht fertig ausgerüstet gewesen seien. Dieses Vorspiel hob die Moral der Österreicher und bedrückte die Italiener.

Ein weiterer Vorstoß seiner Flotte und ständige Übungen auf See waren für Tegethoffs Männer die beste Praxis. Er wußte, wenn sich die beiden Flotten je gegenübertraten, würde der Feind mehr moderne Schiffe sowie eine große Überlegenheit an Feuerkraft haben. Er konnte mit der Lage nur fertigwerden, wenn er eine gutorganisierte Angriffstaktik und ein vollkommen abgestimmtes Instrument besaß.

Der Landkrieg stand schlecht für Italien. Die Österreicher hatten im Norden die Schlacht bei Custozza gewonnen, und die italienische Regierung verlangte, daß die Marine die Lage durch einen Sieg auf See wenden sollte. (Sie suchte nach einem Gegenwert für Verhandlungen über einen Waffenstillstand.) Graf Persano, der die *Affondatore* schließlich übernommen hatte, so daß es für ihn keine weiteren Verzögerungsgründe mehr gab, wurde mit der Drohung, daß er sein Kommando verlieren würde, buchstäblich gezwungen, etwas zu unternehmen – und er unternahm das Schlimmstmögliche. Er hatte eine Übermacht an besser bewaffneten Schiffen, sein Gegner war nach Pula zurückgelaufen, also hätte er eine Blockade über diesen Hafen verhängen und bereit sein sollen, Tegethoff anzugreifen, wenn er auslief. Statt dessen befahl er, mit einer kleinen Kampfgruppe zur befestigten dalmatinischen Insel Lissa vorzustoßen und dort die österreichischen Geschützstellungen zu bombardieren, bevor Truppen gelandet waren.

Am 19. Juli begann die Bombardierung Lissas. Die italienischen Soldaten warteten unruhig in ihren hölzernen Schiffen, die von Kanonenbooten begleitet wurden. Man ging davon aus, daß die Forts von Lissa während des folgenden Tages ausreichend zerstört werden würden, so daß am Morgen des 20. Juli italienische Truppen landen konnten. Persano stellte jedoch fest, daß Küstenfestungen (und diese waren alt und nicht schwer bewaffnet) schwierig zu treffen sind, während die bombardierenden Schiffe deutlich sichtbare Ziele auf See bieten. Eines der italienischen Panzerschiffe, die *Formidabile*, wurde schwer getroffen und erlitt hohe Verluste. Sie mußte nach Ancona zurückbeordert werden, während am Morgen des 20. Juli ein anderes Panzerschiff abgestellt wurde, um die hölzernen Truppentransporter während der beabsichtigten Landung zu schützen. Diese Landung fand jedoch nie statt, denn nachdem Tegethoff von dem Angriff auf Lissa gehört hatte, befahl er sofort das Auslaufen der österreichischen Flotte. Er nahm jedes verfügbare Schiff, Panzerschiffe und ungepanzerte Holzschiffe, in drei Abteilungen mit. An der Spitze lief ein schnelles, als Aufklärer dienendes Linienschiff. Ihm folgten die sieben Panzerschiffe mit Tegethoff auf seinem Flaggschiff *Ferdinand Max*. Dann kamen die ungepanzerten Holzschiffe und schließlich die aus kleinen Kanonenbooten bestehende dritte Abteilung. Tegethoff beabsichtigte, im Stile Nelsons ein Durcheinander zu provozieren, wobei er sich auf die bessere Ausbildung und Moral seiner Besatzungen verließ. Seine Schiffe dampften mit äußerster Kraft durch die Nacht – wobei es guter Disziplin zu verdanken war, daß sie Formation halten konnten –, um die Italiener am folgenden Tag so früh wie möglich anzugreifen.

Am nächsten Morgen meldete ein italienisches Aufklärungsschiff die sich nähernden Österreicher. Persano widerrief den Landungsbefehl für die Truppen – die Männer waren bereits in den Booten – und brach die Bombardierung der Forts von Lissa ab. Er hatte eine so schnelle Reaktion der Österreicher nicht erwartet. Möglicherweise hatte er gehofft, daß es genügen würde, wenn er die Verteidigung von Lissa zerschlug, seine Truppen landete und das Hissen der italienischen Flagge über der Insel beobachtete, bevor er in die Sicherheit Anconas zurückkehrte... Er scheint keinen Schlachtplan für den sehr wahrscheinlichen Fall vorbereitet zu haben, daß die Österreicher sofort ausliefen, wenn sie die Meldung über den italienischen Angriff erhielten. Als der Rauch der über den Horizont vorrückenden Schiffe des Feindes sichtbar wurde, formierte Persano seine zehn Panzerschiffe in Kiellinie und führte sie quer über die Vormarschlinie des Feindes, um seinen Invasionsgeleitzug zu schützen. In diesem entscheidenden Moment machte er seinen größten Fehler. Er hatte zunächst das hölzerne Panzerschiff *Re d'Italia*, das als viertes in Kiellinie vor der neuen *Affondatore* fuhr, als Flaggschiff gewählt. Jetzt beschloß er, auf die *Affondatore* überzuwechseln. Doch der Rest seiner Flotte wurde den Wechsel nicht gewahr und hielt noch immer nach Befehlen von der *Re d'Italia* Ausschau. Von diesem Moment an hatte Persano völlig die Kontrolle verloren. Das Übersetzen zwang die *Re d'Italia* und die achteraus laufenden Schiffe, die Geschwindigkeit zu verringern, wodurch eine Lücke in der italienischen Linie entstand, weil die führenden Schiffe davonliefen. Persano hatte so selbst die Situation geschaffen, die angreifende Flottenbefehlshaber in den vergangenen Jahrhunderten durch langwierige und mühsame Manöver zu erreichen versucht hatten.

Als Tegethoff den Feind gesichtet hatte, ließ er für seinen vorstoßenden Panzerschiffverband das Signal »Rammt und versenkt den

Feind« setzen – nicht etwa, weil seine Schiffe speziell für das Rammen konstruiert gewesen wären (tatsächlich hatten sie nur sehr einfache Rammen), sondern weil er den Nahkampf als die beste Taktik gegen die überlegene Feuerkraft der Italiener ansah. Inzwischen hatten diese ein schnelles, aber schlecht gezieltes Feuer über 900 Meter Distanz eröffnet. Die Österreicher erwiderten das Feuer erst, als sich die Entfernung auf etwa 270 Meter verringert hatte. Tegetthoff steuerte seine Panzerschiffe genau in die Lücke der italienischen Linie und brach durch. Dann drehten vier seiner Schiffe nach Backbord, um die italienische Nachhut anzugreifen, und die anderen drei nach Steuerbord, um den Kampf gegen die Mitte des Feindes zu eröffnen. Inzwischen war die zweite österreichische Abteilung unter Führung des Schiffes *Kaiser* ebenfalls durchgestoßen und griff die italienische Nachhut an. In dem sich entwickelnden Durcheinander, in dem das Gewicht der italienischen Kaliber theoretisch hätte vernichtend sein müssen, war es die Kaltblütigkeit der gutausgebildeten und disziplinierten Österreicher, die den Ausschlag gab. Das italienische Panzerschiff *Re di Portogallo* wurde von der alten *Kaiser* gerammt, wobei diese schwer beschädigt wurde, während das italienische Panzerschiff vergleichsweise wenig Schaden erlitt. *Kaiser* lief dann in den Feuerschutz der Küstenstellungen zurück, während das Zentrum der Schlacht um die *Re d'Italia* tobte, die die Österreicher noch immer für Persanos Flaggschiff hielten. Tegetthoff war es mit der *Ferdinand Max* gelungen, sowohl die *Re d'Italia* wie das Panzerschiff *Palestro* zu rammen, aber auch er erzielte keine Wirkung.

Das Rammen eines Dampfschiffes war wegen seiner großen Manövrierfähigkeit sehr schwierig. Zum Beispiel war die *Affondatore* als Rammschiff konstruiert, doch obwohl Persano wiederholte Versuche unternahm, konnte der Feind immer ausweichen. In den Rauchwolken der viel Kohle verfeuernden Dampfer herrschte über die jeweilige Position der einzelnen Schiffe Ungewißheit. Der einzige Rammerfolg des Tages wurde erst erzielt, nachdem der Kapitän von Tegetthoffs *Ferdinand Max* selbst am Besanmast aufenterte. Er rief hinunter, daß er die *Re d'Italia* liegen sehe, und wies in ihre Richtung. Sie war von einer Granate getroffen und deshalb zum vorübergehenden Stoppen gezwungen worden. Bevor sie wieder Fahrt aufnehmen konnte, tauchte Tegetthoffs Flaggschiff mit voller Fahrt aus dem Rauch auf und rammte sie mittschiffs. In ihre Seite wurde ein riesiges Loch gerissen, und während die *Ferdinand Max* zurücksetzte, kenterte die *Re d'Italia*, sank augenblicklich und nahm Hunderte Seeleute mit in die Tiefe.

Während der mehrstündigen Schlacht wurde das italienische Panzerschiff *Palestro* (das unter demselben Konstruktionsmangel litt wie die nie erprobte englische *Warrior*) von einer Granate an ihrem ungepanzerten Heck getroffen. Sie geriet in Brand und mußte sich aus dem Gefecht zurückziehen. Später, nachdem die Schlacht vorüber war und beide Seiten den Rückzug antraten, geriet das Feuer außer Kontrolle, und das Schiff flog in die Luft.

Tegethoff formierte seine Panzerschiffe zur Linie und folgte seinen hölzernen Schiffen in den Feuerschutz der Kanonen von Lissa. Persano zog sich mit seiner Flotte in den Kanal zwischen Lissa und einer anderen kleinen Insel zurück. Die Österreicher rechneten fest damit, daß er am Tag darauf wieder angreifen würde. Sie hatten ohnehin ihr Hauptziel erreicht – die Invasion Lissas abzuwehren. Sie lagen im Hafen der Insel vor Anker, reparierten während der Nacht ihre Schäden und bereiteten sich darauf vor, falls erforderlich, den Kampf wieder aufzunehmen. Aber am 22. Juli stellten sie fest, daß die Italiener verschwunden waren. Sie hatten sich nach Ancona zurückgezogen, wo Persano so töricht war, einen großen Sieg zu verkünden. Die Wahrheit wurde aber sehr schnell bekannt, und der Verlust der neuen *Affondatore*, die während der Schlacht durch nicht entdeckte Granattreffer beschädigt worden war und bei auflandigem Wind an ihrem Liegeplatz sank, vollendete seinen Ruin. Er wurde vor ein Kriegsgericht gestellt und aus der Marine entlassen, während der Österreicher Tegethoff verdientermaßen zum Helden seines Landes wurde. Er hatte natürlich auch Glück gehabt. Obwohl er wieder einmal bewies, daß sich Aggression in der Kriegsführung auszahlt, war er auch auf einen wankelmütigen und unvorbereiteten Admiral getroffen. Der Erfolg, der die Schlacht entschied – die Versenkung der *Re d'Italia* –, wäre sonst nie eingetreten. Wenn Persanos *Affondatore* von gutausgebildeten Offizieren und Kanonieren richtig eingesetzt worden wäre, hätte sie die führenden österreichischen Panzerschiffe über große Distanz lahmschießen oder versenken können, wodurch das eigentlich veraltete Durcheinander vermieden worden wäre, das Tegethoff hatte bewirken können.

Wie schon gesagt, wurden aus der Schlacht von Lissa die falschen Schlüsse gezogen. Eine Tatsache war eindeutig demonstriert worden: daß ein ungepanzertes Schiff (das noch immer Befürworter hatte) eine Sache der Vergangenheit war. Aber die Versenkung der *Re d'Italia* durch Rammen machte auf die Weltöffentlichkeit einen ungerechtfertigten Eindruck, und von nun an bauten fast alle Marinen ihre Großkampfschiffe mit Rammen und speziell für diesen Zweck verstärkten Bugen. Eine sorgfältige Studie der Schlacht von Lissa hätte gezeigt, wie vielen Rammversuchen ausgewichen wurde und wie viele wirkungslos blieben – wie Tegethoffs erster Angriff auf die *Re d'Italia* und die *Palestro* –, während der Erfolg seines zweiten Angriffs nur auf dem ungewöhnlichen Umstand beruhte, daß das italienische Schiff zu dieser Zeit keine Fahrt machte. Die weitere Erhöhung der Reichweite der Kanonen sollte bald bewirken, daß es nur wenige Gelegenheiten zum Nahkampf gab – eine Tatsache, die durch die Entwicklung des Whitehead-Torpedos noch untermauert wurde. Dies war eine tödliche Waffe, die von fast allen Marinen in den siebziger Jahren des 19. Jahrhunderts eingeführt wurde.

Da es in den Jahren nach Lissa keine Seeschlachten gab, mußten alle Marinen der Welt ihre Schiffe ohne Kampferprobung entwickeln. Tatsächlich ging der Wandel in der Technologie so schnell vor sich, daß Schiff auf Schiff (wie die *Warrior*) schon ein oder zwei Jahre nach dem Stapellauf veraltet waren und trotzdem lange in Dienst blieben, ohne je ein Gefecht zu erleben. Sie waren hauptsächlich ein Mittel, um in ausländischen Häfen »die Flagge zu zeigen«, und für die Kolonialmächte, ihrer Verwaltung in fernen Ländern die Gewißheit zu geben, daß der Schutz des Mutterlandes fortbestand. Die gelegentlichen Zwischenfälle waren relativ unbedeutende Zusammenstöße zwischen einzelnen Schiffen (im franko-preußischen Krieg von 1870–71 und im russisch-türkischen Krieg von 1878), die den an der Seekriegsstrategie oder -taktik Interessierten oder den Schiffbauern nichts Neues zeigten.

Gelegentlich taucht in dem chaotischen Durcheinander der Zeichnungen, Dokumente und Fotografien der Großkampfschiffe des 19. Jahrhunderts eines auf, das dem Betrachter des 20. Jahrhunderts sofort zeigt, daß es ein Stammvater der kommenden Schiffe war. Nathaniel Barnaby, dem späteren britischen Direktor des Kriegsschiffbaus, kommt das Verdienst zu, das erste Schlachtschiff entwickelt zu haben, das für ein modernes Auge sofort erkennbar ist. Es ist das Schiff, das für alle Marinen zum Prototyp werden sollte, aus dem sich die neue Klasse entwickelte. Diese 1869 auf Kiel gelegte und 1873 fertiggestellte *Devastation* war das erste hochseetüchtige Kriegsschiff, bei dem völlig auf Segel verzichtet wurde, und so wurde sein Erscheinen natürlich mit Schreckensschreien begrüßt. Es war indirekt ein Produkt der Katastrophe, die der von Kapitän Coles konstruierten *Captain* widerfahren war. Bei ihr war versucht worden, die herkömmliche Takelung des Hochseeschiffes mit Dampf und zwei Geschütztürmen zu vereinbaren. (Die Unstabilität der Konstruktion hatte sie in einem Sturm kentern und mit der gesamten Besatzung untergehen lassen.)

Durch Verzicht auf Besegelung wurde der Schwerpunkt nach unten verlegt. Barnaby ließ der *Devastation* nur einen einzigen Mastpfosten in der Mitte mit einem Gefechtsposten für Maschinengewehre. Ihre Bewaffnung bestand aus vier 30,48-cm-Vorderladern auf zwei Geschütztürmen mit Panzerplatten von 25 bis 35 Zentimeter Dicke, während die Panzerung am Rumpf 20 bis 30 Zentimeter betrug. Bei einer Länge von 56,4 Metern und einer Breite von 19 Metern hatte die *Devastation* zwei Schrauben und eine Reichweite von 5000 Meilen. Vorausgesetzt, daß Kohlendepots verfügbar waren (was in dem weltweiten britischen Empire zutraf), konnte man bei Schiffen wie der *Devastation* nicht länger anführen, daß nur Segelschiffe ausreichend Reichweite besaßen, um den Anforderungen eines Krieges auf den Ozeanen gerecht zu werden. Sie folgte in einer Hinsicht der Vorstellung ihrer Zeit: Sie hatte eine große Ramme. Und als Vorsichtsmaßnahme gegen das Versenken war sie in Schottenbauweise erstellt.

Obwohl die *Devastation* nur etwa ein Jahrzehnt später entstand, war sie den meisten Schiffen der *Warrior*-Klasse eindeutig überlegen. Doch auch sie wurde binnen kurzem von den italienischen Schiffen *Duilio* und *Dandolo*, die vier 45,7-cm-Kanonen führten, übertroffen. Sie waren größer als die *Devastation*, ihr aber in der Reichweite weit unterlegen (was im Mittelmeerraum keine große Rolle spielte), und sie waren besser bewaffnet.

Das Wettrüsten wurde mit einem Gegenzug Englands fortgesetzt, das nun die *Inflexible* baute. Und es ging (wie es immer gegangen war) in einer fast endlosen Spirale mit größeren Schiffen und natürlich höheren Kosten weiter. Die Kanonen für die italienische Flotte wurden übrigens von Armstrong in England gebaut. Denn seit der Zeit der Armada versuchen die Waffenhersteller, ihre Produkte zu verkaufen, wo immer es möglich ist. Beschränkungen des Waffenexports gibt es erst in unserem Jahrhundert – und selbst heute werden sie, wie oft bewiesen, geschickt umgangen, denn die Profitgier kennt keine Ländergrenzen.

Solange die schweren Kanonen zum größten Teil Vorderlader waren und die Feuerleittechnik primitiv blieb, ging man davon aus, daß Seeschlachten im Nahkampf stattfanden und Gefechte über größere Reichweiten durch schnelle, mit dem Whitehead-Torpedo ausgerüstete Torpedoboote entschieden würden. Großkampfschiffe wurden deshalb weiterhin mit dem Rammsporn gebaut, der bis in den Ersten Weltkrieg hinein überleben sollte. Trotz der neuen Entwicklungen, von der alle Marinen überrollt wurden, wirkte sich diese Fehlinterpretation bei den Admiralitäten und Kriegsschiffbauern in allen Ländern weiterhin aus. Das Ende des Vorderladers kam erst mit der unterbrochenen Spannschraube, mit der der Verschlußblock beim Schließen automatisch verriegelt wurde. Wie so vieles anderes war dies eine französische Erfindung, aber die Firmen Armstrong und Whitworth brachten schnell Verbesserungen des Hinterladers heraus, während Armstrong zur gleichen Zeit auch mit etwas experimentierte, das die lange Herrschaft des Vorderladers endgültig beenden sollte.

Alle als Treibladung in Kanonen verwendeten Pulver waren schnell abbrennende Mischungen gewesen. Doch in den achtziger Jahren des 19. Jahrhunderts waren langsam abbrennende Pulver eingeführt worden, was die gesamte Waffentechnik revolutionierte. Mit der neuen Pulversorte wurde die Reaktion verlängert, so daß während der ganzen Zeit, in der sich das Geschoß im Lauf der Kanone befand, ein etwa gleichmäßiger Druck entstand, was eine viel höhere Mündungsgeschwindigkeit bewirkte. Natürlich ist eine Kanone mit langem Lauf erforderlich, um mit diesem Pulvertyp den maximalen Effekt zu erzielen, und es war leichter, die Lauflänge bei Hinterladern zu erhöhen, da sie nicht die Ladeprobleme des Vorderladers aufwiesen. Allmählich wich das alte Material, Schmiedeeisen, das als äußerer Mantel eines inneren Stahlrohres gedient hatte, dem Vollrohr aus Stahl. Bereits vor der Jahrhundertwende waren Kanonen mit ungeheurer Durchschlagskraft möglich. Panzerung, wie dick sie auch sein mochte (und sie hatte fast absurde Dicken erreicht), konnte nicht mehr als undurchdringlich für die Distanzen angesehen werden, über die jetzt gekämpft wurde. Bernard Brodie merkt in *Sea Power in the Machine Age* an: »Die 41,3-cm-Kanone von 1884 hatte bei einem Gewicht von 111 Tonnen eine Durchschlagskraft, die ein Jahr zuvor als phantastisch angesehen worden wäre. Sie schleuderte ein Geschoß mit einem Gewicht von 817,2 Kilogramm mit einer Mündungsgeschwindigkeit von 655 Metern/Sekunde und einer Gesamtenergie von 630 Kilogramm/Quadratzentimeter aus dem Lauf (und versetzte es so in die Lage, auf 900 Meter Distanz 86 Zentimeter dickes Schmiedeeisen zu durchschlagen).«

Das Jahrhundert ging mit zwei Kriegen zu Ende, in denen es zu Seegefechten kam, aber aus keinem von beiden gab es für die großen Seemächte etwas Nennenswertes zu lernen. In der Schlacht am Yalu zwischen Chinesen und Japanern (1894) war die chinesische Marine noch fast ganz ohne Ausbildung. Obwohl sie zwei gepanzerte Schlachtschiffe zur Küstenverteidigung und drei weitere halbgepanzerte Panzerschiffe hatte, war sie nicht in der Lage, es mit den Japanern aufzunehmen, die sehr gut ausgebildet waren und eine stattliche Anzahl von modernen Panzerkreuzern besaßen, von denen einer in England und die anderen in Frankreich gebaut waren, mit den modernsten Hinterlade-Schnellfeuerkanonen bewaffnet. Der Triumph der Japaner beruhte nicht nur auf Disziplin und guter Ausbildung, sondern auch auf der Schnellfeuerkanone, bei der der Rückstoß aufgefangen und das Rohr automatisch wieder in die Feuerstellung gebracht wird. Die Munition bestand wie eine Gewehrpatrone aus Projektil und Treibladung in einer Messinghülse.

Gegen den Feuersturm aus diesen Kanonen hatten die Chinesen kaum eine Chance, und das Ergebnis stand von vornherein fest. Überzeugend demonstriert wurde die ungeheure Widerstandskraft des Panzerschiffs. Hätten die Chinesen zwei moderne Schlachtschiffe mit gutausgebildeten Besatzungen anstelle ihrer beiden veralteten Küstenverteidiger gehabt, wären sie in der Lage gewesen, eine Anzahl japanischer Kreuzer zu versenken, bevor sie auch nur in Reichweite kamen, und hätten so den gut geplanten Angriff verhindern können. (Beide chinesischen Panzerschiffe wurden immer wieder vom Feuer der japanischen Kreuzer getroffen, aber ihre Panzerung wurde nicht einmal durchschlagen.) Einigen westlichen Beobachtern entging dieser Punkt, deshalb kamen sie zu der Ansicht, daß die Seeschlachten der Zukunft möglicherweise zwischen schweren Panzerkreuzern ausgetragen würden, die den Platz des alten 74-Kanonen-Schiffs einnehmen würden. Es erregte allgemeine Aufmerksamkeit, daß sich Japan in erstaunlich kurzer Zeit von einem mittelalterlichen in einen modernen Staat verwandelt hatte. (Es gab hohe Offiziere im Heer und in der Marine, die in ihrer Jugend noch als Samurai gekämpft hatten.) Nicht nur China, sondern alle anderen Länder mit Interessen in jenem Gebiet waren beunruhigt, weil plötzlich eine neue Seemacht im Fernen Osten auftrat.

Der spanisch-amerikanische Krieg von 1898, in dessen Verlauf es zur Schlacht von Santiago de Cuba kam, verdient in erster Linie deshalb Erwähnung, weil er den Amerikanern die Notwendigkeit zeigte, eine moderne und leistungsstarke Marine in der westlichen Hemisphäre zu unterhalten. Die Kriegsmarine der Vereinigten Staaten, die im Bürgerkrieg eine so wichtige Rolle gespielt hatte, war nämlich in der Folgezeit stark vernachlässigt worden. Die Vereinigten Staaten begannen erst in den späten achtziger Jahren des 19. Jahrhunderts mit dem Aufbau einer seetüchtigen Flotte, wie sie eine Großmacht mit langen Ozeanküsten brauchte. Zu der Zeit, als wegen der Kuba-Frage Krieg gegen Spanien ausbrach, waren noch viele veraltete Schiffe im Dienst. Um die schwache amerikanische Marine zu verstärken, mußten einige Liniendampfer bewaffnet und Handelsschiffe als Hilfskreuzer eingesetzt werden. Die Folge des Gefechts vor Santiago war die

Vernichtung der spanischen Flotte, die alt war und ungeschickt geführt wurde.

Die anderen Seemächte konnten aus diesem Krieg folgern, daß die Artillerie kaum weiterentwickelt worden war – jedenfalls im Hinblick auf die Feuerleittechnik – und daß Brände durch die modernen Sprenggranaten die größte Gefahr für Schiffe blieben. J. R. Hale faßte dies kurz nach dem Ereignis so zusammen: »Es muß eingestanden werden, daß die Artillerie der Amerikaner nicht von erster Güte war. Etwa 6500 Granaten wurden während des Gefechts verschossen. Die spanischen Wracks (die auf Grund gelaufen waren) wurden sorgfältig untersucht und alle Treffer gezählt. Feuer und Explosionen hatten vielleicht die Spuren einiger Treffer unkenntlich gemacht, aber soweit festgestellt wurde, war die Zahl der Treffer in Rümpfen und Aufbauten vergleichsweise niedrig... Die Tatsache, daß drei spanische Kreuzer durch von Granaten verursachte Brände manövrierunfähig waren, unterstrich die bereits aus der Schlacht am Yalu gelernte Lektion, daß entzündbares Material bei Bau und Ausrüstung von Kriegsschiffen nicht mehr verwendet werden darf.«

So ging mit diesen beiden fast vergessenen Seeschlachten die lange und vergleichsweise friedvolle Zeit nach Trafalgar ihrem Ende entgegen. Die Pax Britannica, die es so vielen neuen Ländern ermöglicht hatte, ihre Wirtschaft im Frieden und ohne teure Aufrüstung zu entwickeln, war im wesentlichen durch die Großkampfschiffe auf den Weltmeeren erhalten worden, die nie in einer Schlacht erprobt wurden und deren Namen nur noch in den Geschichtsbüchern weiterleben. Sie hatten eine offenkundige Macht dargestellt, die nicht angewendet werden mußte. Die Menschen, die das Fin de siècle in einer Stimmung betonter Melancholie feierten, konnten kaum voraussahnen, daß das Jahrhundert, dessen Geburtsstunde sie begingen, das eiserne Gesicht des Kriegsgottes tragen und schrecklicher sein würde als alles bisher Dagewesene.

9. Eine neue Ära bricht an

Die *Devastation* hatte eine neue Ära im Schiffbau begründet und wie die *Revenge* eine Form vorgegeben, die bestehen sollte. In diesem Fall bedeutete das kaum mehr als 20 Jahre, denn durch die Schnelligkeit der Entwicklung der Materialien und Verfahren während der industriellen Revolution folgten die Änderungen dicht aufeinander. Wenn es zuvor mit Handarbeit, einfachen Werkzeugen und in traditioneller Denkweise zwei Jahrhunderte gedauert hatte, einige Änderungen zu bewirken, erfolgte dies jetzt innerhalb von Jahrzehnten. Das Segel war natürlich völlig von den Kriegsschiffen verschwunden, aber nachdem die Schiffbauer der Royal Navy einen vermeintlichen Durchbruch erreicht hatten, neigten sie dazu, wieder in ihren Schlummer zurückzufallen. Hierfür kann man sie nicht nur tadeln, denn ihr Ziel, den Frieden auf den Weltmeeren und die Sicherheit der Handelsrouten im ganzen britischen Empire zu bewahren, war erreicht worden. Es gab noch keine offenkundigen Herausforderer, und getreu ihrer Tradition, keine Neuheit einzuführen, wenn sie nicht von einer anderen Macht aufgezwungen wurde, folgten die Konstrukteure in etwa der Linie der *Devastation*. Die Franzosen und andere Mächte schienen bereit, diese Führung zu akzeptieren oder ihr zu folgen, und während die Tonnage der Schiffe beträchtlich anstieg (bis zu Wasserverdrängungen von 16000 Tonnen), wirkten sich die wesentlichen Änderungen auf dem Gebiet der Technik aus und führten zu höheren Geschwindigkeiten und stärkerer Durchschlagskraft der Granaten. Einen Augenblick lang schien es, als ob dem 17. Jahrhundert das 19. in einem bequemen Traditionalismus gefolgt sei.

Das Jahr 1900 war gekennzeichnet vom Stapellauf eines Schlachtschiffes in einem Land, das bisher kaum als Seemacht aufgetreten war: Deutschland. Die *Kaiser Barbarossa* markierte mit ihren 11150 Tonnen Wasserverdrängung das Entstehen einer neuen Militärmacht in Europa, die jetzt auch Ambitionen auf See entwickelte. Seit dem Fall von Paris und der Niederlage der Franzosen 1870, die der Reichsgründung vorausging, ließ sich die von Bismarck begründete Macht nicht mehr innerhalb der relativ engen Grenzen von Deutschlands Küsten halten. Imperialistische Träume und der Griff nach Kolonien bedeuteten, daß diese neue Nation mit all ihren wissenschaftlichen und industriellen Fähigkeiten eine starke Marine brauchen würde. Admiral Alfred von Tirpitz, der 1865 in die preußische Marine eingetreten war, war der ideale Mann, um Bismarcks Gedankengänge auf See fortzusetzen. Und obwohl er stets darauf bedacht war, einen Konflikt mit England abzuwenden, erkannte er klar, daß für ein Land, wie es Deutschland geworden war, eine starke Marine erforderlich war. Das Flottenbauprogramm von 1900 umfaßte den Bau von 19 Schlachtschiffen, sechs Schweren und 16 Leichten Kreuzern sowie einer Anzahl von Küstenverteidigungsschiffen, die alle innerhalb der nächsten sieben Jahre gebaut werden sollten. Die *Kaiser Barbarossa* war typisch für die neue Bauart: Bei einer Länge von 120,7 Metern, einer Breite von 20,4 Metern und einem Tiefgang von 7,8 Metern war sie mit vier 24-cm-Kanonen in zwei Geschütztürmen auf dem Vorschiff und dem Heck sowie mit 14 15-cm- und 14 8,8-cm-Kanonen auf Geschützbänken bewaffnet. Wie die meisten Schlachtschiffe ihrer Zeit war sie auch mit Torpedorohren ausgerüstet, und sie hatte nach Art einiger französischer Schlachtschiffe drei Schrauben, die sie mit fast 14000 PS auf 18 Knoten beschleunigen konnten.

Der Torpedo, der eine beträchtliche Rolle bei dem ersten größeren Seegefecht des 20. Jahrhunderts spielen sollte, war für alle Seemächte zum Schreckgespenst geworden, denn es schien, daß mit seinem Auftreten das Großkampfschiff stärker bedroht war als je zuvor. Ein Gefecht zwischen Flotten würde nicht mehr zwischen Gleichartigen ausgetragen, sondern Flottillen kleiner, schneller, mit Torpedos bewaffneter Schiffe würden aus der Ferne angreifen oder sogar in Häfen und auf Reeden vorstoßen und die Schlachtflotten vernichten. Diese Furcht steigerte sich so, daß bei allen größeren Flottenstützpunkten neue Schutzmaßnahmen ergriffen wurden: Torpedobootzerstörer, die nicht nur die Flotte schützen, sondern auch vor ihren Häfen patrouillieren sollten, während im britischen Flottenstützpunkt Malta ein neuer großer Wellenbrecher als Schutz gegen von See her abgefeuerte Torpedos und gegen die Winterstürme gebaut wurde. Es wurden Torpedonetze entworfen (im Prinzip dem alten Kettenhemd der Ritter ähnlich), die an Auslegern herabgelassen werden konnten, um einen Vorhang um die Bordwände zu bilden. Während sie bei Ankerliegern genügend Wirkung zeigten, waren sie völlig nutzlos, wenn das Großkampfschiff auf See war und seine normale Geschwindigkeit fuhr. Später folgten ihnen Wülste, die außen am Rumpf angebracht und in viele Abteilungen gegliedert waren, um die Explosion eines Torpedos zu absorbieren. Sie verringerten natürlich die Geschwindigkeit des Schiffes beträchtlich. Da bis zum Ende des Zweiten Weltkrieges alle Torpedos ein sichtbares Kielwasser hervorriefen, wurde es zur üblichen Praxis, daß die Schiffe auf die Torpedos zu- oder von ihnen wegdrehten, um ihnen ein minimales Profil zu bieten.

Der russisch-japanische Krieg, der 1904 ausbrach, sollte die Bedeutung sowohl des Torpedos wie der Mine für den zukünftigen Seekrieg demonstrieren. Dieser Krieg sollte sich als das bedeutendste Ereignis der Seekriegsgeschichte erweisen, seit das Großkampfschiff von Dampf getrieben wurde, gepanzert und mit Geschützen mit gezogenem Lauf bewaffnet war, die Granaten verschossen. In der Anfangsphase des Krieges waren es mit Torpedos bewaffnete Zerstörer, die die größte Wirkung gegen Großschiffe erzielten. Zehn japanische Zerstörer griffen die in Port Arthur liegende russische Fernost-Flotte an. Zwei der russischen Schlachtschiffe und ein Schwerer Kreuzer wurden getroffen und schwer beschädigt. Wären die Japaner im Einsatz von Torpedos erfahrener gewesen, hätten sie in der Tat die gesamte russische Flotte versenken können, die ungeschützt dalag. Zum Unglück für die Russen verloren sie nur wenige Tage später den fähigen Admiral Makaroff mit seinem Flaggschiff, dem Schlachtschiff *Petropawlowsk*, als unter ihm eine japanische Mine explodierte und ihm Torpedoabteil, Magazine und Kessel wegsprengte. Das Schiff sank innerhalb von zwei Minuten. Ein weiteres Schlachtschiff der Russen wurde durch eine Mine kampfunfähig gemacht, während die Japaner in dieser Phase des Gefechts zwei Schlachtschiffe durch Minen verloren. Die zukünftige Bedeutung des unscheinbaren Minenräumbootes wurde ebenso demonstriert wie die Unzulänglichkeit des Unterwasserschutzes der Schlachtschiffe. Mit der Kapitulation von Port Arthur fiel der Rest der russischen Fernost-Flotte in die Hände der Japaner.

In einer der verblüffendsten Flottenbewegungen der Geschichte – die im Zeitalter des Dampfes ohne Parallele war – ging Rußland jetzt daran, fast seine ganze Ostsee-Flotte in den Fernen Osten zu verlegen. (Wegen internationaler Verträge durfte Rußlands Schwarzmeer-Flotte die Dardanellen nicht passieren.) Sie segelte in zwei Hauptabteilungen. Eine unter dem Kommando von Admiral Rodschestwenski lief um Afrika herum in den Fernen Osten, während die zweite Abteilung durch das Mittelmeer und den Suezkanal fuhr. Es dauerte sieben Monate, bis sich die ganze Flotte im Osten gesammelt hatte. Ihr Ziel war, Wladiwostok zu erreichen – wenn möglich ohne Schlacht. Die Flotte bestand aus sieben Schlachtschiffen, zwei Panzerkreuzern, einigen gepanzerten Schiffen und einer Anzahl von Torpedobootzerstörern. Zum Troß gehörten Kohledampfer, Vorratsschiffe, Lazarett- und Reparaturschiffe. Aber wenn Frankreich nicht beide Augen zugedrückt und diesen Kombattanten erlaubt hätte, Kohlendepots in den französischen Kolonien auf ihrem Weg zu benutzen, wäre es auch mit diesem Troß nie möglich gewesen, so viele Menschen und schwere Schiffe von einem Ende der Welt zum anderen zu verlegen. Hier hatte sich gezeigt, was in zukünftigen Konflikten möglich sein würde. Nach einer so langen Reise ohne Zugang zu Werften gab es unvermeidbar viele mechanische Defekte, und die Schiffe selbst waren mit Unterwasserparasiten wie Entenmuscheln überwachsen. Die Russen konnten auch nicht annähernd Höchstgeschwindigkeit laufen, als sie zu dem letzten Vorstoß auf Wladiwostok ansetzten, während die sie erwartenden Japaner frisch aus ihren Häfen ausgelaufen waren.

Der Befehlshaber der japanischen Flotte, Admiral Togo, hatte mit vier Schlachtschiffen, acht Panzerkreuzern und einer Anzahl von Panzerschiffen sowie Torpedobooten eine zahlenmäßig schwächere Streitmacht. Auf der anderen Seite waren nur fünf der russischen Schlachtschiffe modern, und eines hätte kaum in der Schlachtlinie mitfahren dürfen. Außerdem besaß Japan wie in der Schlacht am Yalu Schnellfeuerkanonen auf den Kreuzern, die es mit fast jedem Schlachtschiff aufnehmen konnten. Außerdem konnte Togo, der die Schlacht vor seiner Heimatküste erwartete, auf eine Anzahl von Hilfsgeschwadern zurückgreifen, die zwar veraltet, aber durchaus noch kampffähig waren, und er verfügte zusätzlich über eine Anzahl Zerstörer und weitere Torpedoboote. Admiral Rodschestwenski dagegen stand am Ende einer monatelangen Reise bei reduzierter Geschwindigkeit und hatte unterwegs niemals die Gelegenheit gehabt, mit seiner Flotte im Verband zu üben oder irgendeinen taktischen Plan auszuarbeiten.

Kapitän Semjenoff, der während des folgenden Gefechts an Bord des russischen Flaggschiffs war, faßte seine Gefühle in folgende Worte: »... Wir wurden gewaltsam an die alte Binsenwahrheit erinnert, daß eine Flotte erst durch lange Übung auf See in Friedenszeiten geschaffen wird... und daß eine Ansammlung von Schiffen verschiedener Typen, die hastig zusammengewürfelt wurden und nur gelernt haben, auf dem Weg zum Kriegsschauplatz gemeinsam zu fahren, noch keine Flotte ist, sondern eben eine zufällige Ansammlung von Schiffen.«

Die russischen Schlachtschiffe waren zudem mit Kohle überladen, da Rodschestwenski beschlossen hatte, die meisten Kohledampfer und andere Versorgungsschiffe in der Mündung des Jangtsekiang zurückzulassen, während die Flotte mit Kurs Wladiwostok die Straße von Tsushima passierte. Jede der drei verfügbaren Routen für die

Russen hätte sie in bequeme Reichweite der Japaner gebracht, die von ihren Stützpunkten aus operierten. Die Russen wußten genau, daß das Beste, das ihnen passieren konnte, dickes Wetter und schwere See waren, damit sie vielleicht hindurchschlüpfen konnten, ohne in ein großes Gefecht mit dem Feind zu geraten.

Ein Merkmal dieser Seeschlacht war, daß zum erstenmal Funktelegraphie im Kriege eingesetzt wurde. Die Russen, die befürchteten, ihre Position zu verraten, hielten Funkstille, während die Japaner unbekümmert ihre Abteilungen über Funk befehligten, so daß ihre Hauptschnellflotte zusammengezogen werden konnte, nachdem der Feind gesichtet war. Auch hierbei waren sie, wie bei allem anderen, im Vorteil, und nachdem einer ihrer Kreuzer den Feind kurz nach Tagesanbruch entdeckt hatte, hatten die Russen keine Chance mehr, unbemerkt durchzubrechen. Während des ganzen Vormittags am 27. Mai 1905 blieben die japanischen Kreuzer am Feind; sie drehten ab, als die Russen einmal auf eine Distanz von über fünf Meilen Feuer eröffneten. Admiral Rodschestwenski hatte direkten Kurs auf Wladiwostok genommen und zu Recht vermutet, daß das Gros der japanischen Flotte sich vor ihm in der Meerenge sammelte. Admiral Togo hatte, um die Zugänge ins Japanische Meer zu sichern, seine Schlachtflotte vor dem koreanischen Festland ankern lassen und war nach Erhalt der ersten Meldung über die Position der Russen nach Osten gelaufen, um sich nördlich der Insel Tsushima zu postieren.

Die in Kiellinie laufenden Russen erlitten den schwersten taktischen Schlag, der ihnen widerfahren konnte, denn die Japaner waren mit ihrer höheren Geschwindigkeit in der Lage, das als »Kreuzen des T« bekannte Manöver auszuführen – das heißt ihre Linie quer vor die russischen Schlachtschiffe zu bringen, so daß das Feuer ihrer Schiffe auf die führenden russischen Schiffe konzentriert werden konnte. Die Vorstellung, daß Gefechte zwischen Flotten in der Zukunft von Torpedos statt von Kanonen entschieden würden, wurde bald widerlegt, denn als die Russen zu wenden begannen, um ihre eigene Linie voll ins Gefecht zu bringen, begannen die ersten japanischen Granaten einzuschlagen. Die Japaner verwendeten einen neuen Granattyp mit einem empfindlicheren Zünder, der, so beobachtete Kapitän Semjenoff, »am geringsten Hindernis detonierte – selbst an einer Schornsteinverstagung oder an einem Ladebaum«. Dies allein hätte sich noch als unwirksam erweisen können, wenn nur gepanzerte Bordwände im Spiel gewesen wären. Aber die Tatsache, daß die Russen mit Kohle überladen waren, von der ein Teil oberhalb des Gürtelpanzers lag, bewirkte, daß auf den Schiffen Brände ausbrachen, als sie getroffen wurden. Zwar schossen sich auch die Russen schnell auf die Japaner ein, aber ihr Feind hatte eine bessere Panzerung und war natürlich nicht überladen. Selbst ohne die überragenden Fähigkeiten Admiral Togos und seiner disziplinierten Besatzungen wäre der Ausgang der Schlacht unvermeidbar gewesen: eine schwere Niederlage für die Russen und ein Sieg mit beispiellosen Folgen für die Japaner. Am Ende des Tages waren vier russische Schlachtschiffe versenkt und eine Anzahl anderer beschädigt, während der einzige größere japanische Schaden an einem Panzerschiff auftrat, das die Linie mit defektem Ruder verlassen mußte, aber später am Tag wieder in den Kampf eingreifen konnte. 100 Jahre nach Trafalgar hatte Admiral Togo einen Sieg errungen, der in vieler Hinsicht so entscheidend war wie der Nelsons. In der folgenden Nacht befahl Togo seinen schweren Schiffen, sich von dem fliehenden Feind fernzuhalten, und schickte seine Torpedobootflottillen vor. Die eigentliche Schlacht war durch Artillerie gewonnen worden, aber der Abschluß erfolgte durch den Torpedo. Die einzigen Schiffe der ganzen russischen Flotte, die Wladiwostok erreichten, waren zwei Zerstörer und ein schneller Leichter Kreuzer.

Trotz der ungewöhnlichen Umstände dieser Seeschlacht wurden daraus einige Schlußfolgerungen von Kriegsschiffkonstrukteuren und von den Marinen anderer Mächte gezogen. Die erste war, daß das Schlachtschiff die vorherrschende schwimmende Einheit bleiben würde und daß größere Seegefechte noch durch die Artillerie – über große Reichweiten – entschieden würden. Die Treffsicherheit der Schiffsartillerie, die zuvor etwas vernachlässigt worden war, erhielt nun die allergrößte Bedeutung. Nelsons alter Spruch: »Kein Kapitän kann etwas verkehrt machen, der mit seinem Schiff an dem des Feindes längsseits geht«, war im 20. Jahrhundert eindeutig nicht mehr gültig. Eine andere Tatsache, die sich gezeigt hatte, war die Ungenauigkeit des Torpedos, von dem zunächst befürchtet worden war, daß er die Seegefechte der Zukunft entscheiden würde. Während der Nachtangriffe waren von Togos Schiffen viele Torpedosalven abgefeuert, aber nur relativ wenige Treffer erzielt worden, während sich gleichzeitig zeigte, daß die moderne Schnellfeuerkanone durchaus in der Lage war, Schutz vor Torpedobootangriffen zu bieten. Es wurde auch beobachtet, daß Schiffe, die in der Nacht nicht beleuchtet waren, scheinbar eher Chancen hatten zu entkommen als jene, die ihre Scheinwerfer angeschaltet hatten. Die überlegene Geschwindigkeit der Japaner war während der ganzen Schlacht offenkundig, und obwohl dies im wesentlichen auf der langen Zeit beruhte, die die Russen auf See verbracht hatten, wurde erkannt, daß vor allem die Geschwindigkeit den taktischen Vorteil erbracht hatte. Siegfried Breyer merkt in *Schlacht-schiffe und Schlachtkreuzer* an: »Die dem konventionellen Schlacht-schiff eigenen Gefahren waren eine Warnung. Dies galt besonders für die Gefahren aufgrund schlechter Stabilität, geringer Seetüchtigkeit und unzureichenden Unterwasserschutzes.«

Das letzte Problem sollte nie – und konnte nie – zufriedenstellend gelöst werden, aber das hohe Profil der russischen Schiffe hatte sie eindeutig zu besseren Zielen gemacht als die japanischen, die im we-sentlichen der Konstruktion der britischen Schlachtschiffe folgten, insbesondere dem Stil der *Devastation*. Wie schon in der Schlacht vor Lissa im österreichisch-italienischen Krieg zeigte sich erneut und für immer, daß nichts wichtiger ist als gutausgebildete Offiziere und Be-satzungen, die daran gewöhnt sind, zusammenzuarbeiten.

Die Folge des Krieges war, daß Japan, das sich eine vorrangige Stel-lung im Fernen Osten gesichert hatte, seine Marine stark aufrüstete. Zuerst wurden die russischen Schiffe, die bei Tsushima gekapert wor-den waren, repariert und neu bewaffnet, und dann begann ein Neu-bauprogramm. Innerhalb von zwei Jahren legte Japan zwei riesige Schlachtschiffe von fast 20000 Tonnen Wasserverdrängung auf Kiel, die größer waren als alle anderen der Welt. Die Vereinigten Staaten, die zwangsläufig beklommen in Richtung des Pazifiks blickten, wur-den so gezwungen, viel Geld für den Bau neuer Schlachtschiffe und Kreuzergeschwader auszugeben. Auf der ganzen Welt gab es Unruhe, als ob die Völker und ihre Regierungen erkannten, daß eine Verlage-rung der Kräfte stattfand und daß die lange Zeit des stillen (nur durch ferne Kriege unterbrochenen) Friedens ihrem Ende entgegenging.

Einige Jahre, bevor die Marinen der Welt begannen, sich auf den Bau größerer Schlachtschiffe zu konzentrieren und ihrer Artillerie Vorrang einräumten und viel in die Forschung auf dem Gebiet der Feuerleittechnik investierten, trat ein kleines Schiff auf den Plan, das das ganze Gefüge erschüttern sollte. In dem Pomp anläßlich des dia-mantenen Krönungsjubiläums von Königin Victoria im Jahre 1897 fiel unter den scheinbar endlosen Linien der britischen Flotte, die vor Spithead paradierte und über die Toppen geflaggt hatte, ein Eindring-ling auf. Es war ein irritierend kleines, sehr schnelles Boot, das wie eine Wespe auf einer würdevollen Teeparty zwischen den riesigen ma-tronenhaften Schiffen hin- und hersummte und in gesperrte Gebiete vordrang. Das schlimmste war, daß die Royal Navy kein einziges Schiff zu haben schien, das in der Lage war, es fortzujagen. Sir Charles Parsons war auf seiner *Turbinia*, dem ersten turbinengetriebenen Schiff der Welt, eingetroffen.

Sir Charles, der Eigentümer der Parsons Marine Steam Turbine Company in Wallsend-on-Tyne, wurde im Jahr darauf zum Mitglied der Royal Society gewählt, erhielt zahlreiche andere Ehrungen und Medaillen, und in seinen späteren Jahren wurde ihm der Orden für berufliche Verdienste verliehen. Zur Zeit des Jubiläums der Königin glaubte er noch, daß seine Erfindung der Dampfturbine von der Admiralität einfach ignoriert würde. Deshalb versuchte er, in seinem spektakulären Stil die Aufmerksamkeit auf ihre beträchtlichen Vorteile gegenüber der Kolben-Dampfmaschine zu lenken, die noch immer alle Einheiten der Flotte antrieb. Die Kolben-Dampfmaschine hatte über viele Jahre ihren Wert erwiesen, aber selbst ihre leidenschaftlichsten Befürworter mußten zugeben, daß die maximale Drehzahl einer Kolben-Dampfmaschine nicht über viele Stunden lang beibehalten werden konnte und daß es bei Geschwindigkeiten über 14 Knoten praktisch unmöglich war, eine Flotte im Verband unter Dampf zu halten. Es gab keine einzige Flotte der Welt mit Kolben-Dampfmaschinen, die ihre Höchstgeschwindigkeit auch nur acht Stunden lang beibehalten konnte, ohne daß bei einer ihrer Einheiten eine Maschine versagte. Bei hohen Geschwindigkeiten stellte man fest, daß die Dampfturbine weniger Kohle als eine Kolben-Dampfmaschine verbrauchte, mehr Kraft im Verhältnis zum Gewicht erzeugte und nicht so anfällig für Pannen war. Sir Charles Parsons hatte es mit seiner unviktorianischen Vorführung im Jahre 1897 geschafft, daß die bestürzte Admiralität von seiner Erfindung Notiz nahm. Die Folge war, daß nicht lange danach ein Auftrag für zwei turbinengetriebene Zerstörer erteilt wurde, von denen einer Geschwindigkeiten von mehr als 37 Knoten erreichen sollte.

Noch zu beweisen war – und in diesem Augenblick zu Beginn des 20. Jahrhunderts von größter Bedeutung –, ob die Dampfturbine, die ihre Leistungsfähigkeit bisher nur bei kleinen Schiffen und hohen Geschwindigkeiten gezeigt hatte, jemals in einer dem Schlachtschiff gerechten Größe gebaut werden konnte. Dies war die wichtigste aktuelle Frage, insbesondere weil der russisch-japanische Krieg scheinbar die Bedeutung des Schlachtschiffes in jedem größeren Seegefecht der Zukunft bestätigt hatte. Schon vor den Ereignissen von Tsushima hatten die Amerikaner Schlachtschiffe von 18000 Tonnen bestellt, und diese Größe sollte in Zukunft noch überschritten werden, wobei der ursprünglichen schweren Bewaffnung noch eine sekundäre Bewaffnung hinzugefügt wurde. Andererseits glaubten einige Fachleute zu erkennen, daß die Schlachtschiffe mit nur einem großen Kaliber die Ozeane der Welt beherrschen würden. Der Grund hierfür war die ständige Verbesserung der optischen Instrumente, bedeutende Weiterentwicklungen der Geschützrichttechnik und die Modernisierung der Schieß- und Beobachtungsverfahren. Wenn diese erst einen fast gleichmäßig hohen Standard erreicht hatten, so hieß es, würde die sekundäre Bewaffnung lediglich eine Quelle der Irritation und Verwirrung darstellen, insbesondere wenn es darum ging, den Einschlag der Salven festzustellen. Denn die Granateinschläge der sekundären Bewaffnung würden es dem Feuerleitoffizier unmöglich machen, die Einschläge der Hauptbewaffnung zu erkennen.

Auf HMS *Excellent*, der britischen Marineartillerieschule in Portsmouth, wurden Fortschritte erzielt, mit denen sich das Schießwesen von einer groben und unpräzisen Technik fast zu einer präzisen Wissenschaft entwickelte. Dies war im wesentlichen das Verdienst Sir Percy Scotts und seines Stabes, der neben einer Anzahl von anderen Reformen das System des »Feuerleit«-Schießens eingeführt hatte – eine wesentliche Voraussetzung, wenn die Hauptbewaffnung das Ziel in einem koordinierten Schlag treffen sollte. Bei diesem System hatte ein speziell ausgebildeter Artillerieoffizier, der in einer besonderen Stellung hoch auf dem vorderen Mast saß, den optischen Entfernungsmesser und das Feuerleitgerät unter seiner Kontrolle. Mit diesen beiden Geräten lenkte er die Hauptbewaffnung des Schiffes, da sein Feuerleitgerät die Geschütztürme elektrisch steuerte. Sobald sein Zielgerät die Kanonen richtig ausgerichtet hatte, drückte der Offizier auf einen Knopf, der den Stromkreis schloß und die Ladung zündete. Die Entfernung der Geschütztürme untereinander wurde berücksichtigt, und später wurden alle den Kanonen und dem Feuerleitgerät zugeführten Daten in einer Zentrale an einer sicheren Stelle im Schiff ausgewertet. Eine ähnliche Anordnung sollte auch für die sekundäre Bewaffnung folgen, aber noch bevor sie eingeführt wurde, hatte sich scheinbar erwiesen, daß das schwere Schlachtschiff mit nur einem »großen Kaliber« ausgerüstet sein sollte.

Die Deutschen hatten gegen Ende des 19. Jahrhunderts als erste das Konzept eines Schlachtschiffes mit nur einem großen Kaliber eingeführt. Ihre Vorstellungen wurden von Vittorio Cuniberti in seinem Entwurf übernommen, den er bei der Admiralität einreichte und »das ideale Schlachtschiff für die Royal Navy« nannte. Dieses Schiff hatte eine Wasserverdrängung von 17 000 Tonnen (mehr als die Royal Navy je zuvor gebaut hatte), zwölf 30,5-cm- und 18 7,62-cm-Schnellfeuerkanonen, und es sollte eine Geschwindigkeit von 24 Knoten erreichen. Panzerung und Kanonen konnte England selbst herstellen, aber eine derartige Geschwindigkeit war mit der konventionellen Kolben-Dampfmaschine unerreichbar.

Es traf sich, daß zur Jahrhundertwende die britische Mittelmeerflotte einen ungewöhnlichen Befehlshaber hatte – einen Mann, der schon lange die Schiffe mit nur einem großen Kaliber befürwortete. Es war Admiral Lord Fisher, ein Mann mit sehr freien Ansichten und offenem Charakter, der mehr hohe Offiziere aus der Fassung bringen und mehr »Weisheiten« der Marine in Frage stellen sollte als jemand vor oder nach ihm. Im Oktober 1904 wurde Fisher zum Ersten Seelord ernannt und schuf sofort ein »Schiffbaukomitee«, in das er acht Marineoffiziere und acht Zivilisten (Wissenschaftler, Industrielle und Ingenieure) berief. Ihnen wurde die Aufgabe übertragen, die Konstruktionsprinzipien von zwei modernen Kriegsschiffstypen zu entwickeln: zunächst ein Schlachtschiff mit nur einem schweren Kaliber und zweitens einen modernen Panzerkreuzer. Fisher hatte die Lektionen aus dem Geschehen im Fernen Osten gelernt und beschlossen, etwas zu tun, was der althergebrachten britischen Marinepolitik – nämlich nicht die erste bei Innovationen zu sein – völlig widersprach. Er und sein Komitee arbeiteten ungestüm daran und entwickelten zuerst das wichtigste, das neue Schlachtschiff. Dieses Schiff sollte im Gegensatz zu allen zuvor gebauten neuen Schiffstypen (bei denen es üblich gewesen war, Vertreter anderer Seemächte einzuladen, um die eigenen Waffen vorzuführen) sehr schnell und unter völliger Geheimhaltung entstehen – wobei Schnelligkeit allein schon deshalb geboten war, um die Geheimhaltung sicherzustellen. Fishers Ziel war, allen anderen Mächten den Rang abzulaufen, insbesondere Deutschland, dessen neue Marine er seit langem beobachtete, und einen Vorsprung zu erzielen, damit England zu dem Zeitpunkt, zu dem sie es eingeholt hatten, mit einer verbesserten Version schon wieder einen Schritt weiter sein würde.

Der Bau eines Großkampfschiffes war wegen seiner Größe und der damit verbundenen hohen Kosten stets eine langsame und wohlüberlegte Sache. Jetzt sollte sich das alles ändern, was natürlich den Verfechtern der alten Methode nicht gefiel, aber zum Vorteil Englands geriet – auch wenn diese neue Methode unvermeidbar das Wettrüsten beschleunigte, das für Europa mit einer Katastrophe enden sollte. Der Kiel des neuen Schlachtschiffes wurde in Portsmouth am 2. Oktober 1905 aufgelegt, und Fisher – der damit seinen eigenen Rekord von zwei Jahren für den Bau eines Großkampfschiffes schlug – sorgte dafür, daß das neue Schiff schon genau ein Jahr und einen Tag danach fertig und sogar bereit für die Versuchsfahrten war.

Diese *Dreadnought* sollte ihren Namen einer ganzen Klasse von Kriegsschiffen geben, die ihr weltweit folgten. Als erstes in Dienst gestelltes Schlachtschiff mit nur einem schweren Kaliber führte sie in fünf Geschütztürmen zehn 30,4-cm-Kanonen, drei in der Mittschiffslinie und zwei an den Seiten, so daß sechs Kanonen nach vorn, sechs nach achtern und acht bei der Breitseite feuern konnen. Sie hatte auch eine Anzahl kleiner Schnellfeuerkanonen auf den Geschütztürmen, den Aufbauten und dem Achterdeck zur Abwehr von Torpedobootangriffen. Wie die anderen Schlachtschiffe ihrer Zeit besaß sie unter der Wasserlinie fünf Torpedorohre.

Abgesehen von ihrer Bewaffnung zeichnete sich die *Dreadnought* gegenüber allen anderen Schlachtschiffen dadurch aus, daß sie Turbinenantrieb hatte. Sir Charles Parsons selbst hatte Lord Fisher bei der Konstruktion unterstützt und ihm garantiert, daß seine Firma Turbinen von ausreichender Größe bauen konnte. Die *Dreadnought* hatte vier Turbinen, die vier Propeller antrieben, mit 18 Kesseln, die Öl und auch Kohle verbrennen konnten – was ebenfalls ein Novum war. Da ein solches Schiff für Seegefechte über große Distanzen mit schweren Kanonen konstruiert war, wurde der Rammsporn, der lange Zeit ein Merkmal des Schlachtschiffes gewesen war, bei der *Dreadnought* und ihrer Klasse aufgegeben. Ihre Geschützbänke hatten eine 28 cm dicke Panzerung, und auch am Rumpf war sie mit einem Gürtelpanzer von 28 cm geschützt, der sich zum Bug und zum Heck auf 15 bis 10 cm verdünnte. Das Schiff war bei einer Breite von 25 m 160 m lang, hatte einen Tiefgang von fast 8 m und verdrängte 17900 Tonnen. Bei den Versuchsfahrten erreichte es über 22 Knoten, aber seine offizielle Höchstgeschwindigkeit war 21 Knoten, und damit war es das schnellste Schlachtschiff der Royal Navy.

Die Schnelligkeit und Geheimhaltung, mit der die *Dreadnought* gebaut worden war, zahlte sich zwar schon dadurch aus, daß der Rest der Welt überrascht wurde, aber damit erzielte Fisher auch genau die Wirkung, die die Royal Navy über all die Jahre hatte vermeiden wollen: Sie löste eine Welle des Großkampfschiffbaus aus. Jedes Land, das sich als Großmacht auf den Meeren ansah, wollte es dem britischen Beispiel gleichtun. Deutschland legte zum Beispiel in dem Jahr, in dem das Original vom Stapel lief, zwei »Dreadnoughts« auf, und Frankreich sowie die Vereinigten Staaten folgten kurz danach. Obwohl die Amerikaner weit größere und viel stärker bewaffnete Schiffe bauten, galten sie kaum als so gewaltig wie die Deutschlands und wurden angesichts des politischen Klimas ohnehin nicht als Bedrohung für Englands Herrschaft auf den Weltmeeren angesehen.

Zur gespannten Atmosphäre vor dem Ausbruch des Ersten Weltkriegs – beruhend auf den kolonialen Ambitionen europäischer Mächte, den Intrigen von Politikern, der Konkurrenz in Handel und Industrie und dem schrecklichen Verwirrspiel der Monarchien und der Geheimdiplomatie – trug ohne Zweifel der fieberhafte Bau von Großkampfschiffen bei, dem sich die Mächte jetzt widmeten.

10. Vorwärts – in die Sackgasse

Immer größer wurden die Schiffe, ihre Panzerung wurde dicker und dicker, und das Gewicht der Granaten, die sie meilenweit über die Ozeane schießen konnten, wurde immer schwerer. Die Geldmittel, die die Regierungen für das Großkampfschiff verschwenderisch ausgeben wollten, schienen nie zu versiegen. Bei den deutschen Großschiffen, die der *Dreadnought* folgten, war etwas bemerkenswert, das alle deutschen Großschiffe der kommenden Jahre auszeichnen sollte: ihre größere Breite über alles und ihre wabenartige Bauweise, bei der das Rumpfinnere durch Schotten unterteilt war. Deutschland, das keine langen imperialen Seeverbindungen aufrechtzuerhalten hatte und auch keine Schiffe bauen mußte, die ebenso geeignet für die Tropen wie für den Norden waren, konnte sich darauf konzentrieren, seine Flotte hauptsächlich für den Einsatz in der Nordsee zu bauen. Anders als die Royal Navy, die gezwungen war, Scapa Flow auf den Orkney-Inseln zu ihrem kalten und ungastlichen Hauptstützpunkt zu machen, konnten die Deutschen nach Kiel und in andere Heimathäfen zurückkehren. Die Matrosen konnten, wenn sie nicht auf See waren, in bequemen Kasernen untergebracht werden. Dies bedeutete, daß die deutschen Schlachtschiffe nicht nur eine viel größere Torpedokapazität hatten als die aller anderen Marinen, sondern auch, daß die Mannschaftsunterkünfte so klein gehalten werden konnten, wie es für Matrosen, die monatelang an Bord leben mußten, nicht erträglich gewesen wäre.

Die so gebauten deutschen »Dreadnoughts« der *Nassau*-Klasse, mit einer Wasserverdrängung von 18 900 Tonnen, waren etwas kürzer und breiter als die *Dreadnought*, hatten eine um 12 mm dickere Panzerung und konnten etwas unter 21 Knoten laufen. Anstelle der zehn 30,5-cm-Kanonen der Briten führten sie zwölf 28-cm-Geschütze. Diese erprobten, ballistisch nur wenig unterlegenen deutschen Kanonen wurden von Tirpitz als ausreichend für jedes Gefecht angesehen, das in der Nordsee stattfinden würde – ein Gebiet, in dem normalerweise schlechte Sicht herrscht und wo deshalb Gefechte über große Reichweiten unwahrscheinlich waren.

Die wegen der inzwischen verstrichenen Zeit besser durchdachte *Nassau*-Klasse widerlegte Fishers Ansicht, daß Deutschland niemals der britischen Schiffbauindustrie ebenbürtig werden könne. Mit einem Schlag war die Theorie, auf die sich seine Idee gründete, zerschmettert. 1908 war durch eine Novellierung des Gesetzes über das Flottenbauprogramm in Deutschland sichergestellt, daß die Deutschen 1914 16 Großkampfschiffe und fünf Schlachtkreuzer einsatzbereit haben würden. Der Schlachtkreuzer war eine weitere Idee Fishers, mit der er hoffte, der Bedrohung durch schnelle Kreuzer (wie sie Japan gegen China und Rußland eingesetzt hatte) auf Englands Seeverbindungen im Falle eines internationalen Krieges ein Ende zu setzen. Die Japaner hatten hier schon 1905 mit der *Tsukuba*, die 15 000 Tonnen verdrängte, einen Kreuzerrumpf und vier 30,5-cm- sowie zwölf 15-cm-Geschütze besaß, den Weg gewiesen.

Der erste britische Schlachtkreuzer (für den dieser Name geprägt wurde) war die 1907 vom Stapel gelaufene *Invincible*, die ebenfalls schon ein Jahr nach Baubeginn die Versuchsfahrten aufnahm. Sie war mit 173 Metern länger als die *Dreadnought*, aber ihr sonst ziemlich ähnlich, hatte acht 30,5-cm-Geschütze in Türmen, zwei in der Mittschiffslinie und einen auf jeder Seite. Der große Unterschied lag in der Panzerung, denn wegen der zur Erzielung hoher Geschwindigkeiten erforderlichen Gewichtsreduzierung hatte sie nur einen 18 cm dicken Panzer statt der 28 cm bei der *Dreadnought*. Die Geschwindigkeit, die dem Schlachtkreuzer Schutz bieten sollte, erbrachten Turbinen mit insgesamt 41 000 PS, die vier Schrauben antrieben und bei den Versuchsfahrten 26,5 Knoten erzielten. Die ursprüngliche Hauptforderung an die Schlachtkreuzer der *Invincible*-Klasse war, die schnellen Kreuzer des Feindes überholen zu können und weiter zu schießen als der Feind. Eine sekundäre spätere Überlegung war, daß die Schlachtkreuzer als Vorhut der Großen Flotte fahren, die feindliche Flotte orten und beschatten sollten, bis die Große Flotte herangeführt und in ein größeres Gefecht verwickelt war.

Sie bewährten sich bei erster Gelegenheit, und zwar während der Schlacht bei den Falkland-Inseln im Dezember 1914, als die *Invincible* und ihr Schwesterschiff *Inflexible* die deutschen Kreuzer *Scharnhorst* und *Gneisenau* vernichteten. Solche Gelegenheiten für den Einsatz von Schlachtkreuzern kehrten jedoch nicht wieder, und es erwies sich, daß sie für ihre sekundäre Aufgabe ungeeignet waren. Der Verlust britischer Schlachtkreuzer in der Schlacht am Skagerrak zeigte, daß sie für die Schlachtlinie nicht taugten – eine Tatsache, die zwar niemanden hätte überraschen sollen, es aber dennoch tat. Diese schönen Schiffe, denen ihre Länge eine Eleganz gab, die das schwerere Schlachtschiff nie erreichen konnte, erinnern an ihre fernen Ahnen, die Galeassen. Sie waren Hybriden zwischen Schlachtschiff und Kreuzer, wie die Galeasse ein Hybrid zwischen Galeone und Galeere gewesen war. Aber während bei Lepanto die von Don Juan d'Austria nach vorn geworfenen Galeassen den türkischen Verband aufbrachen und zum Sieg beitrugen, wurden die am Skagerrak vorausgeschickten Schlachtkreuzer selbst zum Opfer. Sowohl die Galeone wie das Schlachtschiff überlebten in ihrer Zeit, weil sie schweres Feuer genausogut hinnehmen wie austeilen konnen. Die exotischen Hybriden verschwanden, weil ihnen diese Ausdauer fehlte.

Siegfried Breyer faßt in *Schlachtschiffe und Schlachtkreuzer* die durch den britischen Zug, die »Dreadnoughts«, die Schlachtkreuzer und alles, was ihnen folgte, zu bauen, verursachte Grundhaltung zusammen: »Ohne Zweifel hatte (Großbritannien) zunächst einen erheblichen Vorsprung gewonnen; als aber auch Deutschland mit dem Bau solcher Schiffe folgte, mußte man sehr bald einsehen, daß man die zahlreichen eigenen älteren Schiffe geradezu entwertet hatte. In den 90er Jahren hatte sich die britische Marine eine beachtliche Überlegenheit gesichert, auf die sie wohl mit Recht stolz sein durfte. So hatte sie seit dem Jahre 1889 – dem Inkrafttreten des ›Naval Defence Act‹ – bis 1905 insgesamt 46 Linienschiffe erbaut, denen die deutsche Marine lediglich 24 eigene gegenüberstellen konnte. Rechnete man die ältesten – d. h. alle vor 1893 erbauten – ab, so ergab dies ein Verhältnis von 40 britischen gegenüber 20 deutschen Schiffen... Großbritannien hatte seine Rechnung ohne die übrigen Marinen – insbesondere ohne die deutsche Marine – gemacht, indem es selbst seinen erheblichen Bestand an Linienschiffen und Panzerkreuzern entwertet hatte. Zur Wahrung seines Vorsprungs war es nunmehr gezwungen, immer größere und stärkere Bauten in Auftrag zu geben, um dann in der Entwicklung doch immer wieder bedrängt zu werden, als andere Marinen – besonders auch hier wieder die deutsche – nachstießen. Der Bau dieser Machtinstrumente erlegte dem britischen Reich erhebliche finanzielle Lasten auf. Und die anderen Marinen, die bisher in aussichtsloser Position standen, erhielten dadurch die Gelegenheit zum neuen Start. Damit erwies sich die Entwicklung von *Dreadnought* und *Invincible* machtpolitisch als ein wenig taugliches Mittel.«

Es ist schwierig, diesem Urteil nicht zuzustimmen, und im Rückblick scheint es, daß Fishers kühne Neuerungen und sein Bruch der alten Faustregel der Royal Navy, keinen Schritt vorwärts zu tun, wenn sie nicht dazu gezwungen war, sich als Fehler erwiesen. Mit Sicherheit führten Fishers Ideen zu dem starken Marinewettrüsten und dazu, daß ab 1909 den Dreadnoughts Super-Dreadnoughts folgten. Die Tonnage stieg von den ursprünglichen 17900 Tonnen der *Dreadnought* auf die

30000 Tonnen der *Queen-Elizabeth*-Klasse, deren erstes Schiff 1912 auf Kiel gelegt wurde. Mit einer Geschwindigkeit von 25 Knoten (so schnell wie die ersten Schlachtkreuzer) und einer Hauptbewaffnung von acht 38-cm-Kanonen in vier Geschütztürmen (zwei auf dem Vorschiff und zwei achtern) kombinierten sie die Geschwindigkeit des Schlachtkreuzers mit der Panzerung des Schlachtschiffes (mittschiffs 33 Zentimeter) und verbrannten nur Öl, keine Kohle. Die Schiffe *Queen Elizabeth*, *Barham*, *Malaya*, *Valiant* und *Warspite* gehörten zweifellos der höchsten Klasse aller Schlachtschiffe an, die je gebaut wurde. Nicht nur, weil es niemals größere, schnellere und stärker bewaffnete Schlachtschiffe als sie gab, sondern auch, weil sie in beiden Weltkriegen eingesetzt wurden und darin jeweils eine bedeutende Rolle spielten. Außerdem erbrachten sie den größten Gegenwert an Leistung für den Kapitalaufwand. Nur die *Barham* wurde im Krieg versenkt: im November 1941 vor der ägyptischen Küste durch den Torpedo eines U-Boots. Die anderen vier Schiffe überlebten viele Gefechte – darunter die Schlacht am Skagerrak – und Beschädigungen durch Granaten, Minen, Torpedos und Fliegerbomben in zwei Weltkriegen, bis sie nach dem Zweiten Weltkrieg in ihrer Heimat verschrottet wurden. Es gibt nur wenige Schiffe, die mehr im Einsatz waren und mehr Schlachtruhm erworben haben.

Im Rückblick scheint es, als ob alle Länder – insbesondere England und Deutschland – mit ihren riesigen Schiffbauprogrammen vor dem Ersten Weltkrieg versuchten, sich gegenseitig mit der großartigen Erscheinung und Größe ihrer Schiffe einzuschüchtern. Die Vereinigten Staaten, Frankeich, Italien und Japan bauten gleich große – wenn auch nicht so viele – Großkampfschiffe, aber diese stehen nicht im Vordergrund der Geschichte, weil sie nie das grelle Licht der Schlacht kennenlernten. Obwohl weniger erfolgreich als die *Queen-Elizabeth*-Klasse, markieren die britischen Schiffe *Lion*, *Princess Royal* und *Queen Mary* den Gipfelpunkt des Großkampfschiffes in der langen Erbfolge seit dem Linienschiff und der großen Karacke. Die von der Royal Navy liebevoll »splendid cats« (prächtige Katzen) genannten Super-Schlachtkreuzer verdienten ihren Namen, aber sie litten unter ähnlichen Mängeln wie ihre Vorgänger, die Schlachtkreuzer.

Die *Lion*, die in der Schlacht am Skagerrak Admiral Beattys Flaggschiff sein sollte, war das erste Schiff ihrer Klasse und 1908 bereit für Versuchsfahrten. Sie war mit einer Verdrängung von fast 30000 Tonnen gewaltiger als die größten Schlachtschiffe. Bei einer Breite von 26,8 m war sie 213,4 m lang und hatte einen Tiefgang von 8,8 m. Mit vier Parsons-Turbinen, die vier Propeller antrieben, entwickelte sie

70 000 PS, die ihr eine Geschwindigkeit von 27 Knoten verliehen. Damit war sie schneller als jedes andere große Schiff der Welt. Ihre Hauptbewaffnung bestand aus acht 34-cm-Kanonen in vier mittschiffs angeordneten Geschütztürmen. Wie die ausländischen Marinen, vor allem die der Vereinigten Staaten, hatte man festgestellt, daß größere Stabilität (die zu größerer Zielgenauigkeit führte) erreicht wurde, wenn die Hauptbewaffnung in der Mittschiffslinie angeordnet war. So wie die Schlachtkreuzer vor ihr hatten *Lion* und ihre Schwesterschiffe eine schwächere Panzerung als die Schlachtschiffe, an der dicksten Stelle 23 cm, an Bug und Heck 15 bis 10 cm. Mit der zur Brücke hin ansteigenden Fluchtlinie der vorderen Geschütztürme, mit dem wuchtigen Einzelmast und den geduckten Schultern des Hauptfeuerleitstandes bot sie ein Bild großer Stärke und Eleganz. Die Anmut wurde besonders offenbar, wenn man sie von der Seite sah und ihre Linien so voll zur Geltung kamen. Solche Schiffe sind selten in der Geschichte der großen Kampfschiffe. Ihresgleichen sollte man nie wieder sehen.

Um nicht ausgestochen zu werden, reagierte Deutschland mit der *Derfflinger* und ihren Schwesterschiffen *Lützow* und *Hindenburg*. Die 1913 vom Stapel gelaufene *Derfflinger* wurde gerade noch vor dem Ersten Weltkrieg fertig, in dem sie sich wie kein zweiter Schlachtkreuzer auszeichnete. Sie markierte den Übergang der deutschen Kriegsmarine zur 30,5-cm-Kanone; ihre Hauptbewaffnung bestand aus acht Kanonen dieses Kalibers in vier mittschiffs angeordneten Geschütztürmen. Sie hatte jedoch dickere Panzerplatten als die *Lion* und ihre Klasse: 30 Zentimeter an der Wasserlinie und 25 bis 27 Zentimeter an den Geschütztürmen, aber sie war etwas langsamer, denn ihre 63 000 PS gaben ihr nur eine Geschwindigkeit von 26,5 Knoten. Mit ihrer Länge von 207 m, einer Breite von 29 m und einem Tiefgang von 8,2 m verdrängte sie etwas über 26 000 Tonnen und war ohne Zweifel mit ihrem langen Vorschiff und den sanft ansteigenden Aufbauten einer der schönsten dieser Schiffsriesen. Inzwischen hatten Russen, Franzosen, Österreicher, Italiener und Amerikaner ebenfalls begonnen, Schiffe des *Dreadnought*-Typs zu bauen, aber sie unterschieden sich von den deutschen und den englischen dadurch, daß ihre Geschütztürme mit drei statt mit zwei Kanonen bestückt waren.

1890 hatte Lord Salisbury einen großen politischen Fehler begangen, der zunächst nicht von Bedeutung schien. Er hatte Deutschland die Insel Helgoland überlassen, die England seit Beginn des 18. Jahrhunderts in Besitz gehabt hatte. Die vor der Elbmündung gelegene Insel, nur 28 Meilen vom nächstgelegenen Festland entfernt, schien nur geringen Wert zu haben, und im Gegenzug hatte Salisbury dafür die Aufgabe deutscher Ansprüche auf die offenbar wertvolle Insel Sansibar erreicht. Aber nur zwei Jahre vorher hatte Kaiser Wilhelm II. seine Herrschaft angetreten, und der junge Monarch hatte bereits angedeutet, daß er Bismarcks Politik mißbilligte, das Deutsche Reich auf Europa zu beschränken. Bismarck hatte erklärt, daß Kolonien nur eine Quelle der Schwäche seien, weil sie nur mit mächtigen Flotten verteidigt werden konnten und Deutschlands geographische Lage nicht erforderte, daß es sich zu einer Seemacht ersten Ranges entwikkelte. Der Aufbau der neuen deutschen Marine, der ab 1900 ehrgeizig betrieben wurde, brachte die Umwandlung Helgolands von einer unbedeutenden Fischerinsel zu einer massiven Festung mit starken Wellenbrechern, die einen guten vorgeschobenen Hafen bot, in den sich Deutschlands neue Schiffe hinter Minenfelder und in den Schutz starker Küstenbatterien zurückziehen konnten. Die Insel war tatsächlich zu einer auf das Herz Englands gerichteten Kanone geworden, und diese kaum verhüllte Drohung hatte vielleicht auch Fishers Reaktion provoziert – die ihrerseits wieder zu einer Eskalation des Marinewettrüstens führte.

Als der Erste Weltkrieg schon wie eine Gewitterwolke am Horizont sichtbar wurde, gab es weitere Entwicklungen im Industriezeitalter – Neuerungen, die schließlich dem Großkampfschiff seine vorherrschende Stellung so sicher nehmen sollten, wie die Kanone und das leistungsfähige Segelschiff die Galeere verdrängt hatten. Das Fernmeldewesen wurde durch die drahtlose Telegraphie drastisch verändert. Die Fähigkeit, Informationen und Befehle über große Distanzen zu senden, bedeutete, daß das unabhängige Kommando seinem Ende entgegenging. Aber in diesem frühen Stadium erhöhte die neue Technik nur noch die Komplexität – und die Verwirrung – bei der Steuerung größerer Flottenoperationen. (Schlechter Einsatz der Nachrichtentechnik sollte sich als eine der Hauptschwächen Englands in der Schlacht am Skagerrak erweisen.)

Wie sich in den Kriegen im Fernen Osten gezeigt hatte, stellten sowohl die Mine wie der Torpedo große Gefahren für Schlachtschiffe dar. Die von England und Deutschland entwickelten Minen sollten im Ersten Weltkrieg eine bedeutende Rolle spielen, denn neben der Versenkung feindlicher Schiffe bewirkten sie auch die Entscheidung, welche Seegebiete jeweils für einen Einsatz zur Verfügung standen. Die U-Boote waren seit ihren Anfängen im amerikanischen Bürgerkrieg zu einer leistungsfähigen Waffe geworden. Die Gefahr für die Großkampfschiffe lag mehr bei den von U-Booten abgeschossenen Torpedos als bei Angriffen durch Torpedoboote. Es mußten noch mehr Sicherheitsvorkehrungen getroffen werden. Aber noch hatte sich die größte Revolution im Seekrieg nicht gezeigt. Nur am Horizont und nur für den Weitsichtigsten erkennbar war das damals noch primitive Flugzeug die Maschine, die schließlich das Großkampfschiff von den Meeren verdrängen sollte.

Wie beim U-Boot waren es auch beim Flugzeug die Amerikaner, die zuerst seinen Einsatz in Verbindung mit Kriegsschiffen versuchten. Schon 1910 war es einer »Flugmaschine« geglückt, von einer speziellen Plattform auf dem Vorschiff eines amerikanischen Zerstörers zu starten und die Küste zu erreichen. Vielleicht weil die Amerikaner keine Notwendigkeit sahen, die ein Krieg erzwungen hätte, verfolgten sie die Sache nicht weiter, obwohl derselbe »kühne Luftfahrer«, Eugene Ely, es nicht nur fertigbrachte, auf einem Schlachtschiff zu starten, sondern auch auf ihm zu landen. Die Engländer folgten und rüsteten 1913 den Kreuzer *Hermes* mit einem Flugdeck aus, aber die Unmöglichkeit, die Flugzeuge jener Zeit im Kampf einzusetzen oder zu starten und zu landen, wenn das Schiff Fahrt machte, brachte den frühen Naval Air Service zu der Ansicht, daß es im Krieg kaum eine Zukunft für Flugzeuge mit Rädern gab. Das Wasserflugzeug bot eindeutig bessere Möglichkeiten, sowohl um gegen den Feind aufzuklären wie zum Abwerfen von Bomben oder Torpedos. Wasserflugzeuge konnten mit einem Kran ausgesetzt und wieder an Bord gehievt werden.

Die *Hermes* wurde zwar im ersten Kriegsjahr torpediert, aber die Admiralität übernahm eine Anzahl von Paketdampfern für den Einsatz als Wasserflugzeugträger. Einer von ihnen, die *Engadine*, gehörte zur Großen Flotte am Skagerrak. Ihr Pilot wurde der erste Flieger der Geschichte, der meldete, daß er feindliche Schiffe gesichtet hatte. (Daß diese Meldung nie an die Admirale Jellicoe und Beatty weitergeleitet wurde, ist ein weiterer Beweis für die Unzulänglichkeit des Fernmeldesystems der Royal Navy, die ihre Taktik beeinträchtigen sollte.) Während des Ersten Weltkriegs wurden einige Schiffe für den Einsatz als echte Träger umgebaut, die Radflugzeuge aufnahmen, und bevor der Krieg vorüber war, besaß die Royal Navy drei dieser Flugzeugträger – die erste Marine der Welt, die so ausgerüstet war.

Als Lord Fisher kurz vor Kriegsausbruch 1914 gefragt wurde, wie er sich die zukünftige große Seeschlacht vorstelle, antwortete er: »Niemand weiß es oder kann es wissen, bis sie kommt.« In England und auf dem Kontinent konnte sich nach einer so langen Zeit des Friedens niemand recht vorstellen, wie ein Krieg aussehen würde – vor allem nicht in England, dessen Einwohner stets von einer übermächtigen

Marine vor dem Militarismus geschützt worden waren, der Europa seit einiger Zeit ergriffen hatte. In England war der Landsoldat im allgemeinen nicht sehr angesehen (wie Kiplings Geschichten und Balladen beweisen), doch der Seemann galt seit langem als Erretter und Beschützer des Landes. Deshalb wurden unmögliche Dinge von ihm erwartet – zum Beispiel ein sofortiger Sieg, der die anmaßenden Deutschen ein für allemal zum Schweigen bringen und den streitsüchtigen Ausländern auf dem Kontinent Frieden und Ordnung bescheren würde.

Das große Seegefecht, das die britische Öffentlichkeit erwartete, ließ zwei Jahre auf sich warten, und als es kam, erwies es sich, zumindest oberflächlich, als so enttäuschend, daß es ein tiefes Gefühl des Mißerfolgs und der Bestürzung hervorrief. Daß die Royal Navy während der ersten Kriegsmonate alle feindlichen Kreuzer von den Meeren verdrängt und zwei bedeutende Schlachten vor Coronel und bei den Falkland-Inseln geschlagen hatte, war vergessen. Daß sie ständig die weltweiten Seeverbindungen mit dem Empire offenhielt und den ununterbrochenen Strom der Truppentransporter zwischen England und Frankreich behütete, waren Leistungen, die als selbstverständlich galten. Nachdem Generationen im Geiste des legendären Helden Nelson erzogen worden waren, hatte das Volk etwas gleichermaßen Dramatisches erwartet, das den Krieg sofort beenden würde – was natürlich auch Nelsons Siege für sich allein nie bewirkt hatten.

So ausgezeichnet die deutsche Hochseeflotte auch war, niemand ging davon aus, daß sie der britischen Großen Flotte in einem einzigen entscheidenden Gefecht gegenübertreten würde. Ihr Ziel, das in den ersten Jahren erfolgreich verwirklicht wurde, war, das Gros der Grand Fleet konzentriert zu halten, während sie sich bemühte, schwächere englische Verbände in plötzlichen Vorstößen von der Festung Helgoland und aus den Minenfeldern vor der friesischen Küste anzugreifen. Die deutschen Schlachtkreuzer waren wegen ihrer Geschwindigkeit für Überraschungsangriffe auf England vorgesehen, bei denen sie vorstießen, angriffen und sich schnell zurückzogen; und natürlich sollten sie ihre britischen Gegner nach Süden locken, um sie abzufangen. Bei einer dieser Operationen, die zur Schlacht auf der Doggerbank führte, stießen Schlachtkreuzer unter Admiral Beatty auf eine aus Schlachtkreuzern bestehende Aufklärungsgruppe unter Admiral Hipper. Die Deutschen suchten kein Gefecht. Sie wußten auch nicht, daß ein Großteil des deutschen Seefunkverkehrs von der britischen Admiralität abgehört wurde, wodurch es Beatty gelungen war, sie zu finden.

In dem kurzen Gefecht, das ausgetragen wurde, bevor das deutsche

Aufklärungsgeschwader sich zurückziehen konnte, wurde sein Flaggschiff *Seydlitz* schwer beschädigt und ein weiterer Schlachtkreuzer, die *Blücher*, versenkt, während Beattys Flaggschiff *Lion*, das die britische Linie anführte, schwer havariert wurde. Aus dieser kurzen Begegnung in der Nordsee wurden auf britischer Seite keine Lehren gezogen, aber die Deutschen hatten eine wichtige Schiffbaulektion gelernt, für die England erst am Skagerrak einen fürchterlichen Preis bezahlen sollte. Die Hauptursachen für die Versenkung der *Blücher* und die schweren Schäden auf Hippers *Seydlitz* waren Funken von detonierenden Granaten, die durch die Geschütztürme eindrangen und die dort liegende Munition zündeten. Die Deutschen bauten deshalb Klappen an die Geschütztürme ihrer Schiffe, die nur zum Durchreichen von Munition geöffnet wurden. Bei diesem kurzen Gefecht, in dem beide Seiten zum ersten Mal die neuen Großkampfschiffe einsetzten, war bemerkenswert, daß Beattys *Lion* über eine Entfernung von elf Meilen das Feuer auf die *Blücher* eröffnete – etwas ganz anderes als die vielen Schlachten auf Kernschußweite, die bisher von Großkampfschiffen in den Gewässern um die britischen Inseln geschlagen worden waren.

1916 übernahm Vizeadmiral Scheer das Kommando über die deutsche Kriegsmarine, und innerhalb kurzer Zeit brachte er Bewegung ins Geschehen, indem er im April Schlachtkreuzer ausschickte, um die britischen Küstenhäfen Lowestoft und Yarmouth zu bombardieren. Wie er in seinen nach dem Krieg verfaßten Memoiren klarstellte, war es nie seine Absicht, eine entscheidende große Seeschlacht zu provozieren, sondern solch ärgerliche und für die britische Öffentlichkeit demoralisierende plötzliche Angriffe auszuführen, um eine größere Abteilung von Admiral Jellicoes Flotte nach Süden zu locken und ihr einen stärkeren Verband der deutschen Hochseeflotte entgegenzustellen. Möglicherweise hoffte er, mit einem oder zwei erfolgreichen Einsätzen sowie durch die ständige Abnutzung der britischen Großkampfschiffe durch U-Boote die Übermacht der Großen Flotte auf einen Stand zu reduzieren, bei dem er ihr eines Tages zu etwa gleichen Bedingungen gegenübertreten konnte.

Ende Mai 1916 befahl Scheer Admiral Hippers fünf Schlachtkreuzern, zum Skagerrak zu laufen, wo sie vielleicht britische Handelsschiffe mit Ostseekurs aufbringen konnten. Er wußte, daß dieser Schritt zwangsläufig eine Reaktion provozieren würde, und hoffte, eine starke Abteilung, wahrscheinlich die britischen Schlachtkreuzer, ins Skagerrak zu locken. Scheer selbst wollte dann hinter Hippers Schlachtkreuzern mit dem Gros der deutschen Hochseeflotte folgen und sich 40 Meilen weiter südlich halten. Scheer, der nicht wußte, daß die britische Admiralität einen Teil seiner Funksprüche auffing, konnte nicht ahnen, daß sein jüngster Funkverkehr die Engländer auf eine größere Schiffsbewegung vorbereitet hatte. Während Beattys Schlachtkreuzergeschwader, verstärkt durch das 5. Geschwader der *Queen-Elizabeth*-Klasse, Befehl erhielt, auf die dänische Küste zuzulaufen, wurde gleichzeitig Admiral Jellicoe befohlen, mit der gesamten Großen Flotte in See zu stechen. Beatty sollte auf einen Punkt nördlich der Doggerbank zuhalten, etwa 100 Meilen vor der dänischen Küste. Danach sollte er auf Kurs Nord drehen und zur Großen Flotte stoßen, die sich von Nordwesten her näherte.

Am 30. Mai um Mitternacht waren alle Verbände auf See. Für die Große Flotte ähnelte das Unternehmen vielen anderen in der Vergangenheit, die gewöhnlich damit endeten, daß alle Schiffe ohne Feindberührung zu ihren Stützpunkten zurückkehrten, nachdem sie nur die grauen Weiten der Nordsee gesehen hatten.

Über eines war Jellicoe allerdings falsch informiert worden: Die Admiralität empfing Funksprüche von Scheers Flaggschiff, als ob sie weiterhin von seinem Stützpunkt in Wilhelmshaven kämen. Deshalb hatte sie ihn informiert, daß das Gros der feindlichen Flotte noch an der Jade stehe. Tatsächlich hatte Scheer jedoch das Funkrufzeichen seines Flaggschiffs auf eine starke Funkstation an Land übertragen – eine Täuschung, auf die der britische Horchdienst hereinfiel.

Am 31. Mai – einem klaren Tag mit ruhiger See – ließ Beatty um 14 Uhr 15 seine Schiffe nach Norden drehen, auf den Treffpunkt mit der Großen Flotte zu. Die sichernden Leichten Kreuzer deckten ihn nach Osten und Süden. Hipper stand mit seinem Schlachtkreuzergeschwader zu diesem Zeitpunkt etwa 20 Meilen weiter ostwärts. Beattys Kursänderung bedeutete, daß die beiden Verbände sich jetzt auf konvergierenden Kursen befanden. Der Kreuzer *Galatea* meldete als erster einen deutschen Zerstörer im Osten und eröffnete um 14 Uhr 20 das Feuer auf ihn – der erste Schuß des Tages. Kurz darauf sichtete er weitere Zerstörer und Leichte Kreuzer, eindeutig die Sicherung einer Flotte, und signalisierte die Nachricht an Beatty und Jellicoe.

Die Große Flotte, bisher auf Marschfahrt, gab jetzt Volldampf und änderte den Kurs, um zu Beattys Geschwadern zu stoßen. Während der ganzen Skagerrakschlacht wirkte sich die Unzulänglichkeit des britischen Funkverkehrs aus, wie zwei Beispiele der Anfangsphase zeigen: Das Geschwader der schnellen *Queen-Elizabeth*-Klasse hatte Beattys erste Anweisung nicht empfangen, nach Norden zu drehen und fünf Meilen achteraus von seinen Schlachtkreuzern Station zu beziehen. Bevor der Befehl als Blinkspruch wiederholt wurde, die

Schiffe gedreht und ihre Geschwindigkeit auf die nötigen 24 Knoten erhöht hatten, lagen sie zehn Meilen zurück. Ein für die Nordsee typischer Dunst begann über die See zu kriechen, und von der *Engadine*, dem umgebauten Kanaldampfer in Beattys Geschwader, wurde ein Wasserflugzeug gestartet. Und jetzt ging die äußerst wichtige Meldung dieses Beobachters, die kurz nach 15 Uhr gesendet wurde, im Fernmeldesystem der Briten »verloren«. Zu diesem Zeitpunkt hatte noch keine der beiden Seiten erkannt, daß die Hauptmacht des Gegners in See war. Beatty glaubte, daß er deutsche Schlachtkreuzer angreifen und verfolgen sollte, bis Jellicoe heran war, während Hipper glaubte, daß Scheers Kriegslist Erfolg hatte, daß er Beattys Verband angreifen und auf Scheer zu locken sollte, so daß dieser sie mit der Hochseeflotte vernichten konnte. Beide Schlachtkreuzerverbände fuhren in Kiellinie mit langsam zusammenlaufenden Kursen, und ihre Zerstörer und Leichten Kreuzer waren voraus und auf beiden Flügeln ausgeschwärmt. Nach Osten war der Himmel wolkig und dunstig, was die Deutschen begünstigte, während er im Westen hell war, so daß sich die Silhouetten der Briten scharf abhoben.

Das Gefecht begann zwischen zwei Schiffen der Vorhut, Beattys *Lion* und Hippers *Lützow*. Das Feuer wurde um 15 Uhr 48 von der *Lion* über 14850 m Distanz eröffnet. Mit ihren 41-cm-Geschützen wäre es ihr möglich gewesen, früher zu schießen und außerhalb der Reichweite der deutschen 30,5-cm-Kanonen zu bleiben, aber sie versäumte dies und fand auch die richtige Entfernung nicht schnell genug, während Hippers Schiffe die Engländer bald eingabelten. Wie später zugegeben wurde, waren die optischen Instrumente der Deutschen bei weitem besser, und es ist auch möglich, daß ihre ständigen Schießübungen in der Ostsee ihnen einen Vorteil einräumten. Außerdem waren ihre panzerbrechenden Granaten mit Verzugszündern besser als die britischen. Drei Minuten nach Feuereröffnung war die *Lion* zweimal getroffen, ebenso die *Princess Royal*, während die *Tiger* vier Treffer erhalten hatte. Hipper besaß gegenüber Beattys sechs Schlachtkreuzern nur fünf. Erst als die Entfernung weniger als 11800 m betrug, beschädigte das britische Feuer die *Seydlitz*. Am Ende der Schlachtlinie endete das Duell zwischen der *Indefatigable* und der *Von der Tann* abrupt, als eine Salve des deutschen Schlachtkreuzers den britischen Gegner traf, sein Deck durchschlug und ein Magazin in die Luft flog. Er sank nach einer fürchterlichen Explosion, und nur zwei Mann von über 1000 wurden gerettet.

Während des ganzen bisherigen Gefechts waren der Einsatz der Schlachtkreuzer und insbesondere der Funkverkehr mangelhaft gewesen, und erst zu diesem Zeitpunkt gelang es dem 5. Schlachtschiff-geschwader, Beattys Schiffe einzuholen und durch die treibenden Pulverrauchwolken die Silhouetten des Feindes zu erkennen. Sie eröffneten das Feuer über 17300 m, fanden sehr schnell die richtige Entfernung, und Hippers Schlachtkreuzer liefen in ein Dickicht einschlagender 38-cm-Granaten. Die *Von der Tann* und die *Moltke* wurden getroffen und schwer beschädigt, aber bevor die englischen Schlachtschiffe eingegriffen hatten, war ein weiterer Schlachtkreuzer Beattys in die Luft geflogen – die *Queen Mary*, auf der zwei Salven in die Magazine einschlugen. Sowohl Beatty wie Hipper drehten jetzt voneinander ab, während beide Seiten ihre Zerstörer vorschickten.

Es folgte ein verworrenes Gefecht zwischen den kleinen Schiffen, in dessen Verlauf die *Seydlitz* durch einen Torpedotreffer am Bug schwer beschädigt wurde. Auf beiden Seiten gingen je zwei Zerstörer verloren, aber die Beschädigung der *Seydlitz* und die Tatsache, daß die Engländer allen deutschen Torpedos hatten ausweichen können, gab der Moral der Engländer wieder einigen Auftrieb. Sie war durch die Tatsache erschüttert worden, daß sie mit sechs Schlachtkreuzern gegen Hippers fünf angetreten waren und jetzt nur noch vier hatten, von denen die *Lion* durch Granatfeuer schwer beschädigt war.

Während dieses Zerstörergefechts sah Admiral Beattys Leichtes Kreuzergeschwader, das vier Meilen vor seinen Schlachtkreuzern stand, um 16 Uhr 30 ein Ehrfurcht erregendes Bild. Hinter einer Vorhut von Leichten Kreuzern, die mit Nordkurs auf die Engländer zuhielt, wurden die Toppmasten einer Reihe von Großkampfschiffen sichtbar. Die deutsche Hochseeflotte unter Admiral Scheer, der zuversichtlich war, daß die Engländer den Köder gefressen hatten, war dabei, die Falle um die Schlachtkreuzer zuschnappen zu lassen. Commodore Goodenough, der das zweite Leichte Kreuzergeschwader befehligte und auf der *Southampton* fuhr, setzte den dringenden Funkspruch ab: »Habe feindliche Schlachtflotte gesichtet. Peilung Südost. Kurs des Feindes Nord.« Er gab dann seine eigene Position durch, und befehlsgemäß stieß er weiter auf den Feind vor, denn er wußte, daß sein Flottenchef die Größe und Zusammensetzung des feindlichen Verbandes erfahren wollte. Beatty erkannte seine gefährliche Lage, befahl, mit Gegenkurs auf die Große Flotte zuzulaufen, die noch außerhalb der Sichtweite unter dem Horizont stand. Admiral Hipper führte seinen Auftrag, sich an die britischen Schlachtkreuzer zu halten, aus und wendete ebenfalls. Währenddessen lief Goodenough mit dem 2. Leichten Kreuzergeschwader weiter auf den Feind zu, bis er genau erkennen konnte, daß mindestens 16 Großkampfschiffe in Kiellinie auf ihn zufuhren. In dem nebligen, undurchsichtigen Wetter hielten die Deutschen ihren Verband wahrscheinlich für Hippers Leichte Kreuzer, und erst als die Entfernung nur noch 11800 m betrug und Goodenough seine Schiffe auf Nordkurs drehte, waren sie durch ihre Silhouetten leicht zu erkennen. Die führenden deutschen Schiffe eröffneten das Feuer. Goodenough konnte ohne ernsthaften Schaden entkommen und funkte die Bestätigung, daß die deutsche Hochseeflotte auf See war und Nordkurs lief.

Admiral Scheer war zuversichtlich, daß sein Plan gelungen war, er die britischen Schlachtkreuzer in der Falle hatte und sie bald vernichten würde. Er war zunächst beunruhigt gewesen, als er von dem Schlachtschiffgeschwader hörte, hatte aber daraus nur geschlossen, daß er auf einen etwas größeren Teil der britischen Flotte getroffen war. Er glaubte, in der Lage zu sein, auch diese größere Beute mit der Kampfkraft seiner Schiffe zu vernichten.

Es scheint, daß in der Verwirrung des Gefechts und wegen des plötzlichen Wendens auf Gegenkurs das Signal zum Folgen an die achteraus von Beattys Schlachtkreuzern laufenden Schlachtschiffe nie gegeben wurde. Als Beattys Schiffe an ihnen vorbeifuhren, erhielten sie Befehl, hinter ihm nacheinander den Kurs um 180 Grad zu ändern. Das richtige Signal wäre jedoch gewesen, gemeinsam zu drehen. Das befohlene Manöver bedeutete, daß die führenden Schiffe der deutschen Hochseeflotte in der Lage waren, ein konzentriertes Feuer auf die Briten abzugeben, als ein Schiff nach dem anderen wendete. Zwei Schiffe wurden ziemlich schwer getroffen, die *Barham* und die *Malaya*, aber nicht so schwer, daß sie aus der Linie gezogen werden mußten, während sie ihrerseits Treffer auf zwei der führenden deutschen Schlachtschiffe erzielten. Als sie sich wieder in Kiellinie formierten und nordwärts hinter Beatty herliefen, gerieten sie ihrerseits hinter die deutschen Schlachtkreuzer und erzielten Treffer auf der *Lützow* und der *Derfflinger* und beschädigten die bereits torpedierte *Seydlitz* schwer. Es war der deutschen Bauweise der Abschottung des Torpedoraumes und der Schottenbauweise allgemein zu verdanken, daß dieser Schlachtkreuzer noch über Wasser und in der Linie blieb. Hätte es sich um ein britisches Schiff gehandelt, hätte es wahrscheinlich aus der Linie abgezogen werden müssen oder wäre sogar gesunken.

Jellicoes Große Flotte fuhr noch in ihrer dichtgedrängten Marschordnung mit 20 Knoten nach Süden. Sie wußte noch nicht – so schlecht waren die Funkverbindungen –, daß die deutsche Hochseeflotte dicht hinter Beatty und seinen Schiffen stand. Admiral Scheer wiederum wußte noch nicht einmal, daß die Große Flotte auf See war. Nachdem das Geschwader britischer Schlachtschiffe und seine Schlachtkreuzer sich vor Hipper zurückgezogen hatten, nahm er an, daß er sich ihnen näherte, um sie zur Strecke zu bringen, und signalisierte »allgemeine Jagd«.

Scheers Geschwindigkeit mußte gedrosselt werden, weil er einige der älteren deutschen Schlachtschiffe bei sich hatte, aber auch so liefen die beiden riesigen Flotten fast blind mit einer kombinierten Geschwindigkeit von etwa 35 Knoten aufeinander zu. Scheer, der keine Meldungen von den U-Booten erhalten hatte, die zur Beobachtung Scapa Flows abgestellt waren, wußte immer noch nicht, daß eine große Schlacht bevorstand.

Admiral Hood war mit drei Schlachtkreuzern als Vorhut der Großen Flotte ausgeschickt worden, um den deutschen Schiffen, die gegen Beatty gekämpft hatten, jede Fluchtroute durch das Skagerrak abzuschneiden. Admiral Jellicoe war sich aufgrund von Navigationsfehlern (sowohl an Bord seines eigenen Flaggschiffes *Iron Duke* wie auf Beattys *Lion*) nicht darüber im klaren, wie nahe die deutsche Hochseeflotte stand. Erst als um 18 Uhr 14 die *Lion* vorbeistürmte, um Station vor Jellicoes führenden Schlachtschiffen zu beziehen, wurde die beunruhigende Nachricht an das Flaggschiff geblinkt, daß die deutsche Hochseeflotte in Sichtweite im Südwesten stand. Die Große Flotte konnte sich aus ihrer Marschformation gerade noch rechtzeitig zur Gefechtsformation entfalten. Dies wurde großartig ausgeführt, und 20 Minuten später, als die 24 Schlachtschiffe in Kiellinie fuhren, drehte sie weiter auf Süd, um die optimale Linie gegenüber dem Feind einzunehmen.

Die Schlachtkreuzer unter Admiral Hood hatten inzwischen Feuer eröffnet und den Kreuzer *Wiesbaden* kampfunfähig geschossen. Ungefähr zu dieser Zeit erkannte Vizeadmiral Scheer niedergeschmettert, was geschah, weil Konteradmiral Behncke, der sich in der Vorhut an Bord der *König* befand, in der Ferne vor sich eine scheinbar endlose Linie von großen grauen Schiffen sah, die quer über den Horizont drehten und seinen Kurs kreuzten. Aus der »allgemeinen Jagd« auf britische Schlachtkreuzer und ein Schlachtschiffgeschwader, die in eine sorgfältig vorbereitete Falle gehen sollten, war, wie die Deutschen jetzt erkannten, eine noch größere Falle für sie selbst geworden. Es muß jedoch dazu angemerkt werden, daß dies zwar genau Jellicoes Plan entsprach, daß er aber überrascht wurde von der Schnelligkeit, mit der seine Falle zuschnappte.

Hippers bereits beschädigte Schlachtkreuzer gerieten jetzt ebenso wie die führenden Schiffe der deutschen Vorhut in einen Feuersturm.

Zur gleichen Zeit befanden sich die Vorreiter der Flotten, die Zerstörer und Leichten Kreuzer, bereits im Gefecht, während sich der Leichte Kreuzer *Wiesbaden*, der von Hoods Schiffen manövrierunfähig geschossen war und gestoppt hatte, sich als zu große Verlockung für Admiral Arbuthnot erwies. Er ließ ihr von seiner *Defence*, die das 1. Schwere Kreuzergeschwader führte, den Fangschuß versetzen. Die scheinbare Unzerstörbarkeit der deutschen Schiffe zeigte sich wieder einmal, als die *Wiesbaden* trotz des Feuerhagels nicht sank, und während Arbuthnots Kreuzer sie bekämpften, erlitten sie selbst eine Katastrophe. Das an ihrer Spitze laufende deutsche 3. Schlachtschiffgeschwader tauchte plötzlich aus Nebel und Rauch auf und eröffnete Feuer auf die britischen Kreuzer. Arbuthnots Flaggschiff wurde schwer getroffen, geriet in Brand, und seine Munition flog in die Luft. Es blieb nicht mehr als eine Rauchwolke von ihm zurück, während die schwergetroffene und brennende *Warrior* gerade noch beidrehen und in den Schutz des 5. Schlachtgeschwaders gelangen konnte. Die schwer angeschlagene *Black Prince* blieb hinter der Flotte zurück und wurde vergessen, als sei sie versenkt worden. Als sich die *Warrior* dem 5. Schlachtgeschwader näherte, blockierte das Ruder der *Warspite*. Sie brach – für die deutsche Vorhut gut sichtbar – aus und wurde mehrfach von schweren Granaten getroffen. Allmählich wurde sie wieder notdürftig unter Kontrolle gebracht, war aber nicht mehr kampffähig und mußte sich aus dem Gefecht zurückziehen. Später wurde sie vom Wasserflugzeugträger *Engadine* in Schlepp genommen.

Während dieser Phase beschossen Admiral Hoods Schlachtkreuzer Hippers Schlachtkreuzer, die bereits aus den Kämpfen mit Beattys Geschwader beschädigt waren, und nur ihre solide Bauweise rettete sie vor der völligen Vernichtung. Hippers *Lützow* griff trotz ihrer schweren Beschädigungen weiterhin die *Invincible* an, während gleichzeitig Behnckes Schlachtschiff *König* in der Vorhut der Hochseeflotte das Feuer auf sie eröffnete. Die Wirkung war vernichtend, sie wurde durch die Explosion ihrer Magazine zerrissen.

Der Rauch der Schlacht hatte sich wie ein grauer Vorhang über das Meer gebreitet, so daß das Gros der Flotten einander nicht hatte sehen können. Aber, wie Scheer sich in seinen Memoiren erinnert, entdeckte er dann plötzlich vor sich die mehrere Meilen lange Linie der großen Schiffe, deren beide Enden im Nebel verschwanden. In diesem Augenblick blitzten entlang der feindlichen Linie im Norden die Mündungsfeuer auf, und auf die Schiffe der deutschen Vorhut ging ein Granathagel nieder. Es war keineswegs Scheers Absicht gewesen, die Große Flotte selbst herauszufordern. Nun erkannte er, daß seine

Schiffe in die Vernichtung liefen, während der Feind sich wie ein Netz um sie legte. Aber auch eine derartige Situation war in vielen taktischen Übungen vorausgesehen worden. Um 18 Uhr 35 gab er Befehl an alle Schiffe, um 180 Grad über Steuerbord zu wenden. Als die deutschen Schlachtschiffe ihren Rückzug begannen, eilten Zerstörer nach vorn, um das Manöver zu decken, und legten eine dicke Nebelwand zwischen sich und den Feind. Jellicoes Schiffe konnten jetzt außer der hohen Nebelwand, die vor ihnen lag und sich mit den Wolken und dem Seenebel vermischte, nichts sehen. Hippers Schlachtkreuzer wendeten achteraus der Hauptflotte ebenfalls, aber sein brennendes und manövrierunfähiges Flaggschiff *Lützow* konnte nicht mithalten und hinkte beinahe sinkend nach Südwesten durch den schützenden Nebel davon.

Als sich nach dem ohrenbetäubenden Kanonenfeuer und dem Donner der Explosionen Stille über die See legte, hatten beide Seiten eine kurze Atempause, um sich über die Lage klarzuwerden. Scheer wußte, daß er seinen gegenwärtigen Kurs nicht lange beibehalten konnte, denn er dampfte von der Jade, seinem Zufluchtsort, weg. Jellicoe seinerseits hielt steten Südkurs, weil er annahm, daß die deutsche Flotte nach Südwesten lief, und hoffte, sich zwischen die Deutschen und die Minenfelder in der deutschen Bucht zu stellen. Obwohl Jellicoe es nicht wissen konnte, hatte er seine große Chance verpaßt. In der Tat sollte seine überlegene Leistung, die Große Flotte so perfekt vor die Hochseeflotte zu postieren, während der nächsten Stunden schwinden. Seine Aufklärung erwies ihm schlechte Dienste, und die Kreuzer, die ihm hätten Informationen liefern sollen, scheinen kaum eine Anstrengung unternommen zu haben, durch die Dunkelheit vorzustoßen und am Feind zu bleiben. Schlechter Signal- und Funkverkehr erwiesen sich während des ganzen Unternehmens als größte Schwäche der Engländer.

Scheer, der annahm, daß ihn die Große Flotte verfolgte, entschied sich für eine zweite Kursänderung, dieses Mal nach Osten, in der Hoffnung, hinter der Großen Flotte vorbeizulaufen, um den nördlichsten Kanal durch die deutschen Minenfelder zu erreichen und damit in die Sicherheit Wilhelmshavens zu gelangen. Bei diesem Manöver stieß er auf die Nachhut der Großen Flotte und war noch einmal gezwungen, schnell abzudrehen. Um den weiteren Rückzug zu decken, schickte er seine bereits arg mitgenommenen Schlachtkreuzer, gefolgt von Torpedobooten, in einem heroischen letzten Versuch vor, um den Feind zu verwirren und, wenn möglich, seine Linie aufzubrechen. Mit diesem Vorstoß war er erfolgreicher als erwartet, denn er traf, ohne es zu wissen, Jellicoes Achillesferse. Der britische Admiral, selbst Artille-rist, hatte eine fast panische Furcht vor Massenangriffen mit Torpedos auf eine Linie von Schlachtschiffen. In den Gefechtsbefehlen für die Große Flotte hatte er festgelegt: »Wenn der Feind nicht durch Ge-schützfeuer geschlagen wird, habe ich nicht vor, einen Angriff durch seine Torpedos zu riskieren... Generell ist es meine Absicht, außer-halb der Torpedoreichweite der Schlachtlinie des Feindes zu bleiben.«

Jetzt war gewiß eine Lage eingetreten, in der sich die englische Flotte dem Feind entgegenstellen sollte, denn die Deutschen versuch-ten zu entkommen. Zwar ist man immer nach den Geschehnissen klü-ger (und die Skagerrakschlacht provozierte in den kommenden Jahren zahllose Bücher und endlose Argumente), aber in diesem Augenblick verspielte Jellicoe, als er das Signal zum Abdrehen gab, die Chance auf einen triumphalen Abschluß der Schlacht, auf die er sich so lange vorbereitet hatte. Es wurden viele Torpedos abgeschossen, aber keine Treffer erzielt, wodurch sich eine Lehre bestätigte, die aus den Ge-fechten im Fernen Osten hätte gezogen werden können – die Unge-wißheiten von Torpedobootangriffen. Die deutschen Schlachtkreu-zer, die ihr Ablenkungsmanöver ausgeführt hatten, verschwanden hinter dem Rauch und dem dunkler werdenden Nebel. Durch die un-geheure Feuerkraft der sekundären britischen Artillerie waren meh-rere deutsche Torpedoboote verlorengegangen. In diesem Augen-blick dampften beide Flotten voneinander fort, und Scheers Streit-macht verschwand in der Dunkelheit.

Die Gelegenheit eines Sieges am Skagerrak war verpaßt und die Schlacht vorüber. Zu dem Zeitpunkt, als Jellicoe gewendet und seinen Südkurs wieder aufgenommen hatte, war jede Chance auf ein größe-res Gefecht und auf das Zuschnappen der gut gelegten Falle hinfällig. Jellicoes Annahmen, die sich auf widersprüchliche Meldungen und irreführende Informationen gründeten, waren falsch gewesen. Scheer hatte seinen Südostkurs wieder aufgenommen, und eine Stunde vor Mitternacht lief das Gros der deutschen Flotte achteraus der Großen Flotte in die Sicherheit. Die vorbeifahrenden deutschen Verbände blieben bei der britischen Nachhut zwar nicht unbemerkt, es kam zu einer Reihe verzweifelter, hastig begonnener Angriffe durch Zerstö-rer, die sich plötzlich in der Mitte der deutschen Flotte wiederfanden. Aber bei diesen Scharmützeln gingen mehrere britische Zerstörer ver-loren. Allerdings gab es jetzt auch die einzigen erfolgreichen Torpedo-angriffe des Tages – die Versenkung des Leichten Kreuzers *Rostock* und des alten Schlachtschiffes *Pommern*. Der unglückselige Kreuzer *Black Prince*, der manövrierunfähig auf dem Kurs der Deutschen lag, wurde von Schiff nach Schiff beschossen und flog mit der ganzen Besatzung in die Luft.

Die Blitze dieser Nachtgefechte waren für Jellicoes Nachhut klar zu erkennen. Es ist erstaunlich, daß die Meldung, wonach schwere Schiffe des Feindes sein Kielwasser kreuzten, den Admiral offenbar nie erreicht hat. Feindliche Zerstörerangriffe waren gewiß erwartet worden, und man scheint angenommen zu haben, daß es sich um solche handelte. Trotzdem bleibt rätselhaft, warum Jellicoe und sein Stab nicht wegen der Ursache der Unruhe bei der Nachhut anfragten. Voller Zuversicht, den Feind bei Morgengrauen zu sichten, dampfte die Große Flotte in der falschen Richtung weiter. Um drei Uhr morgens, als die Briten unruhig den Horizont absuchten, stand Scheer schon querab vom Feuerschiff Horns Riff und war so gut wie im Heimathafen. Während der Nacht hatte er neben den beiden Versenkungen durch britische Zerstörer einen Leichten Kreuzer durch die Kollision mit einem Schlachtschiff verloren und war gezwungen, Hippers *Lützow* mit einem Torpedo zu versenken, nachdem die Besatzung abgeborgen war. Scheer konnte sich zu seinem glücklichen Entkommen gratulieren. Er wußte nicht einmal, daß seine Flotte wie durch ein Wunder eine Lücke in einem Minenfeld gefunden hatte, das wenige Stunden zuvor auf Befehl Jellicoes vom Minenleger *Abdiel* gelegt worden war.

Die Skagerrakschlacht brachte eine abrupte Ernüchterung nach Jahrzehnten der Euphorie für gepanzerte Großkampfschiffe. Die ungeheuren Hoffnungen der britischen Öffentlichkeit wurden enttäuscht, während die Deutschen sich dazu gratulieren konnten, daß sie einer überlegenen Streitkraft beträchtlichen Schaden zugefügt und sich mit großem Geschick aus einer tödlichen Falle befreit hatten. Es überrascht nicht, daß dies in Deutschland als Sieg bejubelt wurde. Bei Verlust eines alten Schlachtschiffs, eines Schlachtkreuzers und vier Leichter Kreuzer hatten die Deutschen im Gegenzug drei britische Schlachtkreuzer und drei Panzerkreuzer versenkt. Beide Seiten hatten außerdem eine Anzahl von Zerstörern eingebüßt, und die Briten hatten durch ihre Nachtangriffe mehr verloren als gewonnen. Die auf beiden Seiten entstandenen Schäden waren zu jener Zeit noch unbekannt. Spätere Berichte enthüllten, daß bei den Zerstörern und bei sieben größeren britischen Schiffen umfangreiche Reparaturen erforderlich waren, während sich 17 ihrer deutschen Gegner monatelang auf der Werft befanden. Die britischen Opfer unter Offizieren und Mannschaften waren jedoch, vor allem durch den Verlust an Schlachtkreuzern, doppelt so hoch wie die deutschen.

Ein deutscher Marineexperte schrieb, daß es ».. .am 1.Juni 1916 jedem denkenden Menschen klar war, daß diese Schlacht die letzte sein mußte und sein würde«. Dies war gewiß auch die Meinung von Vizeadmiral Scheer, der erkannte, daß die Hochseeflotte am Rand einer Katastrophe gestanden hatte, weil sie sich selbst einer Situation aussetzte, für die sie niemals vorgesehen war. Bald darauf informierte er den Kaiser über seine Ansicht, daß ein Sieg auf hoher See nicht durch Großkampfschiffe und Überwasserkrieg zu erreichen sei, sondern mit jener neuen Waffe, die Deutschland zu einem Höchststand entwickelt hatte – dem U-Boot. Er befürwortete den U-Boot-Krieg gegen die britische Insel, die von ihren Handelsrouten abhängig war.

Der Streit in England wegen der Schlacht am Skagerrak, der jahrzehntelang dauerte, liegt heute weit zurück, nicht nur wegen der vielen inzwischen vergangenen Jahre, sondern auch wegen der Ereignisse im Zweiten Weltkrieg. Die Meinungen Pro-Beatty oder Pro-Jellicoe sind, außer für den Historiker, bedeutungslos. Aber eines bleibt klar: Jellicoe war der einzige Mann, der den Krieg an einem Nachmittag hätte verlieren können. Mag sein, daß er übervorsichtig war, aber er trug auch eine ungeheure Verantwortung. Beatty andererseits ist vor allem wegen des schlechten Einsatzes der neuen *Queen-Elizabeth*-Klasse (der vier schnellsten und besten Schlachtschiffe beider Seiten) in der Eröffnungsphase der Schlacht zu tadeln, während sein Vorgesetzter Jellicoe in den späteren Phasen gleich gravierende Fehler machte. Nur eine Sache lag auf der Hand: Der unzulängliche horizontale Schutz der britischen Schlachtkreuzer gegen Treffer von oben war Ursache ihrer traumatischen Verluste. Wie Fisher zuvor angemerkt hatte: »Niemand kennt den Ausgang einer solchen Schlacht, bis sie kommt.«

Technisch zeigte sich, daß die Deutschen viel bessere optische Geräte zum Entfernungsmessen hatten und daß ihre panzerbrechenden Granaten tödlich waren, während die britischen Granaten mittelmäßig blieben und oft beim Aufschlag explodierten – was beim Einsatz gegen stark gepanzerte Schiffe sinnlos ist. Da sie mehr Schäden erleiden konnten, ohne zu sinken oder in die Luft zu fliegen, erwiesen sich die Schiffe der deutschen Bauweise als viel brauchbarer. Aber, wie gesagt, sie waren nur für eine Aufgabe geeignet: den Einsatz in der Nordsee. Die britischen Konstrukteure konnten nicht dafür getadelt werden, daß ihre Schiffe in der ganzen Welt operieren mußten, weit entfernt von den Heimathäfen und den Unterkünften ihrer Besatzungen. Dem Schutz der Magazine wurde sofort mehr Aufmerksamkeit gewidmet, aber doch noch nicht genügend, denn ein Riese unter den

Schiffen, der vor Kriegsende auf Kiel gelegt wurde, sollte abermals unter diesem Mangel leiden und im Zweiten Weltkrieg aus dem gleichen Grund sterben, aus dem Beattys drei Schlachtkreuzer gesunken waren.

Die Schlacht am Skagerrak hatte niemand gewonnen. Aber auf lange Sicht blieb die Tatsache, daß die deutsche Hochseeflotte sich nie wieder mit großen Verbänden auf See wagte, entscheidend. Es war gewiß die größte und zugleich die letzte Schlacht, in der das Großkampfschiff – in der bis dahin bekannten Form – die Szene beherrschte.

11. Die Jahre des Niedergangs

In der deutschen Hochseeflotte, demoralisiert während der Jahre, in denen sie in ihren Häfen eingesperrt war, brach die Revolution aus, die 1918 zum Zusammenbruch des Kaiserreiches führte. Nach der Kapitulation im November wurden die Großkampfschiffe, die sich ihrem britischen Gegner als in jeder Hinsicht ebenbürtig erwiesen hatten, in Reichweite der Geschütze der Royal Navy in Scapa Flow interniert. Englands Alliierte, die nicht wollten, daß es sich die deutsche Flotte einverleibte, bestanden darauf, daß die Schiffe bis zu einer Entscheidung über ihr Schicksal in den Händen ihrer internierten Besatzungen bleiben sollten. Dieses Problem wurde gelöst, als am 21. Juni 1919 die gesamte deutsche Hochseeflotte mit Ausnahme eines Schlachtschiffs und fünf Leichter Kreuzer von ihren eigenen Besatzungen versenkt wurde. So gingen in einer Geste, die beinahe symbolisch für das Schicksal des Großkampfschiffes war, die letzten Schiffe der kaiserlichen Marine in den grauen Wassern des Nordens unter.

Obwohl zwischen den Kriegen alle großen Industrienationen in unterschiedlichem Ausmaß weiterhin neue Schlachtschiffe bauten, gestanden sich selbst die konservativsten Geister ein: die Schlacht am Skagerrak hatte gezeigt, daß das Schlachtschiff nicht mehr der Garant großer Siege war. Das Schiff, das den Zweiten Weltkrieg, vor allem im Pazifik, beherrschen sollte, war vielmehr der Flugzeugträger. Die Engländer waren die ersten, die ein aktives Interesse an ihm gezeigt hatten. Aber solange ein beklommener Friede herrschte, bestand für die Großmächte noch immer die Notwendigkeit, ihre Bedeutung durch das Zeigen ihrer Flagge in der ganzen Welt zu demonstrieren. Dies galt insbesondere für alle Nationen mit Kolonialreichen und auch für die Länder, die wie die Vereinigten Staaten und Japan Einflußsphären außerhalb ihrer eigenen Gebiete anstrebten. Vor allem im großen britischen Empire, das sich von der Karibik bis Indien und in den Fernen Osten erstreckte, mußte die schützende Gegenwart des Mutterlandes demonstriert werden, und hierfür war noch nichts Besseres gefunden als das Großkampfschiff.

Außerdem bestand stets die Notwendigkeit, starke Streitkräfte in Gebieten zu unterhalten, in denen andere Länder kriegerische Absichten hegten, insbesondere wenn dies in irgendeiner Weise die britischen Versorgungswege nach Indien und in den Fernen Osten betraf.

Die Labilität der Länder im Mittelmeerraum verlieh diesem Gebiet vor allem wegen des Suezkanals besondere Bedeutung. Mit dem Aufstieg Mussolinis und der Faschisten in Italien und ihrem zunehmenden Interesse an Kolonien in Afrika wurde die britische Mittelmeerflotte mit ihrem Hauptstützpunkt auf der Insel Malta besonders wichtig. Dies verstärkte sich noch durch den Krieg in Abessinien und den spanischen Bürgerkrieg. Eines der britischen Schlachtschiffe, das im Ersten Weltkrieg von Stapel gelaufen war (und das im Zweiten Weltkrieg noch hervorragende Dienste leisten sollte), war die HMS *Warspite*. Dieses Schiff der *Queen-Elizabeth*-Klasse gehörte mit seinen Schwesterschiffen zur schönsten Schlachtschiffklasse, die je im aktiven Dienst stand, bevor die großen Panzerschiffe abgeschafft wurden.

Während der Jahre zwischen den Kriegen wurden die Schiffe regelmäßig modernisiert, und sie dienten England nicht nur beim »Flaggezeigen« in britischen Kolonien, sondern verschiedene Male auch durch Demonstration ihrer Macht in den Krisengebieten der Welt. Vor dem Ausbruch des Zweiten Weltkriegs waren die *Warspite* und drei ihrer Schwesterschiffe fast vollständig umgebaut worden – sie erhielten neue Maschinen, eine Verstärkung der Deckpanzerung, Flugabwehrgeschütze, Torpedowülste –, so daß es sich um fast neue Schiffe handelte. Damit wurden in diesen finanziell angespannten Jahren die Kosten für eine völlig neue Schlachtschiffklasse vermieden.

Eines der berühmtesten Schiffe dieser Zeit, das wegen seiner ständigen Fahrten in alle Teile des britischen Empire bekannt wurde, war das größte Schiff der Welt, die HMS *Hood*. Sie war 1916 auf Kiel gelegt worden, nachdem Informationen vorlagen, daß die Deutschen einen Schlachtkreuzer mit 38-cm-Kanonen bauten. Die erst drei Monate vor der Kapitulation der deutschen Flotte von Stapel gelaufene *Hood* war zu ihrer Zeit das teuerste Schiff, das je gebaut wurde, und sollte einige Jahre das in jeder Hinsicht größte Kriegsschiff bleiben. Mit einer Länge von 262 m, einer Breite von 31,7 m und einem Tiefgang von 8,7 m verdrängte sie 41 200 Tonnen und erreichte eine Geschwindigkeit von 32 Knoten. Ihre Hauptbewaffnung bestand aus acht 38-cm-Geschützen in Zwillingstürmen auf Vor- und Achterschiff. Außerdem hatte sie eine sekundäre Bewaffnung von zwölf 14-cm-Kanonen. Später kamen Flugzeugabwehrkanonen hinzu. Doch die Erfahrungen der Schlacht am Skagerrak waren nur teilweise umgesetzt worden: Während ihre seitliche Panzerung von 23 auf 30,5 Zentimeter verstärkt wurde, blieb ihre Deckpanzerung relativ schwach. Dabei war es die Wirkung der auf die Schlachtkreuzer herabfallenden Granaten gewesen, die am Skagerrak die größten Verluste verursachte. Der Name

Hood geht auf eine Familie großer Seeleute zurück, unter denen sich vor allen Dingen Viscount Samuel Hood ausgezeichnet hatte, und zwar durch seine brillanten Kämpfe gegen die Franzosen in der Karibik während des späten 18. Jahrhunderts. Einer seiner direkten Nachkommen war Konteradmiral Hood, der im Skagerrak auf dem Schlachtkreuzer *Invincible* gefallen war. Ein Augenzeugenbericht über sein Ende scheint in unheimlicher Weise prophetisch für den späteren Untergang des Schiffes, das seinen Namen trug: »Hood stürmte zum Angriff vor, und es war ein erregender Anblick, sein Schlachtkreuzergeschwader aus allen Rohren feuern zu sehen. Auf der Brücke der *Lion* hatten wir das Gefühl, Hochrufe ausbringen zu müssen, denn der entscheidende Augenblick der Schlacht schien gekommen. Unsere Gefühle wurden jedoch plötzlich gedämpft, denn gerade als uns der Erfolg sicher schien, wurde die *Invincible* mittschiffs von einer Salve getroffen. Es folgten mehrere starke Explosionen, aus ihrer zerrissenen Seite schossen hohe Flammenzungen hervor, die Masten brachen zusammen, das Schiff barst in zwei Teile, und eine enorme schwarze Rauchwolke stieg zum Himmel. Im einen Augenblick war sie das stolze, von Leben erfüllte Flaggschiff, das sich ganz auf seine Beute konzentrierte; im nächsten war sie nur noch verbogenes Metall, Bug und Heck ragten wie zwei riesige Grabsteine aus dem Wasser, plötzlich zu Ehren von 1026 britischen Gefallenen errichtet. Ein erstaunlicher Anblick, wahrscheinlich einmalig im Seekrieg.«

Die im November 1923 begonnene Weltumrundung der *Hood* kommt uns heute vor wie ein Bild aus ferner Zeit, aber sie verdient es, betrachtet zu werden. Denn sie ist typisch für die Weltreisen der Großkampfschiffe, mit denen vor dem Ersten Weltkrieg und in den folgenden unruhigen Nachkriegsjahren »Flagge gezeigt« wurde. (In jüngerer Zeit erfolgen ähnliche Machtdemonstrationen durch die Nuklearriesen, aber sie werden heruntergespielt, denn sie sind bei den anderen Nationen nicht sehr willkommen.) Die *Hood* und ihre Besatzung waren als Führer eines Geschwaders, das auf diese elf Monate dauernde Weltreise geschickt wurde, allerdings noch willkommen. Mit ihr fuhren die *Repulse*, ein älterer, konventioneller Schlachtkreuzer (der 1941 durch einen japanischen Luftangriff versenkt werden sollte), und das aus der *Delhi*, der *Dauntless*, der *Dragin* und der *Dunedin* bestehende 1. Leichte Kreuzergeschwader. Sie folgten der heute vergessenen Empire-Route über Freetown in Westafrika, Kapstadt und andere südafrikanische Häfen, Sansibar, Ceylon und Singapur nach Australien. Hunderttausende besichtigten in Australien und Tasmanien die *Hood* und die anderen Schiffe des Geschwaders. Daß solche

Reisen wirklich dem gewünschten Zweck dienten, wird durch einen Leitartikel der Melbourner *Sun* aus jener Zeit bestätigt: »Zu sagen, daß Australien in den starken Armen der britischen Marine gewiegt wurde, ist mehr als eine Redewendung. Es war ihre Herrschaft über die Meere, die ein britisches Australien ermöglicht hat. Und es ist der britischen Seemacht zu danken, daß Australien der einzige Kontinent ist, der niemals eine Invasion erleiden mußte...«

Von Neuseeland, wo der Empfang dem in Australien glich (in Wellington besichtigten 78000 Menschen die *Hood*), fuhr das Geschwader quer über den Pazifik zu den Fidschi-Inseln, damals einer britischen Kolonie, und dann über weitere britische Inselkolonien zum amerikanischen Honolulu und nach Kanada, wo in Victoria und Vancouver fast eine Viertelmillion Besucher an Bord kamen. Auf ihrem Weg nach Süden zum Panamakanal liefen die *Hood* und das Geschwader San Francisco an, um ein Willkommen zu erleben, das kaum dem Besuch eines Souveräns oder eines Staatsoberhaupts erwiesen worden wäre. Ein Reporter der *New York Herald Tribune* wirft ein enthüllendes Licht auf das puritanische Gewissen des Amerika jener Tage: »Im schrillen Lärm der Pfeifen und Salutschüsse dampfen sieben Kriegsschiffe durch das Golden Gate und gehen im Hafen von San Francisco vor Anker. In tiefer Achtung vor der unerklärlichen Eigentümlichkeit unserer Institutionen befiehlt der Admiral, daß während der drei Tage des Besuches kein Rum an Bord ausgeschenkt wird (die Bars der Offiziersmessen blieben ebenfalls geschlossen), und man empfindet die Erhabenheit der Geste, denn seine Flagge ist auf der HMS *Hood* gehißt, dem mächtigsten Schiff der britischen Marine. San Francisco meldet, daß dies seit 40 Jahren das stärkste britische Geschwader ist, das in einem amerikanischen Hafen ankert...«

Ein abschließender Seitenblick auf die Schwierigkeiten, die allein die Größe der *Hood* verursachte, ist aus dem Jahresbericht des Panamakanals für jenes Jahr ersichtlich. *Hood* und *Repulse* waren die beiden größten Schiffe, die bis zu jener Zeit den Wasserweg benutzt hatten. Die Hauptschwierigkeit bestand in der Breite der *Hood*, denn die Breite der Schleusenkammern betrug damals nur 33,5 Meter, so daß an jeder Seite des Kriegsschiffes nur ein geringer Abstand von 75 Zentimetern blieb, während die unter Wasser liegenden Torpedowülste ein weiteres Problem darstellten. Auch an Bug und Heck blieb nicht viel Platz, jeweils nur circa 20 Meter, denn die nutzbare Länge der Schleusen betrug 305 Meter. Zur Zeit der Passage betrug die Wasserverdrängung des Schlachtkreuzers 44799 Tonnen.

Die Tatsache, daß die *Hood* während ihres ganzen Dienstes das größte Kriegsschiff der Welt blieb, war auf die Washingtoner Konferenz von 1921 zurückzuführen, zu der Großbritannien, Frankreich, Italien und Japan auf Einladung des amerikanischen Präsidenten Harding ihre Delegierten zu Gesprächen über die Begrenzung der nationalen Rüstung entsandt hatten. In jener Zeit blies, besonders in Amerika, ein starker Wind aus dem fernen Genf, und die Bestrebungen der Pazifisten konnten die weitere Aufrüstung wirksam begrenzen. Der amerikanische Außenminister schlug sofort vor, daß »für einen Zeitraum von nicht weniger als zehn Jahren kein weiterer Bau von Großkampfschiffen stattfinden soll«. Dies wurde von England akzeptiert, denn als die Hüter der Lebensadern des Empire wurden die Kreuzer angesehen, und im europäischen Bereich gab es für ihre damals beherrschende Stellung keine Herausforderung. In jenen Jahren konnte man natürlich nicht voraussehen, daß eine Ära der Diktatoren bevorstand oder daß Deutschland – das an der Washingtoner Konferenz nicht teilnahm – beginnen würde, seine Kriegsmarine wieder aufzubauen. Unter Hitler sollten die für die neuen Schiffe Deutschlands veröffentlichten Zahlen – wie für die »Westentaschenkreuzer« und selbst für die »echten« Schlachtschiffe wie *Bismarck* und *Tirpitz* – keinerlei Beziehung zur Wahrheit haben.

Im Dezember 1921 wurde in Washington Übereinkunft erzielt, daß die Vereinigten Staaten und Großbritannien für ihre Marinen eine Parität von je 525000 Tonnen an Großkampfschiffen behalten sollten, Japan sollte 315000 Tonnen und Italien und Frankreich je 175000 Tonnen bauen dürfen. Die Japaner hatten erbittert darum gekämpft, sich zusätzliche Tonnagen zu sichern, was von England nur unter der Bedingung akzeptiert wurde, daß es zwei neue Schlachtschiffe von nicht mehr als je 35000 Tonnen baute, während die Vereinigten Staaten zwei neue Schiffe fertigstellen wollten, die sich bereits im Bau befanden. Die beiden neuen britischen Schiffe *Nelson* und *Rodney*, die unter der Beschränkung gebaut wurden, daß Schlachtschiffe nicht mehr als 35000 Tonnen verdrängen sollten, wurden wegen ihres kompakten Aussehens, das sich aus diesem Vertrag ergab, »Washington-Schiffe« genannt.

Da die Japaner zu jener Zeit bereits zwei Schlachtschiffe mit 40,6-cm-Kanonen bauten, wurde dieses Kaliber anstelle von 38 cm zum Standard. Infolgedessen waren sowohl *Nelson* wie *Rodney* mit neun 40,6-cm-Kanonen bewaffnet, die in drei Drillingstürmen auf dem Vorschiff untergebracht waren. Die beiden Schiffe waren 216 m lang, hatten eine Breite von 32,3 m und einen Tiefgang von 9 m. Ihre Panzerung war 35 Zentimeter dick, und ihre Geschwindigkeit betrug 23

Knoten. Um der Vorschrift zu entsprechen, betrug ihre Verdrängung 33 950 Tonnen, bei voller Beladung jedoch 38 000 Tonnen.

Eine weitere Folge des Washingtoner Vertrages war die sogenannte »Zehn-Jahres-Regel«, die sich auf die Annahme gründete, daß es mindestens zehn Jahre lang keinen größeren Krieg geben würde. Dies führte in England zu einem Rückgang der Ausgaben für die Marine. Als der Gang der Dinge in Europa auch den Friedfertigsten klargeworden war, waren das Deutschland Adolf Hitlers und das faschistische Italien Mussolinis schon fest etabliert.

Zum Beispiel wurde 1929 der »Westentaschenkreuzer« *Deutschland* aufgelegt. Ihm folgten *Admiral Scheer* und *Admiral Graf Spee*. Sie waren schneller als jedes Schlachtschiff jener Zeit, wenn auch nicht so schnell wie der Schlachtkreuzer *Hood*. Ihre Dieselmotoren verliehen ihnen eine große Reichweite, und mit 28-cm-Kanonen waren sie schwerer bewaffnet als jeder Kreuzer. Schon bald genehmigte Hitler, der selbst den Anschein aufgab, sich an irgendeinen Vertrag (und insbesondere an den Versailler Vertrag) zu halten, 1934 den Bau der Schlachtschiffe *Scharnhorst* und *Gneisenau* mit je 31 300 Tonnen. Ihnen folgten 1939 *Bismarck* und *Tirpitz*, die offiziell 35 000 Tonnen, aber eine Berechnungsverdrängung von 45 000 Tonnen hatten und bei voller Beladung sogar 52 600 Tonnen verdrängten. Mit einer Geschwindigkeit von über 30 Knoten und einer Hauptbewaffnung von acht 38-cm-Kanonen waren sie zu jener Zeit ohne Zweifel die größten Kriegsschiffe der Welt.

Nachdem der Zweite Weltkrieg begonnen hatte, wurden sie noch von den japanischen Riesen *Yamato* und *Musashi* übertroffen. Selbst die großen amerikanischen Schlachtschiffe der *Iowa*-Klasse, die 1940 auf Kiel gelegt wurden und etwas länger, schmaler und schneller waren, erreichten nicht ganz die Stärke der *Yamato*. Sie war 262,9 m lang, hatte eine Breite von 39 m, einen Tiefgang von 10,7 m und verdrängte bei voller Beladung 70 321 Tonnen. Neben ihrer Bewaffnung von neun 45,7-cm-Kanonen (die größten, die je auf einem Schiff eingebaut wurden) und buchstäblich Hunderten anderer Kanonen, von 15 cm bis zur kleinkalibrigen Flugabwehr, führte sie sieben Flugzeuge mit, die von Katapulten gestartet wurden, und konnte 27,7 Knoten schnell laufen. Die politische Zielsetzung bei diesen Riesen war, in jeder Hinsicht so stark zu sein, daß selbst die industriell und wirtschaftlich überlegenen USA sich schwer damit tun würden, ihnen in näherer Zukunft Gleichwertiges entgegenzusetzen. In der Tat konnten solch große Schiffe nicht an der amerikanischen Ostküste gebaut werden, weil sie nicht in der Lage gewesen wären, den Panamakanal zu passieren.

Weder die japanischen noch die großen amerikanischen Schlacht-schiffe sollten je in irgendeine Art von Überwasserschlacht verwickelt werden, die auch nur entfernt ans Skagerrak erinnerte, denn bei dem Krieg, der sich jetzt im Pazifik entwickelte, zählte der Flugzeugträger. Die Schlachtschiffe im Pazifik wurden in ihrer herkömmlichen sekundären Aufgabe eingesetzt, vom Feind gehaltene Stellungen, Truppenkonzentrationen und befestigte Gebiete zu bombardieren. Es war außerdem nötig, sie als Schutz für Geleitzüge fahren zu lassen, einfach für den Fall, daß der Feind ein Schlachtschiff auf einen Geleitzug ansetzte.

Die starke Kritik, die in den zwanziger Jahren gegen das Groß-kampfschiff laut wurde, war angesichts der Zeit verständlich. Aber es blieb Tatsache, daß ein Großkampfschiff nicht mehr war als die größte Einheit einer Flotte, und solange andere Länder sie besaßen, mußte auch England, das von seinen Überseeverbindungen abhängig war, sie bauen. Und so entstanden, während Schiffe der alten Marine wie die *Warspite* ständig modernisiert wurden, in den zwanziger Jahren *Nelson* und *Rodney*. Aber erst 1937 wurde die neue Klasse der *King-George-V.*-Schlachtschiffe auf Kiel gelegt. Zehn 35,5-cm-Kanonen bildeten ihre Hauptbewaffnung, davon jeweils vier in zwei Geschütz-türmen auf dem Vor- und Achterschiff und zwei in einem weit nach vorn verlegten Turm. Wie bei allen für den Zweiten Weltkrieg entwik-kelten Großkampfschiffen wurde der Flugabwehr große Aufmerk-samkeit geschenkt. Sie bestand aus 16 hochreichenden 13,3-cm-Kano-nen, ähnlich wie auf den neuen Leichten Kreuzern der Royal Navy, und aus 16 doppelläufigen Flugabwehrkanonen sowie vielen Bofors- und Oerlikon-Geschützen.

Englands Hauptbeitrag stammte jedoch von seinen Wissenschaft-lern, die das Asdic-System für die Unterwasserortung weiter entwik-kelt hatten als jedes andere Land. Dieses System sollte sich im Zwei-ten Weltkrieg beim Kampf gegen die U-Boote als überaus wichtig erweisen. Die andere englische Erfindung war das Radar, das zwar zunächst als Warnsystem gegen Flugzeuge entwickelt worden war, aber schnell auf Schiffen zum Orten von Flugzeugen und Schiffen ein-gebaut wurde. Eine weitere Verbesserung war seine Anwendung beim Entfernungsmessen für die Artillerie, bei dem ein durch normales Ra-dar entdecktes Schiff vom Zielradar übernommen und seine Entfer-nung sehr genau bestimmt werden konnte.

Es gab keine weiteren Schlachten in der Nordsee, die auch nur im entferntesten an die Kämpfe zwischen den Schlachtkreuzern des Er-sten Weltkriegs, geschweige denn an das Aufeinandertreffen der

Schiffsriesen im Skagerrak erinnerten. Die großen deutschen Überwassereinheiten waren gering an der Zahl und für nichts anderes vorgesehen als für Blitzangriffe auf Geleitzüge im Atlantik, gefolgt von einem schnellen Rückzug durch die nördlichen Gewässer in die Nordsee. Ende 1940 brach zum Beispiel das kleine Schlachtschiff *Admiral Scheer* mit Erfolg in den Atlantik durch und versenkte eine Anzahl britischer Handelsschiffe. Es hätte noch mehr versenken können, aber die selbstmörderische Tapferkeit des Hilfskreuzers *Jervis Bay*, der seinen Geleitzug verteidigte, hielt es davon ab.

Im Frühjahr 1941, zu einer Zeit, als England seine dunkelste Stunde erlebte und es klar wurde, daß die eigentliche Schlacht im Atlantik begonnen hatte, während Deutschland Europa beherrschte und nur die von Geleitzügen abhängigen britischen Inseln standhielten, wurde das deutsche Unternehmen *Rheinübung* begonnen. Die ursprünglich für April vorgesehene Operation verzögerte sich um einige Wochen, weil eines der beiden beteiligten Schiffe, der Schwere Kreuzer *Prinz Eugen*, einen Minenschaden erlitten hatte. Nach der Reparatur lief er gemeinsam mit dem großen Schlachtschiff *Bismarck* aus. In klarer Mißachtung des Washingtoner Vertrages verdrängte die *Prinz Eugen* 14500 Tonnen, während die Kreuzer der britischen *County*-Klasse nur die vorgeschriebenen 10000 Tonnen hatten. Die *Prinz Eugen* besaß eine Hauptbewaffnung von acht 20,3-cm-, zwölf 10,4-cm- und 30 leichten Flugabwehrkanonen sowie zwölf Torpedorohre. Mit dieser Bewaffnung und einer Höchstgeschwindigkeit von 33 Knoten hatte sie ein Ziel erreicht, für das früher amerikanische Schiffe wie die *Old Ironsides* entwickelt worden waren: die Fähigkeit, den Schlachtschiffen auszuweichen und gleichzeitig andere Schiffe, die theoretisch zu ihrer Klasse gehörten, an Bewaffnung zu übertreffen. Wie die *Bismarck* war sie in mehr wasserdichte Abteilungen unterteilt als jedes vergleichbare britische Schiff, und ihre wirtschaftliche Marschgeschwindigkeit von 20 Knoten gab ihr einen Aktionsradius von 18000 Kilometern.

Beim Unternehmen *Rheinübung* sollten *Bismarck* und *Prinz Eugen*, die gemeinsam viel in der Ostsee geübt hatten, durch die Dänemarkstraße zwischen Island und Grönland in den Atlantik stoßen und dort Geleitzüge angreifen. Zu dieser Jahreszeit ließ das Grönland-Packeis in der Meerenge nur eine schiffbare Rinne von etwa 60 Meilen Breite frei und die Wetterbedingungen waren so schlecht, daß die britischen Luft- und Seepatrouillen wahrscheinlich verringert werden mußten. Um die Engländer zu der Annahme zu verleiten, daß ein Durchbruch auf einer der südlicheren Routen zwischen Schottland und Island erfolgen würde, machten die beiden Schiffe das norwegische Bergen zu ihrem Ausgangspunkt, von dem bekannt war, daß es regelmäßig von der britischen Luftaufklärung beobachtet wurde.

Am 21. Mai wurden sie in der Tat dort entdeckt und von einem britischen Aufklärungsflugzeug korrekt identifiziert. Die Vermutung hätte nun nahegelegen, daß Bergen als Ausgangspunkt für eine Fahrt durch die Dänemarkstraße zu unwahrscheinlich war. Alles wies darauf hin, daß eine der vier südlicheren Routen vorgesehen war. Obgleich der englische Flottenchef Admiral Tovey das Gros der Flotte zurückhielt, bis weitere Informationen vorlagen, befahl er doch dem Kreuzer *Suffolk*, der in Island bunkerte, sofort zu seinem Schwesterschiff *Norfolk* zu stoßen, das bereits in der Dänemarkstraße patrouillierte. In dem Gebiet hatte sich das Wetter ständig verschlechtert, und während Tovey die südlicheren Zugänge zum Atlantik von seinem Flottenstützpunkt aus ziemlich schnell sichern konnte, war er wegen des nördlichsten Durchgangs besorgt. Er schien ihm aufgrund der letzten bekannten Position von *Bismarck* und *Prinz Eugen* der unwahrscheinlichste und gerade deshalb der wahrscheinlichste von allen zu sein. Vor dem geplanten Durchbruch hatten die Deutschen fünf Öltanker und zwei Versorgungsschiffe mit Munition und Proviant in den Atlantik entsandt, die feste Positionen in einem Gebiet bezogen, das von der Ostküste Grönlands bis zum Südatlantik reichte. Wenn für die Großschiffe alles gutging, konnten sie durch diese Versorgung ihren Kreuzerkrieg verlängern.

Admiral Lütjens hatte auf seinem Flaggschiff *Bismarck* den Oberbefehl für Unternehmen *Rheinübung*. Bei schlechtem Wetter liefen die Schiffe am 21. Mai aus Bergen aus, mit Kurs Nord. Nur zwei Stunden später, um Mitternacht, verließen die von Oberbefehlshaber Tovey ausgewählten zwei Großkampfschiffe Scapa Flow, um die Dänemarkstraße zu überwachen. Es waren die *Hood* und die *Prince of Wales*.

Admiral Tovey hatte nicht genügend Schiffe zur Verfügung, um alle möglichen Durchbruchsrouten zu sichern, die Tausende von Quadratkilometern umfaßten. Ihm blieben nur *Hood*, *Prince of Wales*, sein eigenes Flaggschiff *King George V.* und der alte Schlachtkreuzer *Repulse*. Die *Hood* war alt, aber besser bewaffnet als die *Repulse*. Ihr Hauptmangel, die unzulängliche Deckpanzerung, war aus unerklärlichen Gründen während all der vorausgegangenen Jahre des unsicheren Friedens nicht behoben worden. Die *Prince of Wales* andererseits war erst wenige Wochen zuvor in Dienst gestellt worden. Ihre Besatzung und das neue Schiff selbst waren noch nicht eingespielt, und ihre

35,5-cm-Geschütztürme waren ein neuer Typ, der noch unter zahlreichen Kinderkrankheiten litt. Nur auf dem Papier hätten die britischen Schiffe es leicht mit dem deutschen Schlachtschiff und dem Schweren Kreuzer aufnehmen können. In Begleitung von sechs Zerstörern liefen sie jetzt nach Island, um dort zu bunkern und sich bereit zu halten.

Der neue Flugzeugträger *Victorious* wurde ebenfalls dem Befehlshaber unterstellt, litt aber unter denselben Mängeln wie die *Prince of Wales*. Er war neu im Dienst und gerade von einem Gibraltar-Geleitzug abberufen worden, der sein erster Fronteinsatz gewesen wäre. Die Meldung der britischen Luftaufklärung, daß das Schlachtschiff und der Schwere Kreuzer Bergen verlassen hatten, versetzte die gesamte britische Flotte in Gefechtsbereitschaft. Während Tovey allen Schiffen befahl, sich zum Auslaufen bereit zu machen, sollten die *Hood* und *Prince of Wales* südwestlich von Island patrouillieren, damit sie in der Nähe waren, ob der Feind nun durch die Island-Färöer-Passage oder durch die nördlichere Dänemarkstraße ausbrach. Tovey selbst lief mit seinen Schiffen Nordkurs, um die Lücke zwischen den Orkneys und der Linie zu schließen, auf der *Hood* und *Prince of Wales* operierten.

Das Wetter in der Dänemarkstraße war so dick, daß die Sicht nur 100 Meter betrug, und in dieses Wetter hinein fuhr der deutsche Admiral voller Zuversicht, daß keine britischen Luftaufklärer – falls sie überhaupt gestartet waren – seine beiden Schiffe sehen konnten. Er vertraute darauf, daß die Engländer keine Seepatrouillen in der Straße stehen hatten, sondern durch seine Finte, aus Bergen auszulaufen, getäuscht worden waren. Tatsächlich sicherten jedoch *Suffolk* und *Norfolk* das Gebiet, in das *Bismarck* und *Prinz Eugen* jetzt vorstießen, aber es stellte eine breite Front dar. Beide Kreuzer hatten zwar ein frühes Radargerät, aber noch nicht den neuen Typ, der 360 Grad abdecken konnte. Um 19 Uhr 22 wurden die beiden großen Schiffe von einem Ausguck der *Suffolk* in der Dämmerung gesichtet. Ihre Entfernung betrug weniger als 12700 Meter. Die *Suffolk* legte hart Ruder und glitt in den an Backbord liegenden Nebel, bevor sie selbst vom Feind gesehen werden konnte. Die Deutschen steuerten einen Kurs von 240 Grad und liefen mit der hohen Geschwindigkeit von 28 bis 30 Knoten. Die beiden britischen Kreuzer konnten nichts anderes tun, als ihnen durch die arktische Nacht zu folgen.

In etwa 300 Meilen Entfernung erhielt Admiral Holland an Bord der *Hood* die Sichtmeldung. Er änderte mit seiner Kampfgruppe den Kurs, um die Deutschen abzufangen, während etwa 600 Meilen weiter südöstlich Tovey auf der *King George V.* ebenfalls Kurs änderte, damit der Feind, wenn er nach Süden drehte, um Admiral Holland zu entgehen, nun auf *ihn* stoßen würde.

Admiral Lütjens wußte nicht, daß er entdeckt war und daß der Feind sich schon darauf vorbereitete, ihn abzufangen. Dann stieß die *Norfolk* um 20 Uhr 30 versehentlich mit voller Geschwindigkeit aus einer Nebelbank hervor. Noch während das Schiff abdrehte, schlug die erste von drei 38-cm-Salven um sie herum ein. Die deutsche Treffsicherheit war bewundernswert. Die Splitter riesiger Granaten trafen die *Norfolk*, die mit voller Geschwindigkeit im Zickzackkurs ablief und eine Nebelwand hinter sich legte.

In dieser Jahreszeit wird die arktische Nacht nie ganz dunkel, und in diesem unheimlichen Zwielicht stürmten Verfolger und Verfolgte durch die eisige Dänemarkstraße. Nur ein britischer Kreuzer war gesichtet worden, deshalb beschloß Admiral Lütjens, das Risiko zu wagen und weiter in den Atlantik vorzustoßen. Die Engländer hatten bestimmt kein Großkampfschiff in der Nähe, und wenn seine beiden Schiffe den Kreuzer abschütteln konnten, würden sie vor Tagesanbruch in der Weite des Atlantiks verschwunden sein. Schneegestöber, Regen, Sturm und Nebel machten die Nacht noch verwirrender, und wenn die Kreuzer kein Radar gehabt hätten, hätten sie in der Tat die Fühlung zum Feind verloren. Dies geschah auch kurze Zeit, als die *Bismarck* in einem Schneeschauer verschwand. Die *Suffolk*, die als einzige in diesem Augenblick Radarkontakt hatte, verlor ihn in den durch den Schnee verursachten Sörungen. Erst um 2 Uhr 47 morgens wurde die *Bismarck* wieder aufgespürt, und von jetzt an konnte nichts mehr das letzte Gefecht verhindern.

Bei Tagesanbruch mochte Admiral Lütjens noch geglaubt haben, daß er und seine Schiffe aus der schmalen und gefährlichen Meerenge fast heraus waren. Um 5 Uhr 30 morgens wurde jedoch im Süden Rauch gesichtet. Er kam von *Hood* und *Prince of Wales*, die mit voller Geschwindigkeit heranstürmten, um ihn abzufangen. Sie standen noch unter dem Horizont, und niemand konnte wissen, um welche Schiffe es sich handelte. Der Befehl: »Alle Mann auf Gefechtsstation« wurde auf *Bismarck* und *Prinz Eugen* fast in derselben Minute gegeben wie auf *Hood* und *Prince of Wales*.

Hier fehlt der Platz für eine Analyse des anschließenden Gefechts. Es war kurz, aber schrecklich – und ein Erfolg für die deutsche Artillerie. Um 5 Uhr 52, als die Entfernung auf 22 700 Meter geschrumpft war, eröffnete die *Hood* als erste das Feuer. Innerhalb von Sekunden folgten ihr *Bismarck* und *Prince of Wales*, die der *Hood* in einer Entfernung von 700 Metern folgte. Die durch die ähnlichen Silhouetten der beiden Deutschen irregeführte *Hood* hatte zuerst auf die *Prinz Eugen* gefeuert, die den deutschen Verband anführte. Die erste Salve der *Bismarck* fiel vor den Bug der *Hood* und ihre zweite achteraus, während Beobachter auf *Norfolk* und *Suffolk* glaubten, daß die zweite Salve der *Hood* (nachdem der Fehler erkannt war, hatte sie das Ziel gewechselt) in der Nähe des deutschen Schlachtschiffes einschlug und die dritte es zu streifen schien. Die dritte Salve der *Bismarck* brachte einen Treffer auf *Hood*, der einen Brand an Oberdeck auslöste. Die beiden britischen Schiffe, die das Feuer auf Annäherungskurs eröffnet hatten, drehten jetzt so, daß sie ihre Artillerie voll zum Tragen bringen konnten.

Die Salven beider Seiten waren noch in der Luft, als die *Bismarck* mit ihrer fünften der *Hood* den Todesstoß versetzte. Der große Schlachtkreuzer starb fast genauso wie die *Invincible* im Skagerrak mit Konteradmiral Hood an Bord. Kanonen und Geschütztürme wurden wie Spielzeug in die Luft geschleudert, das Rückgrat der *Hood* brach, und aus den hohen Flammen und dem Rauch der Explosion hoben sich ihr Bug und ihr Heck für einen Augenblick wie Grabsteine. Die *Prince of Wales* folgte ihr so dicht achteraus, daß sie gezwungen war, den Kurs zu ändern, um den Wrackteilen auszuweichen. Die unerprobte *Prince of Wales* (einer ihrer vorderen Geschütztürme war nach der ersten Salve beschädigt worden) erlitt jetzt einen Treffer, der ihre Brücke zestörte und am Achterschiff schweren Schaden verursachte. Fast gleichzeitig hatte sie drei Treffer auf der *Bismarck* erzielt. Diese brachten Admiral Lütjens zu dem Schluß, daß das Unternehmen *Rheinübung* im wesentlichen gescheitert war. Auf dem großen deutschen Schlachtschiff stand ein Kesselraum unter Wasser, und die Geschwindigkeit war dementsprechend reduziert. Ein Treffer im Backbord-Ölbunker hatte zu einem gravierenden Verlust an Treibstoff geführt. Inmitten driftender Regenschauer, die die Sicht praktisch auf Null reduzierten, ging das Gefecht zwischen den großen Schiffen jetzt zu Ende.

Die schwerbeschädigte *Prince of Wales* blieb bei den verfolgenden Kreuzern. Admiral Lütjens konnte die *Prinz Eugen* unbemerkt entlassen, die dank des unsichtigen Wetters entkam, während die *Bismarck* versuchte, zur Reparatur Brest anzulaufen. Der Rest dieser klassischen Hetzjagd auf die *Bismarck* ist bekannt. Von Schlachtschiffen, trägergestützten Torpedoflugzeugen, Kreuzern und Zerstörern angegriffen, sank sie schließlich, nicht weit von der deutschen Luftsicherung entfernt, die ihr von Frankreich aus hätte helfen können. Sie kämpfte tapfer bis zum Ende, und von ihrer ganzen Besatzung wurden nur 115 Überlebende gerettet.

Die *Bismarck* hatte nicht nur die Qualität der deutschen Marineartillerie bewiesen (die schon im Ersten Weltkrieg offenbar geworden war), sondern auch, daß die Deutschen unter speziellen Einschränkungen Schiffe bauen konnten, die fast unsinkbar waren. Daß es keine unsinkbaren Schiffe gab, sollte sich später im fernen Pazifik zeigen. Die Seeleute haben immer gewußt, daß dieser Ausdruck nur zur Beruhigung der Landratten geprägt wurde. Trotzdem war er auf die *Bismarck* und auch auf die riesigen *Yamato* und *Musashi* angewandt worden. Beide wurden schließlich von amerikanischen Flugzeugen versenkt: 40 direkte Bombentreffer und 18 Torpedotreffer brachten die *Musashi* 1944 im Golf von Leyte zur Strecke, und fast genauso viele besiegten die *Yamato* in der Endphase des Krieges im Fernen Osten. Am Ende des Zweiten Weltkrieges stand fest, daß das Flugzeug auch den allergrößten Schiffen überlegen war.

12. Das Finale

Nach dem Kriegseintritt Italiens 1940 hätte man erwarten können, daß es zu Seeschlachten kommen würde, denn die Royal Navy hatte drei in Alexandria stationierte Schlachtschiffe mit mehreren Kreuzern und einer Anzahl Zerstörer im Mittelmeer. Außerdem gehörte zur Mittelmeerflotte der Flugzeugträger *Eagle*. Zwar stand nur eine begrenzte Zahl von Gladiator-Jägern zur Sicherung der Flotte zur Verfügung, aber diese besaß eine Anzahl von Torpedobombern für offensive Aufgaben. Die Italiener hatten dagegen zwei völlig umgebaute und modernisierte Schlachtschiffe der *Conte-di-Cavour*-Klasse mit 30,5-cm-Geschützen sowie ein oder zwei ältere, und der Bau von vier Schiffen der neuen *Vittorio-Veneto*-Klasse stand vor dem Abschluß.

Bei dem einzigen Gefecht zwischen Schlachtschiffen operierten die britische und die italienische Flotte mit der Aufgabe in See, die sie während des ganzen Krieges im Mittelmeer erfüllen sollten – der Sicherung von Geleitzügen für den Fall, daß der Feind sie mit Schlachtschiffen angriff. Ein Flugboot aus Malta sichtete als erstes die italienische Flotte, die aus zwei Schlachtschiffen der *Cavour*-Klasse, sechs Kreuzern mit 20,3-cm-Geschützen und zehn mit 15,2-cm-Geschützen sowie 36 Zerstörern bestand, und zwar in 145 Meilen Entfernung von der britischen Flotte. Diese bestand aus dem modernisierten Veteranen der Skagerrak-Schlacht *Warspite* und den beiden alten und langsamen Schlachtschiffen *Malaya* und *Royal Sovereign* – letzteres war besonders langsam –, aus fünf Kreuzern mit 15,2-cm-Geschützen, 16 Zerstörern und dem Flugzeugträger *Eagle*.

Während die Flotten aufeinander zuliefen und der britische Befehlshaber bemüht war, sich zwischen den Feind und Tarent zu stellen, identifizierte auf beiden Seiten die Luftaufklärung Kurs und Position des Feindes. Von der *Eagle* starteten Flugzeuge, hatten aber keinen Erfolg. Der italienische Admiral Campioni hatte jedoch wohlweislich beschlossen, in die Sicherheit der Straße von Messina zu laufen, wo er Luftsicherung ebenso erwarten konnte wie Luftangriffe auf die britische Flotte, die in der Tat während der vorausgegangenen Tage auf See von den Italienern schon schwer bombardiert worden war. Das Flugzeug reduzierte das Mittelmeer zu einem Binnensee.

Am Nachmittag des Tages hatte einer der britischen Kreuzerkommandanten, Kapitän Rory O'Connor, das Privileg, zum ersten Mal seit den Tagen Nelsons im Mittelmeer das Signal »Feindliche Schlacht-flotte in Sicht« zu setzen. Kurz darauf eröffnete die als Vorhut der beiden älteren britischen Schlachtschiffe (die nicht mit ihr mithalten konnten) laufende *Warspite* das Feuer auf eine Distanz von über 23 600 Meter. Die italienischen Schlachtschiffe erwiderten das Feuer. Beide Seiten schossen gut, und ihre Salven lagen im Ziel. Sieben Minuten nach dem Beginn des Gefechts sah Admiral Cunningham auf der Brücke der *Warspite* »den großen orangefarbenen Blitz einer schwe-ren Explosion an der Schornsteinbasis des feindlichen Flaggschiffes«. Über die große Entfernung von 13 Seemeilen war ein Volltreffer mitt-schiffs auf dem italienischen Flaggschiff *Giulio Cesare* erzielt worden. Mit einer schweren Beschädigung seines Kesselraums und 115 bluti-gen Verlusten drehten es und seine Begleitschiffe im Schutz einer dik-ken Nebelwand ab, und nun folgte ein verworrenes Gefecht zwischen Zerstörern und Kreuzern.

Dies war das einzige Mal in den langen Kriegsjahren im Mittelmeer, daß sich die Schlachtflotten gegenseitig sichteten. Die Italiener ließen sich wohlweislich nicht provozieren, hielten ihre Großkampfschiffe als Bedrohung zurück und setzten sie für wenige wichtige Geleitzüge zu ihrer nordafrikanischen Kolonie ein. Die britischen Schlachtschiffe wandten sich wieder der Aufgabe zu, die in diesem Gebiet erstmals im 16. Jahrhundert gegen türkische Truppen bei Prevesa erfüllt worden war: Sie bombardierten feindliche Häfen und Stellungen, und in der Endphase des Krieges sicherten sie alliierte Truppenlandungen. Tat-sächlich wurde die alliierte Invasion bei Salerno im Jahre 1943 (gegen die sich die Deutschen erbittert wehrten) nur durch das schwere Ge-schützfeuer aus den vor der Küste stehenden Schiffen möglich. Allein bei dieser Aufgabe spielten die Schlachtschiffe auf den Kriegsschau-plätzen Europas und des Pazifiks während des ganzen Zweiten Welt-krieges noch eine bedeutende Rolle.

Das wirkliche Ende des Großkampfschiffes, dieses stark bewaffne-ten und gepanzerten, von Dampfturbinen getriebenen Nachfolgers des Linienschiffes, signalisierte der 11. November 1940 in Tarent in Süditalien. Im Sommer jenes Jahres war Admiral Cunninghams Flotte in Alexandria durch den neuen Flugzeugträger HMS *Illustrious* mit seinem gepanzerten Flugdeck und den neuen Fulmar-Jägern und Doppeldecker-Torpedobombern Swordfish, die zwar langsam, aber sehr wirkungsvoll waren, verstärkt worden. Mit diesem starken An-griffspotential planten Cunningham und sein Stab einen Großangriff auf den italienischen Hauptflottenstützpunkt bei Tarent, der vorher für Luftangriffe außerhalb der Reichweite gelegen hatte. Verhängnisvollerweise mußte der alte Flugzeugträger *Eagle* wegen schwerer Maschinenschäden durch viele Treffer bei den italienischen Bombenangriffen zurückgezogen werden, so daß die *Illustrious* allein das Kernstück des Unternehmens bildete. Angegriffen werden sollte während der Durchfahrt eines großen Geleitzugs von Gibraltar ins östliche Mittelmeer und während anderer Aktivitäten, darunter britische Konvoifahrten nach Griechenland und Angriffe auf italienische Stellungen in Albanien.

Tarent wurde ständig durch englische Flugzeuge aus Malta überwacht, und während die durch ein Schlachtschiff und ein Zerstörergeleit gesicherte *Illustrious* auf die Startposition ihrer Flugzeuge westlich von Griechenland zulief, ging der Bericht ein, daß die sechs italienischen Schlachtschiffe soeben in den Hafen von Tarent eingelaufen waren. Wie Admiral Cunningham anmerkte: »...alle Fasanen waren heimgekommen, um sich zum Schlafen hinzuhocken.« Am Abend des 11. November 1940 erfolgte der Angriff in zwei Wellen von je zwölf Flugzeugen mit einem Zeitabstand von einer Stunde. Er war trotz schweren Abwehrfeuers ein voller Erfolg, veränderte das Kräfteverhältnis im Mittelmeer und beeinflußte den gesamten Verlauf des Seekriegs in diesem Raum. Zwei italienische Schlachtschiffe wurden versenkt, und ein drittes, das in den Bug getroffen war, mußte auf den Strand gesetzt werden. Auch ein Kreuzer und zwei Zerstörer waren beschädigt. »Tarent und die Nacht vom 11. auf den 12.«, wie Admiral Cunningham später schrieb, »sollte ein für allemal beweisen, daß die Marine in den Marinefliegern ihre schlagkräftigste Waffe hat.«

Dies traf zu, aber natürlich war die »schlagkräftige Waffe« von den großen und relativ schwerfälligen Schiffen abhängig, die Flugzeuge trugen. Obwohl sie schnell waren, stellten sie große Ziele dar. Anders als die Schlachtschiffe konnten sie nicht mit Torpedo-Abwehrwülsten ausgerüstet werden, und da ihre großen Aufbauten tatsächlich kaum etwas anderes als schwimmende Flugzeughallen waren, konnten sie nicht in ausreichendem Maße in der Schottenbauweise konstruiert werden. Zwei britische Flugzeugträger fielen denn auch im Verlauf der Flotten- und Geleitschutzaufgaben im Mittelmeer deutschen U-Booten zum Opfer, und zwei andere wurden trotz ihrer gepanzerten Flugdecks so schwer durch Angriffe landgestützter Sturzkampfbomber beschädigt, daß sie monatelang in weit entfernten Werften repariert werden mußten. Das Auftreten der starken deutschen Luftwaffe im Mittelmeerraum zeigte bald, daß in einem begrenzten Gebiet, in dem landgestützte Flugzeuge fast jeden Teil der See erreichen können, der neue Nachfolger des Schlachtschiffes sehr verwundbar war.

Daß der Flugzeugträger sich auf dem Kriegsschauplatz im Pazifik als beherrschend erwies, beruhte auf den ungeheuren Entfernungen, die außerhalb der Reichweite irgendeines der damals verfügbaren Aufklärungsflugzeuge lagen. Seit in der Nachkriegszeit die Aufklärung von Satelliten aus erfolgt, wurde klar, daß selbst die riesigen nukleargetriebenen Flugzeugträger der US-Marine auf keinem Ozean, wie groß er auch sei, vor Entdeckung sicher sind. Lange vor dem letzten Viertel des 20. Jahrhunderts war selbst der Pazifik damit auf eine Dimension geschrumpft, die der des Mittelmeers im Zweiten Weltkrieg gleicht.

Eines der letzten Gefechte im Mittelmeer, bei dem ein italienisches Schlachtschiff, die *Vittorio Veneto*, nur knapp der britischen Flotte entkam, ereignete sich im März 1941. Nachdem ein Luftangriff von Torpedobombern der HMS *Formidable* gegen Admiral Iachinos *Vittorio Veneto* fehlgeschlagen war, hatten dieser und ein großer Teil seiner Flotte sich wohlweislich zurückgezogen, weil sie ein Großkampfschiff nicht der gefährlichen Nähe eines Flugzeugträgers aussetzen wollten. Bei einem weiteren Luftangriff wurde jedoch ein italienischer Schwerer Kreuzer torpediert und mußte stoppen. Admiral Iachino, der nicht wußte, daß die Briten Großkampfschiffe in das Gebiet schickten, sandte in der Nacht zwei Kreuzer zurück, die ihrem Schwesterschiff beistehen und entweder die Besatzung des Havaristen übernehmen und ihn versenken oder aber in Schlepp nehmen sollten. Diese drei Kreuzer und ihr Zerstörergeleit hatten das Pech, genau auf dem Kurs der vorrückenden britischen Flotte zu liegen. Nachdem sie zunächst durch Radar geortet worden waren (das die Italiener noch nicht besaßen), wurden sie vernichtet, fast genau auf Kernschußweite für die 38-cm-Geschütze, während die *Vittorio Veneto*, die die Engländer suchten, mit hoher Geschwindigkeit nach Westen entkam. Das Schicksal dieser schönen, 10000 Tonnen verdrängenden Kreuzer mit 20,3-cm-Geschützen zeigte, daß die Italiener mit einem Nachtgefecht nicht rechneten. Die Hauptbewaffnung aller drei Schiffe war unbemannt und noch nach vorn und achteraus gerichtet, als die Kreuzer kurz vor ihrer endgültigen Vernichtung gesichtet wurden. Admiral Cunningham faßte dieses Gefecht vor Kap Matapan zusammen: »Sie hatten gute Schiffe, gute Geschütze und Torpedos, mündungsfeuerfreie Munition und vieles andere, aber selbst ihren neuesten Schiffen fehlte das Radar, das uns so gut gedient hatte. Und in der Kunst des Nachtgefechts mit schweren Schiffen waren sie nicht weiter fortgeschritten als wir 25 Jahre zuvor am Skagerrak.«

Obwohl die trägergestützten Flugzeuge also ihre wichtigste Aufgabe nicht erfüllt hatten – das italienische Schlachtschiff zu beschädigen und seine Geschwindigkeit zu reduzieren –, war es ihnen mit dem Lahmschießen des italienischen Kreuzers gelungen, das Nachtgefecht herbeizuführen. Während des ganzen Unternehmens hatte die Luftaufklärung Admiral Cunningham ein ziemlich genaues Bild der Bewegungen des Feindes geliefert – etwas, das Admiral Iachino, wie er später zugab, völlig fehlte. Nach Matapan ordnete der italienische Diktator den Bau eines Flugzeugträgers an. Doch es war zu spät, denn bevor der Bau wirkliche Fortschritte machen konnte, erfolgte die italienische Kapitulation.

Die an ihre Häfen gebundenen italienischen Schlachtschiffe übten jedoch durch ihre mächtige Gegenwart weiterhin eine merkliche Wirkung auf die britische Politik aus. Sie machten es für die Engländer erforderlich, einen Flugzeugträger im Mittelmeer zu halten. Nachdem die Japaner in den Krieg eingetreten waren, zwangen die italienischen Schiffe die Engländer, schwere Schiffe im Mittelmeer zu belassen, die sich im Fernen Osten als nützlich erwiesen hätten. Genauso zwang nach der Versenkung der *Bismarck* die Existenz ihres Schwesterschiffes *Tirpitz*, das in einem norwegischen Fjord versteckt lag, die Engländer, stets mindestens zwei Schiffe ihrer Klasse (denn sie wußten, was die *Bismarck* gekostet hatte) und einen Flugzeugträger in jenen Gewässern im Norden zu stationieren, in denen einst die Große Flotte genauso gebunden gewesen war.

Der japanische Angriff auf Pearl Harbor am 7. Dezember 1941 hatte zwar ein viel größeres Ausmaß, bestätigte aber im Grunde, was sich in Tarent schon gezeigt hatte. (Angesichts der japanischen Begabung, Ideen des Westens aufzugreifen und zu verbessern, kann der Schlag der Royal Navy gegen die italienische Flotte sehr wohl als Vorlage für die Vernichtung der US-Schlachtschiffe gedient haben.) Aber Admiral Yamamoto, der mit seiner Vision des zukünftigen Seekrieges den meisten voraus war, sah Pearl Harbor nicht als den überwältigenden Sieg, auf den er gehofft hatte. Ihm war bereits bewußt, daß insbesondere im Pazifik das Schlachtschiff der Vergangenheit angehörte, weil das trägergestützte Flugzeug viel weiter reichte als jedes Marinegeschütz. Daß zur Zeit des Angriffs die drei amerikanischen Flugzeugträger nicht in Pearl Harbor lagen, schmälerte den Sieg in seinen Augen beträchtlich. Um diese drei Schiffe und ein viertes, das zu jener Zeit in den Vereinigten Staaten umgebaut wurde, sollten die Amerikaner ihre Flugzeugträger-Kampfgruppen aufbauen, die später den Krieg im Fernen Osten beherrschten. Nach einem ersten Erfolg mit von Zerstörern und Kreuzern gesicherten Flugzeugträgern in der Korallensee errangen die Amerikaner einen Sieg, der die Wende im Pazifik einleitete. Es war die Schlacht bei Midway im Juni 1942, in der auf beiden Seiten nur trägergestützte Flugzeuge kämpften. In dieser Begegnung einer neuen Art, bei der teilweise über große Entfernungen gekämpft wurde, verloren die Japaner alle vier Flugzeugträger und die Blüte ihrer jungen Flieger, mit denen sie in den Konflikt eingetreten waren. Die Wirkung war die gleiche, als ob in früherer Zeit ein großer Teil der Schlachtflotte vernichtet worden oder – noch früher – die Hauptschiffe der Schlachtlinie verlorengegangen wären. Der Flugzeugträger hatte deren Platz eingenommen.

Wie schon gesagt, sollten auch Schlachtschiffe in späteren Phasen des Krieges im Pazifik eingesetzt werden, als das »Inselspringen« der Amerikaner die japanische Vorherrschaft aufrollte. Aber im ganzen trafen dort nur zweimal Schlachtschiffe beider Seiten aufeinander. Beim ersten Mal, im November 1942, kam es zu einem Nachtgefecht, in dem – wie bei Matapan – die Amerikaner durch ihr Radar einen gewaltigen Vorteil hatten und bei dem das japanische Schlachtschiff *Kirishima* versenkt wurde. In einer späteren Schlacht im Golf von Leyte wurden zwei japanische Schlachtschiffe von einer viel stärkeren, aus sechs amerikanischen Schlachtschiffen bestehenden Kampfgruppe buchstäblich überwältigt.

Als Symbole der Macht wurden diese Großkampfschiffe bis zum Ende des Zweiten Weltkriegs als Begegnungsstätten für die alliierten Führer (Roosevelt und Churchill im Atlantik) oder als Hauptquartier des Oberbefehlshabers bei Invasionen eingesetzt. Und als der Krieg zu Ende ging, mußten im Mittelmeer wie im Pazifik die Besiegten unter den Augen der Sieger ihre Kapitulationsurkunden an Bord von Großkampfschiffen unterschreiben.

Das größte je in England gebaute Schlachtschiff und das letzte, das auf der ganzen Welt fertiggestellt wurde, war die HMS *Vanguard*. Sie ist aber nur eine Fußnote in der Geschichte. Das 1941 auf Kiel gelegte Schiff, ursprünglich als Verstärkung der Seestreitkräfte in Singapur geplant, wurde vom Gang der Ereignisse überholt. Die Arbeiten daran wurden zurückgestellt und erst später, im Hinblick auf eine Verstärkung der britischen Kräfte in der Endphase des Krieges im Pazifik, wieder verstärkt. Abermals wurde sie von den Ereignissen überholt und erst 1946 endgültig fertig. Es war angemessen, wenn auch keineswegs beabsichtigt, daß das letzte große Schlachtschiff in England gebaut wurde, wo während der Herrschaft König Heinrichs VIII. auch das erste große Linienschiff von Stapel gelaufen war. Er war es gewesen, der die Royal Navy gegründet und mit dem Bau der *Great Harry* und der *Mary Rose* die Reihe von Großkampfschiffen begonnen hatte, die vier Jahrhunderte lang die Meere beherrschen sollten.

Der anfänglichen Unbeholfenheit, als Konstruktion und Stil sich noch nicht der Funktion angepaßt hatten, war das Segelschiff entwachsen, um Kanonen aufzunehmen, die seine Existenzberechtigung waren, und eine gewisse schlichte Würde zu erreichen. Wie in der Kunst folgte danach die Tendenz, es weiterzuentwickeln, wenn auch nur, um zu beeindrucken und zu erstaunen, so wie der Klassik das Barock und der Manierismus folgten. Doch in den großen Seegefechten des 18. Jahrhunderts gewann Funktionalität die Oberhand über Dekoration, was schließlich zur Perfektion des großen Linienschiffes führte. Als Dampf das Segel verdrängte und Eisen und Stahl das Holz, kam es wiederum wie bei der Kunst in einer Zeit des Übergangs und der Ungewißheit zu einem Durcheinander von Konstruktionen und Stilen. Schiffbauer und Seeleute suchten nach Orientierung in der von der industriellen Revolution ausgelösten Verwirrung. Da alles sich so schnell und in so viele Richtungen veränderte, war es nicht überraschend, wie lange es dauerte, bis sich ein neuer Schiffstyp entwickelte, sondern eher, wie schnell dies geschah.

Nach der *Dreadnought* sollte sich das Großkampfschiff in dem kurzen halben Jahrhundert, das ihm noch blieb, nur wenig verändern. Das dekorative Zeitalter war lange vorüber. Aber vor seinem Ende hatte sich das große Schlachtschiff zu einer Kombination aus Kraft und Schönheit entwickelt, die zwar niemals der formidablen Wirkung seiner Vorgänger unter Segeln gleichkam, die aber dennoch mehr war als nur ein Ausdruck vernichtender Stärke. Danach blieb es der Rakete und dem nukleargetriebenen U-Boot überlassen, ihre versteckte Macht über die Völker der Welt auszuüben. Und am Ende dieser Entwicklung, da die jahrhundertelange Geschichte des Großkampfschiffs abgeschlossen ist, blickt die Menschheit noch immer in die drohende Mündungen der einst bronzenen Kanonen.

Literaturverzeichnis

Brennecke, Jochen: *Schlachtschiff Bismarck. Höhepunkt und Ende einer Epoche.* Jugenheim (Bergstr.) 1960

ders./Hader, Herbert: *Panzerschiffe und Linienschiffe, 1860–1910.* Herford 1976

Breyer, Siegfried: *Großkampfschiffe, 1905–1970.* 3 Bände, Stuttgart 1975

ders.: *Schlachtschiffe und Schlachtkreuzer, 1907–1970.* München 1970 (mit 922 Seitenrissen, Deckplänen, Querschnitten und Detailskizzen)

Corbett, Julian S.: *Die Seekriegsführung Groß-Britanniens.* Berlin 1939

Eickhoff, Ekkehard: *Seekrieg und Seepolitik zwischen Islam und Abendland. Das Mittelmeer unter byzantinischer und arabischer Hegemonie.* Berlin 1966

Giese, Fritz Ernst: *Die deutsche Marine 1920–1945. Aufbau und Untergang.* Frankfurt/M. 1956

Güth, Rolf: *Die Marine des Deutschen Reiches, 1919–1939,* Frankfurt/M. 1972

Landström, Björn: *Das Schiff. Vom Einbaum zum Atomboot,* München 1976

Mattingly, Garrett: *Die Armada,* München 1988

Mondfeld, Wolfram: *Ruder hart backbord! Aufmarsch und Verlauf der Viertageschlacht 1666. England und Holland als Rivalen zur See.* Würzburg 1974

Mondfeld, Wolfram: *Die Galeere vom Mittelalter bis zur Neuzeit.* Bielefeld/Berlin 1972

Mordal, Jacques: *25 Jahrhunderte Seekrieg.* München 1963

Neukirchen, Heinz: *Krieg zur See.* Berlin 1968

Parsons, Iain (Hrsg.): *Kriegsschiffe und Seeschlachten von den ersten Panzerschiffen bis heute.* Stuttgart/München 1978

Potter, Elmer Belmont/Nimitz, Chester William (Hrsg.): *Seemacht. Eine Seekriegsgeschichte von der Antike bis zur Gegenwart.* München 1974

Preston, Antony/Batcheler, John: *Schlachtschiffe, 1856–1919.* München 1977

diess.: *Schlachtschiffe, 1919–1977.* München 1978

Raven, Alan/Roberts, John: *Die britischen Schlachtschiffe des Zweiten Weltkrieges. Entwicklung und technische Geschichte der Schlachtschiffe und Schlachtkreuzer der Royal Navy von 1911–1946*. München 1980

Roskill, Stephen Wentworth: *Der Seekrieg im Wandel der Zeiten. Von Heinrich VIII. bis zur Neuzeit*. Tübingen 1964

Scheer, Reinhard: *Deutschlands Hochseeflotte im Weltkrieg. Persönliche Erinnerungen*. Berlin 1920

Schüssler, Wilhelm (Hrsg.): *Weltmachtstreben und Flottenbau*. Witten-Ruhr 1956

Tirpitz, Alfred von: *Erinnerungen*. Leipzig 1919

Troeltsch, Rudolf: *Deutschlands Flotte im Entscheidungskampf*. Berlin 1914

Bildnachweis

Sachregister

Personenregister

Bitte beachten Sie
die folgenden Seiten:

Maritimes im Ullstein Buch

Bill Beavis
Anker mittschiffs! (20722)

Ernle Bradford
Großkampfschiffe (22349)

Dieter Bromund
Kompaßkurs Mord! (22137)

Fritz Brustat-Naval
Kaperfahrt zu
fernen Meeren (20637)
Die Kap-Hoorn-Saga (20831)
Im Wind der Ozeane (20949)
Windjammer auf großer
Fahrt (22030)
Um Kopf und Kragen
(22241)

L.-G. Buchheim
Das Segelschiff (22096)

Alexander Enfield
Kapitänsgarn (20961)

Gerd Engel
Florida-Transfer (22015)
Münchhausen im Ölzeug
(22138)
Einmal Nordsee linksherum
(22286)

Wilfried Erdmann
Der blaue Traum (20844)

Horst Falliner
Brauchen Doktor
an Bord! (20627)
Ganz oben auf dem
Sonnendeck (20925)

Gorch Fock
Seefahrt ist not! (20728)

Cecil Scott Forester
11 Romane um
Horatio Hornblower

Rollo Gebhard
Seefieber (20597)
Ein Mann und sein Boot
(22055)

**Rollo Gebhard/
Angelika Zilcher**
Mit Rollo
um die Welt (20526)

Kurt Gerdau
Keiner singt ihre Lieder
(20912)
La Paloma, oje! (22194)

Horst Haftmann
Oft spuckt mir Neptun Gischt
aufs Deck (20206)
Mit Neptun
auf du und du (20535)

Heinrich Hauser
Pamir – Die letzten
Segelschiffe (20492)

Alexander Kent
18 marinehistorische Romane um Richard Bolitho und 22 moderne Seekriegsromane

Wolfgang J. Krauss
Seewind (20282)
Seetang (20308)
Weite See (20416)
Kielwasser (20518)
Ihr Hafen ist die See (20540)
Nebel vor
Jan Mayen (20579)
Wider den Wind
und die Wellen (20708)
Von der Sucht
des Segelns (20808)

Klaus-P. Kurz
Westwärts wie die Wolken (22111)

Sam Llewellyn
Laß das Riff ihn töten (22067)
Ein Leichentuch aus Gischt (22230)

Bernard Moitessier
Kap Hoorn –
der logische Weg (20325)

Wolfram zu Mondfeld
Das Piratenkochbuch (20869)

Nicholas Monsarrat
Der ewige Seemann,
Bd. 1 (20227)
Der ewige Seemann,
Bd. 2 (20299)

C. N. Parkinson
Horatio Hornblower (22207)

Dudley Pope
Leutnant Ramage (22268)
Die Trommel schlug zum
Streite (22308)

Herbert Ruland
Eispatrouille (22164)
Seemeilensteine (22319)

Hank Searls
Über Bord (20658)

Antony Trew
Regattafieber (20776)

Karl Vettermann
Hollingers Lagune (22363)

Rudolf Wagner
Weit, weit voraus liegt
Antigua (22390)

James Dillon White
5 Romane um Roger Kelso

Richard Woodman
Die Augen der Flotte (20531)
Kurier zum
Kap der Stürme (20585)
Die Mörserflottille (20666)
Der Mann
unterm Floß (20881)
In fernen Gewässern (22124)
Der falsche Lotse (22375)

Ernle Bradford
JULIUS CAESAR

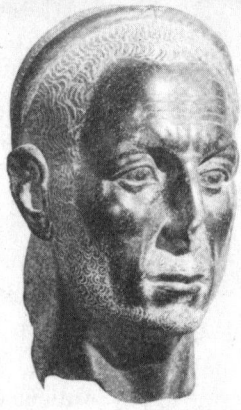

Universitas

Julius Caesar, das ist mehr als eine überragende Persönlichkeit der Geschichte.
Caesar prägte seine Zeit, das römische Welt-
reich und wirkt nach bis in unsere Tage.

272 Seiten · Gebunden

Universitas